Sabine Horn / Michael Sauer (Hg.)

Geschichte und Öffentlichkeit

Orte – Medien – Institutionen

Vandenhoeck & Ruprecht

Dr. Sabine Horn ist Wissenschaftliche Mitarbeiterin am Lehrstuhl Didaktik der Geschichte an der Universität Göttingen.

Dr. Michael Sauer ist Professor für Didaktik der Geschichte an der Universität Göttingen.

Bibliografische Information der Deutschen Nationalbibliothek

Die Deutsche Nationalbibliothek verzeichnet diese Publikation in der Deutschen Nationalbibliografie; detaillierte bibliografische Daten sind im Internet über http://dnb.d-nb.de abrufbar.

Internet: www.v-r.de

ISBN 978-3-525-03716-4

Umschlaggestaltung: Atelier Reichert, Stuttgart
Druck und Bindung: CPI – Ebner & Spiegel, Ulm

UTB Bestellnummer:
ISBN 978-3-8252-3181-1

UTB 3181

Eine Arbeitsgemeinschaft der Verlage

Böhlau Verlag · Köln · Weimar · Wien
Verlag Barbara Budrich · Opladen · Farmington Hills
facultas.wuv · Wien
Wilhelm Fink · München
A. Francke Verlag · Tübingen und Basel
Haupt Verlag · Bern · Stuttgart · Wien
Julius Klinkhardt Verlagsbuchhandlung · Bad Heilbrunn
Lucius & Lucius Verlagsgesellschaft · Stuttgart
Mohr Siebeck · Tübingen
Orell Füssli Verlag · Zürich
Ernst Reinhardt Verlag · München · Basel
Ferdinand Schöningh · Paderborn · München · Wien · Zürich
Eugen Ulmer Verlag · Stuttgart
UVK Verlagsgesellschaft · Konstanz
Vandenhoeck & Ruprecht · Göttingen
vdf Hochschulverlag AG an der ETH Zürich

Inhalt

Medien

Vorwort

Geschichte hat in den letzten Jahren immer mehr an öffentlicher Aufmerksamkeit und gesellschaftlicher Bedeutung gewonnen. Die unterschiedlichsten Formate der Vermittlung und Präsentation von Geschichte werden von einem breiten Publikum rezipiert. Das Fernsehen sendet historische Dokumentationen zur prime time. Fernsehfilme wie »Dresden«, »Die Flucht« oder »Die Gustloff« erweisen sich als Straßenfeger, Kinofilme wie »Good bye Lenin« oder »Das Leben der Anderen« feiern internationale Erfolge. In den Buchhandlungen füllen historische Romane ganze Regale. Historische Museen und Ausstellungen erfreuen sich eines längst nicht nur bildungsbürgerlichen Interesses. Und historische Debatten – über die so genannte Wehrmachtsausstellung, über ein Denkmal für Vertriebene – erregen die Öffentlichkeit und lassen den Blätterwald rauschen. Kein Zweifel: Geschichte hat Konjunktur. Oder auch: History sells.

Die Gründe dafür sind heterogen. Ein genuines Interesse an Geschichte ist in Deutschland laut Umfragen weit verbreitet. Wer sich mit Geschichte befasst, will freilich nicht unbedingt Bildungsbedürfnisse befriedigen und spezifische Kenntnisse erwerben. Es geht (auch) um Unterhaltung, Spaß, Entspannung. Und doch spielen gewiss – mehr oder weniger bewusst – auch ernsthaftere Beweggründe eine Rolle: das Interesse an den Umständen, in denen Menschen früherer Zeiten lebten; die Faszination des historisch ganz Anderen, das uns Staunen macht und irritiert; die Beschäftigung mit der Vorgeschichte unserer Gegenwart, die uns hilft, diese zu verstehen; das Interesse an der »eigenen« Geschichte, an der Herkunft, die Suche nach historischer Identität; aber etwa auch die Bewunderung originaler ästhetischer Objekte.

Die zuständigen akademischen Disziplinen – Geschichtswissenschaft und Geschichtsdidaktik – spielen bei der öffentlichen Präsentation von Geschichte keine zentrale Rolle. Die Geschichtsdidaktik hat zwar schon vor geraumer Zeit unter den Leitbegriffen »Geschichtsbewusstsein« und »Geschichtskultur« ihre Zuständigkeit nicht nur für schulische, sondern auch für öffentliche Prozesse der Vermittlung und Rezeption von Geschichte erklärt; insbesondere gestaltend hat sie sich in diese Prozesse bislang freilich kaum einbringen können. Die Geschichtswissenschaft interessiert sich naturgemäß vor allem für ihre – immer stärker spezialisierte – Forschung. Deren Themen und Herangehensweisen sind zumeist andere als jene, denen bevorzugt das öffentliche Interesse gilt. Zwar hat die große, populäre Geschichtsschreibung ja durchaus Tradition und der Diskurs der Historiker stellt sich für den Außenstehenden weniger hermetisch dar als etwa der in den Naturwissenschaften. Dennoch findet die Kommunikation vornehmlich in einschlägigen Kreisen und in spezifischen Formaten statt.

Allerdings gibt es seit einigen Jahren unter dem Stichwort Erinnerungsgeschichte auch neue Akzentsetzungen. Die historische Forschung beschäftigt sich immer intensiver damit, wie Menschen in heutiger Zeit oder in früheren Zeiten Vergangenheit wahrnehmen oder wahrgenommen haben, wie sie diese gedeutet, anverwandelt oder funktionalisiert haben und wie gedeutete Geschichte auf diese Weise wiederum selber geschichtsmächtig geworden ist. Fast scheint im Moment die Zahl der Neuerscheinungen zur Erinnerungsgeschichte die zur »Realgeschichte« zu übertreffen, scheint sich die Disziplin von der Vergangenheitswissenschaft zur Gedächtniswissenschaft zu wandeln, wie Paul Nolte es zugespitzt formuliert hat.

Die Konjunktur von Geschichte in der Öffentlichkeit allgemein, zum Teil aber auch der Boom der Erinnerungsgeschichte haben dazu beigetragen, dass auch bei der Konzeption des Studiums die »öffentliche Geschichte« stärker in den Blick gekommen ist: zum einen als Untersuchungsgegenstand, zum anderen aber auch als potenzielles Berufsfeld für Absolventen. In den USA hat sich die Public-History-Bewegung schon seit den Siebzigerjahren für jene Berufsfelder stark gemacht, die außerhalb der klassischen Forschungs- und Lehrinstitutionen liegen – die so genannten Non-Teaching-Carreers. In Deutschland sickern erst nach und nach entsprechende Elemente ins Geschichtsstudium ein; oft bildet die Neukonzeption von BA-MA-Studiengängen einen Anlass dafür. Spezielle Studiengänge mit einer Ausrichtung auf »Public History« sind freilich (noch) eine Seltenheit (Berlin, Gießen, Zürich). Zumeist werden einschlägige Module konzipiert, zu denen dann häufig und sinnvoller Weise Fachleute aus den jeweiligen Vermittlungsfeldern als Lehrende herangezogen werden.

Bevor allerdings einzelne Bereiche öffentlicher Geschichtspräsentation detailliert – zum Beispiel in Form von Projekt- oder Praxisseminaren – in den Blick genommen werden, sollten Studierende eine Übersicht darüber erhalten können, welche wichtigen Felder und Formate es überhaupt gibt und unter welchen Rahmenbedingungen und Zielvorgaben – Adressaten, Konzepte, Techniken – dort mit Geschichte gearbeitet wird. Diesem Zweck dient der vorliegende Band. Er bietet einen breiten Überblick über öffentlichkeitsbezogene Präsentationsformen von Geschichte, von denen die hier am häufigsten angesprochenen Medien nur einen, freilich den umfangreichsten Teil bilden (Spielfilme, Fernsehdokumentationen, Zeitungen, Publikumszeitschriften, Sach- und Fachbücher, Romane, Sachbücher für Kinder und Jugendliche, Computerspiele). Thematisiert werden außerdem Anlässe und Formen der Erinnerung (Geschichtsdebatten, Gedenktage und Jubiläen, Legenden und Mythen, Reenactment/Living History), Orte (Denkmäler, Straßennamen, Geschichtstourismus) und Institutionen (Museen, Gedenkstätten, Geschichtsagenturen, Geschichtswerkstätten).

Der Band versteht sich ausdrücklich als Einführung, die eine erste Groborientierung für Studierende leisten soll. Die Beiträge geben grundlegende Informationen und vertiefen sich nicht in Einzelfragen. Jedoch argumentieren sie möglichst konkret anhand von Beispielen. Die Texte sind im Umfang überschaubar und gut lesbar. Der wissenschaftliche Apparat ist weitgehend reduziert. Am Ende jedes Beitrags werden im Sinne einer Leseempfehlung einige wenige relevante Literaturhinweise aufgeführt.

Insbesondere im Bereich der Medien kommen Fachleute zu Wort, die die spezifischen Bedingungen und Konzepte ihrer Geschichtsvermittlung darstellen. Dieser Innenperspektive ist dort, wo es besonders ertragreich erschien, eine Außenperspektive gegenüber gestellt, die die Intentionen und Wirkungen der jeweiligen Vermittlungsangebote kritisch in den Blick nimmt. Ziel des Bandes ist, Studierenden nicht nur ein möglichst weites Spektrum an Inhalten, sondern auch Impulse zur Reflexion und Diskussion zu bieten.

Sabine Horn / Michael Sauer

Anlässe und Formen der Erinnerung

Klaus Große Kracht

Kontroverse Zeitgeschichte
Historiker im öffentlichen Meinungsstreit

Zeitgeschichte ist Streitgeschichte.[1] Dass sich Fachhistoriker untereinander streiten und zum Teil heftige und polemische Kontroversen austragen, ist an sich nicht der Rede wert. Kritik ist immer noch das beste Mittel der Wahrheitsfindung und insofern Teil des wissenschaftlichen Alltagsgeschäftes. Im Bereich der Zeitgeschichte kommt jedoch hinzu, dass die Experten nicht nur mit dem Widerspruch aus den Reihen ihrer Forschungskolleginnen und -kollegen zu rechnen haben, sondern ebenfalls mit dem Einspruch all derjenigen, die die Geschichte, welche die Historiker erforschen, selbst erlebt haben. Genau das unterscheidet das Fach Zeitgeschichte von anderen Teildisziplinen der Geschichtswissenschaft: Sie steht immer in einem kommunikativen Zusammenhang mit den Zeitgenossen, die die Geschichte nicht als Vergangenheit, sondern in ihrem persönlichen Erleben als Gegenwart erfahren haben. Gerade diese »Einspruchsmöglichkeit« der subjektiven Erfahrung ist es, so Norbert Frei, die »die Geschichte zur Zeitgeschichte« macht.[2] Hans Rothfels hat diesem kommunikativen Strukturzusammenhang bereits in seiner berühmten Definition aus dem Jahr 1953 Rechnung getragen, als er die Zeitgeschichte als »Epoche der Mitlebenden« von anderen Zeiträumen der Geschichte abgrenzte.[3]

In der Bundesrepublik Deutschland hat die zeithistorische Forschung daher immer wieder Anlass zu großen öffentlichen Debatten gegeben, in denen die ›Mitlebenden‹ und die Historiker um die jeweils angemessene Deutung ihrer gemeinsamen Vergangenheit rangen. Der Gang des fachwissenschaftlichen Erkenntnisfortschritts lässt sich daher kaum angemessen als ein rein inneruniversitäres, allein auf die fachwissenschaftliche Literatur und die Abfolge methodischer Schulen bezogenes Geschehen beschreiben. Im Rückblick auf die letzten vierzig, fünfzig Jahre lässt sich vielmehr beobachten, dass die Öffentlichkeit, genauer: die Massen-

1 Der vorliegende Beitrag folgt im Wesentlichen folgenden Arbeiten des Verfassers: Die zankende Zunft. Historische Kontroversen in Deutschland nach 1945, Göttingen 2005; Kritik, Kontroverse, Debatte. Historiografiegeschichte als Streitgeschichte, in: Eckel, Jan / Etzemüller, Thomas (Hg.): Neue Zugänge zur Geschichte der Geschichtswissenschaft, Göttingen 2007, S. 255–283; siehe auch: Sabrow / Jessen / Große Kracht (Hg.): Zeitgeschichte als Streitgeschichte.

2 Frei, Norbert: Geschichtswissenschaft, in: Ders. / Knigge, Volkhard (Hg.): Verbrechen erinnern. Die Auseinandersetzung mit Holocaust und Völkermord, München 2002, S. 369–377, hier S. 370.

3 Rothfels, Hans: Zeitgeschichte als Aufgabe, in: Vierteljahrshefte für Zeitgeschichte 1 (1953), S. 1–8, hier S. 2.

medien, immer wieder an zentralen Momenten in die wissenschaftliche Debatte eingegriffen haben, denkt man nur an die Fischer-Kontroverse der 1960er Jahre oder an den Historikerstreit zwanzig Jahre später.[4]

Die bislang letzte gesellschaftliche Großdebatte im Umgang mit der NS-Geschichte erlebte die deutsche Öffentlichkeit Mitte bis Ende der 1990er Jahre, als der junge US-amerikanischen Politologe Daniel Goldhagen in seinem Buch *Hitlers willige Vollstrecker* von 1996 die These vertrat, die Täter des Holocaust seien ›ganz gewöhnliche Deutsche‹ und der ›eliminatorische Antisemitismus‹ der Nationalsozialisten zutiefst in der deutschen Mentalität verwurzelt gewesen. Im Vergleich mit den vorausgegangenen Kontroversen um die Deutung der jüngeren deutschen Geschichte war die Goldhagen-Debatte von besonderer Qualität. Denn während zuvor die wissenschaftlichen Experten – wenn auch vor großem Publikum – letztlich unter sich gestritten hatten, war der Streit um Goldhagen über weite Strecken ein regelrechter Kampf zwischen der etablierten Geschichtswissenschaft auf der einen Seite, die den Thesen Goldhagens im Großen und Ganzen ablehnend gegenüberstand, und dem zumeist jüngeren Publikum auf der anderen Seite, das sich mehrheitlich auf die Seite des medial aufgebauten *newcomers* geschlagen hatte.[5] Die kurz darauf geführte Diskussion um die so genannte Wehrmachtsausstellung, an der sich Universitätshistoriker zunächst nur am Rande beteiligten, stellte parallel dazu unter Beweis, dass die entscheidenden Selbstverständigungsdebatten um die jüngere nationale Vergangenheit inzwischen recht gut auch ohne die Beteiligung universitär etablierter Zeitgeschichtsforscher geführt werden konnten: »Niemals zuvor hat die westdeutsche Öffentlichkeit derart engagiert und andauernd über ihre Vergangenheit gestritten. Historiker und Künstler, Journalisten und Pfarrer, Juristen und Fotografen, Lehrer, Hausfrauen, Rentner, Schüler: Keine Berufsgruppe, keine Altersgruppe, die sich nicht eingemischt hätte.«[6]

Die Massenmedien hatten an dieser »Vergesellschaftung von Geschichte«[7] zentralen Anteil. Sie versorgten ihre Konsumenten mit den wichtigsten Thesen und Argumenten, die zur Diskussion standen. Die Erörterung zentraler Forschungsfragen der Geschichtswissenschaft lässt sich daher heute nicht mehr auf den Binnenraum der Universität eingrenzen. Vielmehr nahm und nimmt die breitere Öffentlichkeit – vermittelt über die Medien – immer wieder an bestimmten Punkten und zu be-

4 Vgl. dazu den Beitrag von Volker Ullrich im vorliegenden Band.

5 Siehe Frei, Norbert: Goldhagen, die Deutschen und die Historiker. Über die Repräsentation des Holocaust im Zeitalter der Visualisierung, in: Sabrow / Jessen / Große Kracht (Hg.), S. 138–151; Heil, Johannes / Erb, Rainer (Hg.): Geschichtswissenschaft und Öffentlichkeit. Der Streit um Daniel J. Goldhagen, Frankfurt a. M. 1998.

6 Greiner, Bernd: Bruch-Stücke. Sechs westdeutsche Beobachtungen nebst unfertigen Deutungen, in: Hamburger Institut für Sozialforschung (Hg.): Eine Ausstellung und ihre Folgen. Zur Rezeption der Ausstellung »Vernichtungskrieg. Verbrechen der Wehrmacht 1941 bis 1944«, Hamburg 1999, S. 15–86, hier S. 16.

7 Ebd.

stimmten Momenten Anteil am Geschehen der Disziplin, die damit, ob sie will oder nicht, ihren Elfenbeinturm verlassen und sich vor der Öffentlichkeit eines großen, dispersen Publikums für ihr Tun rechtfertigen muss. Gerhard Ritter brachte diese – für ihn persönlich nicht immer angenehme – Erfahrung bereits in den 1950er Jahren so auf den Punkt: »[...] der neuere Historiker sitzt niemals unter einer Glasglocke, sondern muß durch Wind und Wetter der Zeit marschieren. Das bedeutet im Zeitalter der Massendemokratie, daß er ununterbrochen durch Dreckpfützen watet, die ihn bespritzen. Um das zu überstehen, dazu gehört ein dicker Gummimantel von Wurstigkeit und guter Humor.«[8]

Kritik, Kontroverse, Debatte – drei Formen wissenschaftlicher Streitkultur

Geschichtswissenschaft beginnt mit *Kritik*: Kritik der Quellen, der Methoden, der Forschungslage. Doch nicht jede strittige Forschungsfrage erreicht gleich das große Publikum. Häufig beschränkt sich das Pro und Contra der innerwissenschaftlichen Kritik auf eine bloße Fußnote oder einen Nebensatz, in dem die Bedeutung konkurrierender Forschungsmeinungen in Frage gestellt, berichtigt oder polemisch bei Seite geschoben wird. Ein solches Kurzurteil reicht zur Initialzündung eines längeren Disputes kaum aus. Dafür bedarf es ausführlicherer Formen der Kritik, wie sie etwa im Genre der Rezension zum Ausdruck kommen können. Hier ist der übliche Ort, die Leistung der Konkurrenz zu beurteilen, ihre Vorzüge gegenüber den Mängeln abzuwägen und in der kompetenten Beurteilung deutlich zu machen, dass man selbst Expertenstatus für das behandelte Forschungsproblem beansprucht.

Doch auch die Rezension bleibt zumeist im Bereich unilateraler kritischer Positionierung; zu einem Streit gehören jedoch mindestens zwei. Gibt die *Kritik* – in welcher Form auch immer sie artikuliert wird – Anlass zu einer Replik des Kritisierten, so lässt sich von einer beginnenden *Kontroverse* sprechen. Gemeint ist die wechselseitige kritische Bezugnahme von mindestens zwei Experten oder Expertengruppen, die in einer Forschungsfrage unterschiedliche Positionen vertreten. Dauert die *Kontroverse* an, so versuchen beide Seiten ihre Position durch neue Detailforschungen zu stützen; sie verfeinern ihre Argumentationsstrategien, suchen Unterstützung in den Arbeiten von Kolleginnen und Kollegen und differenzieren die zugrunde liegende Fragestellung immer weiter aus, so dass letztlich nur noch ein eng begrenzter Kreis von Experten überhaupt sachgemäß am Streitgeschehen teilnehmen kann.

8 Gerhard Ritter an Theodor Schieder, 21.4.1954, in: Ritter, Gerhard: Ein politischer Historiker in seinen Briefen, hg. von Klaus Schwabe und Rolf Reichhardt, Boppard am Rhein 1984, S. 506 f.

Ein gutes Beispiel für eine *Kontroverse* in diesem Sinne ist die Diskussion zwischen dem evangelischen Kirchenhistoriker Klaus Scholder und dem (katholischen) Bonner Neuzeithistoriker Konrad Repgen in der zweiten Hälfte der 1970er Jahre über den Abschluss des Reichskonkordats zwischen dem Vatikan und dem NS-Regime im Sommer 1933. Während Scholder von einer Art Junktim zwischen dem Abschluss des Konkordats und der Zustimmung der Zentrumsfraktion zum Ermächtigungsgesetz ausging, verneinte Repgen eine wie auch immer geartete kausale Verbindung zwischen beiden Ereignissen. Der Streit war zunächst in Form eines Schlagabtausches der beiden Experten in der *Frankfurter Allgemeinen Zeitung* entbrannt, wurde dann jedoch in die Fachöffentlichkeit – die *Vierteljahrshefte für Zeitgeschichte* – verlegt und schwelte hier etliche Jahre weiter, bis die Öffnung der entsprechenden Bestände im Vatikanischen Archiv im Jahr 2003 eine Klärung brachte: ein direkter Zusammenhang zwischen der Zustimmung des Zentrums zum Ermächtigungsgesetz und dem Abschluss des Reichskonkordats lässt sich aus den zugänglich gewordenen Quellen nicht belegen. Das »Vetorecht der Quellen«[9] spricht bislang eindeutig gegen Scholders Hypothese.[10]

Folgt man diesem Beispiel, dann können *Kontroversen* als wissenschaftliche Streitfälle verstanden werden, die sich – bei aller Polemik der Beteiligten gegeneinander – letzten Endes doch immer um die wissenschaftliche Geltungsprüfung von *empirischen* Hypothesen und *theoretischen* Annahmen bewegen. Von *Kontroversen* in diesem Sinne ließen sich dann – als eine weitere Form des wissenschaftlichen Streits – breitere öffentliche *Debatten* abgrenzen, in denen es weniger um die empirische Geltung geschichtswissenschaftlicher Aussagen geht als vielmehr um die *moralische* und *politische* Bewertung eines zumindest in den Grundzügen unstrittigen historischen Sachverhalts. Während die Teilnahme am öffentlichen Disput im Falle der *Kontroversen* also die Kompetenz zur wissenschaftlichen Betrachtung der historischen Gegebenheiten voraussetzt, tritt diese im Falle der *Debatten* hinter Fragen der normativen Bewertung zurück. Der Kreis der an der Diskussion Beteiligten wird damit größer, die Chancen zur Klärung der strittigen Frage hingegen geringer. Während *Kontroversen* also vor allem in den engen Grenzen der Fachöffentlichkeit und ihrer Periodika verhandelt werden, finden *Debatten* eher im Rahmen moderner Massenkommunikation statt. Sowohl die Goldhagen-Debatte als auch die Debatte um die ›Wehrmachtsausstellung‹ sind dafür hervorragende Beispiele: So stritten in beiden Fällen nicht nur Gruppen von Experten untereinander, sondern ein unüberschaubares Feld von Diskussionsteilnehmern

9 Koselleck, Reinhart: Standortbindung und Zeitlichkeit. Ein Beitrag zur historiographischen Erschließung der geschichtlichen Welt, in: Ders.: Vergangene Zukunft. Zur Semantik geschichtlicher Zeiten, Frankfurt a. M. 1989, S. 176–207, hier S. 206.

10 Zum aktuellen Forschungsstand siehe: Brechenmacher, Thomas (Hg.), Das Reichskonkordat 1933. Forschungsstand, Kontroversen, Dokumente, Paderborn 2007; über die Repgen-Scholder-Debatte informiert der dortige Aufsatz von Carsten Kretschmann (ebd., S. 13–24).

öffnete sich, die auf unterschiedlich hohem sachlichem Niveau zum Streitgegenstand Stellung nahmen: Wissenschaftler unterschiedlicher Disziplinen und Fachrichtungen, Journalisten, Redakteure, Publizisten, Politiker, Leserbriefschreiber und Zeitzeugen.

Nicht immer lassen sich zeithistorische Streitfälle so leicht dem jeweiligen Typus zuordnen wie in den genannten Fällen. Häufig verwischen sich vielmehr die Grenzen zwischen *Kontroverse* und *Debatte*, deren jeweilige Logik gleichwohl zu erkennen bleibt. So lässt sich beispielsweise die inzwischen über Jahrzehnte geführte Diskussion um den oder die Täter des Reichstagsbrands vom 27. Februar 1933 sowohl als *Kontroverse* als auch als *Debatte* lesen. Begonnen hatte der Streit Ende der 1950er Jahre mit einer Artikelserie eines ›Amateurhistorikers‹ im *Spiegel*, der entgegen der landläufigen Meinung, das Reichstagsgebäude sei von den Nazis in Brand gesetzt worden, auf die – bereits von damals ermittelnden Polizeibeamten vertretene – These der Alleintäterschaft des niederländischen Anarcho-Kommunisten Marinus van der Lubbe zurückgekommen war. Die Hamburger *Zeit* hielt zunächst dagegen, und zwar mit Hilfe des Berichts eines ehemaligen Gestapo-Referatsleiters, der bereits vor dem Nürnberger Gerichtshof eine nationalsozialistische Urheberschaft behauptet hatte. Nach diesem ersten publizistischen Schlagabtausch, der in den Jahren darauf unvermindert weiterging, nahm sich seit Beginn der 1960er Jahre auch die Geschichtswissenschaft des Falles Reichstagsbrand an, ohne seither jedoch in der strittigen Frage wirklich eine Klärung herbeigeführt zu haben. Das einzige, was sich heute sagen lässt, ist, dass eine Alleintäterschaft van der Lubbes zwar auf dem ersten Blick unwahrscheinlich erscheinen mag, in den inzwischen zugänglichen Akten der Voruntersuchung und des Leipziger Reichstagsbrandprozesses (September bis Dezember 1933) faktisch aber kein Beweis für eine Mittäterschaft der Nationalsozialisten aufzufinden ist. Auch hier scheinen einmal mehr die Quellen eine Art »Veto« gegen die nahe liegende Annahme einer von Hitler geschickt inszenierten Brandstiftung einzulegen.

Was hier zunächst als eine, wenn auch mit harten Bandagen und nicht zuletzt mit juristischen Mitteln, ausgefochtene wissenschaftliche *Kontroverse* erscheint – die Frage nach der empirischen Geltung der These der Alleintäterschaft van der Lubbes – lässt sich zugleich als eine wichtige zeithistorische *Debatte* lesen, und das nicht nur, weil von Anfang an die breitere Medienöffentlichkeit in die Auseinandersetzung involviert war. Denn bei dem Streit um den Reichstagsbrand ging es letztlich über den empirischen Sachverhalt hinaus immer auch um eine zentrale Selbstverständigungsfrage der deutschen Nachkriegsgesellschaft angesichts ihrer NS-Vergangenheit: Ließ sich die These von der Nazi-Täterschaft aufrechterhalten, so suggerierte dies ein Bild von der frühen NS-Diktatur, in der Hitler als eiskalter, planender Stratege des Terrors seinen Gegnern immer ein Stück voraus war; Widerstand wäre daher vermutlich ergebnislos gewesen. War die Brandstiftung hingegen das alleinige Werk eines verwirrten Anarchisten, dann erscheint ihre geschickte innenpolitische Instrumentalisierung durch die am Tag darauf verfügte Notverordnung eher als das Werk eines politischen Konjunkturritters, der – wären die Deutschen damals klarblickender gewesen – möglicherweise hätte aufgehalten werden können. Das breite und bis heute anhaltende öffentliche Interesse an dem ›Kriminalfall‹ Reichstagsbrand ist daher wohl nur vor dem Hintergrund der breiteren zeitgeschichtlichen Debattenkultur der Bundesrepublik zu verstehen, in der sich Historiker ebenso wie historische Laien einen Reim auf die erlebte und überlieferte Geschichte sowie auf ihre kollektive Verantwortung für diese zu machen versuchen.[11]

Die Rolle der Medien und die Frage des zeithistorischen ›Nachrichtenwerts‹

Ob Reichstagsbrand oder Goldhagen-Debatte, die Rolle der Massenmedien für die geschichtskulturellen Selbstverständigungsprozesse demokratischer Öffentlichkeiten kann gar nicht hoch genug eingeschätzt werden. Denn häufig genug sind gerade sie es, welche die wissenschaftlichen Streitthemen initiieren oder doch zumindest in die Öffentlichkeit bringen, sie zuspitzen und das öffentliche Gespräch über sie moderieren. Die Medien übernehmen damit entscheidende Selektionsfunktionen; sie bestimmen, welche Forschungsprobleme überhaupt erst in die Wahrnehmung des breiten Publikums treten und welche nicht. Sie benennen die Inhalte, über die allgemein gesprochen wird und die man kennen muss, um ›mitreden‹ zu können. Welche Nachricht dabei im Einzelnen als berichtenswert erscheint, wählen die Verantwortlichen in den Redaktionsstuben, wenn auch häufig unbewusst, nach einem jeweils spezifischen ›Nachrichtenwert‹ aus, der je nach Themengebiet und Adressatenkreis wechseln kann. Für den Bereich massenmedial kommunizierter Nachrichten mit historischen Inhalten scheinen zumindest folgende drei Faktoren für die Auswahl aus dem Informationsangebot eine gewisse Rolle zu spielen:

a) Wie jede Nachricht muss auch eine Nachricht über die Vergangenheit grundsätzlich einen *Aktualitätsbezug* aufweisen. In der massenmedialen Berichterstattung über Vergangenes geht es also immer zugleich auch um die Gegenwart, die in der Nachricht enthalten ist. Der angestrebte Aktualitätsbezug kann etwa durch einen neuen Aktenfund oder eine gerade eröffnete Ausstellung erfüllt werden. Lässt sich ein Bezug zur Gegenwart nicht unmittelbar über aktuelle Ereignisse herstellen, dann müssen entsprechende mediale *events* erfunden werden. Dazu eignen sich

11 Zur Kontroverse um den Reichstagsbrand vergleiche jüngst aus ›Alleintäter‹-Perspektive: Kellerhoff, Sven Felix: Der Reichstagsbrand. Die Karriere eines Kriminalfalls, Berlin-Brandenburg 2008; zuvor, die Nazi-Urheberschaft vertretend: Bahar, Alexander / Kugel, Wilfried: Der Reichstagsbrand. Wie Geschichte gemacht wird, Berlin 2001.

beispielsweise Jahrestage historischer Großereignisse in hervorragender Weise, da diese – im Gegensatz zum historischen Geschehen selbst – vorhergesehen und medial vorbereitet werden können.

b) Nachrichten über die Vergangenheit müssen des Weiteren über eine möglichst große *kommunikative Anschlussfähigkeit* verfügen. Historische Forschungsergebnisse haben demnach vor allem dann eine Chance, von den Massenmedien aufgegriffen zu werden, wenn ihre Kenntnis nicht nur für den engen Kreis der Fachkollegen von Interesse ist, sondern ebenso für ein breites, anonymes Publikum. Neben dem Aktualitätsaspekt spielt deshalb die Kopplung der Nachricht an bereits vorhandene Wissensbestände auf Seiten der Rezipienten eine wichtige Rolle. Themen der zeithistorischen Forschung eignen sich dazu im Vergleich mit Forschungsergebnissen aus anderen Teildisziplinen der Geschichtswissenschaft in besonderem Maße, da hier an die Erfahrungswelt der ›Mitlebenden‹ direkt angeschlossen werden kann.

c) Nachrichten über die Vergangenheit werden von den Massenmedien schließlich dann gern aufgegriffen, wenn sie *moralisierungsfähig* sind, d.h. wenn sie zur normativen Beurteilung auffordern. Nicht zufällig setzen die Massenmedien in ihrem Informationsangebot so stark auf Skandale und Normverstöße, denn die Aussicht auf Bestärkung der eigenen normativen Überzeugungen stellt einen wichtigen Informationsanreiz dar. Zugleich ermöglicht die moralische Beurteilung des mitgeteilten Sachverhaltes aber auch den Ausstieg aus dem Informationsfluss, nämlich genau dann, wenn man meint, genügend Kenntnis zu haben, um sein Urteil abgeben zu können. Historische Forschungsergebnisse kommen deshalb vor allem dann in die Massenmedien, wenn sie das Handeln konkreter Personen betreffen, das Anlass zu moralischer Bewertung bietet. Strukturgeschichtliche Ergebnisse und die Analyse anonymer Prozesse, die ein fachwissenschaftlich nicht vorgebildetes Publikum nur zur Kenntnis nehmen, nicht aber bewerten kann, erreichen die Feuilletons der großen Tages- und Wochenzeitungen sowie die Hauptsendezeiten des Fernsehens hingegen kaum.

Die modernen Massenmedien spielen für die Wahrnehmung aktueller Diskussionen innerhalb der Geschichtswissenschaft somit eine zentrale Rolle und sorgen dafür, dass die ›Mitlebenden‹ der Zeitgeschichte zugleich auch die ›Mithörenden‹ und ›Mitlesenden‹ der Kontroversen um ihre Deutung sind.[12] Dadurch lösen sich die Grenzen zwischen der fachwissenschaftlichen und der breiteren Öffentlichkeit immer weiter auf und die Wissenschaftlerinnen und Wissenschaftler sehen sich mit Argumentationsweisen konfrontiert, die sie im Seminar nicht erlernt haben. Denn die Logik der Massenmedien folgt nun einmal anderen Kriterien als denjenigen der Fachwissenschaft. Und so ziehen sich nicht wenige Experten enttäuscht bis

12 Vgl. Lindenberger, Thomas: Vergangenes Hören und Sehen. Zeitgeschichte und ihre Herausforderung durch die audiovisuellen Medien, in: Zeithistorische Forschungen / Studies in Contemporary History 1 (2004), S. 72–85.

zynisch von den Medien zurück, sobald sie den Eindruck gewinnen, mit ihren differenzierten Argumentationen und Urteilen nicht gehört zu werden.

Zumutung oder Chance? Zeitgeschichte in der Deutungskonkurrenz

Der Zwang zur Vereinfachung, zur Pointierung und ein Stück weit auch zur Polemik, der beispielsweise mit der Übernahme eines kommentierenden Zeitungsartikels gegeben ist, kann der Klärung wissenschaftlicher Streitfragen grundsätzlich aber auch sehr nützlich sein: Statt sich hinter Fußnoten und Detailfragen zu verschanzen, wird der Autor angehalten, seine Position mit knappen Worten so zu formulieren, dass sie auch für jenen verständlich ist, der kein Geschichtsstudium absolviert hat. Auch die Erwartung, nicht nur den kognitiven Interessen der Leser, Zuhörer und Zuschauer entgegenzukommen, sondern zugleich die politischen und normativen Aspekte des behandelten Gegenstandes mit zu berücksichtigen, muss nicht auf Kosten der Wissenschaftlichkeit an sich gehen, sondern kann ganz im Gegenteil der Reflexivität des eigenen wissenschaftlichen Standpunktes zugute kommen, nämlich genau dann, wenn der Autor bereit ist, sich selbst und anderen »Rechenschaft zu geben über den letzten Sinn seines eigenen Tuns«.[13]

Historikerinnen und Historiker, die dieses nicht als fachfremde Zumutung empfinden und bereit sind, den Kontakt mit den Massenmedien zu suchen, begeben sich damit freilich auf dünnes Eis, und nicht wenige sind zur Schadenfreude ihrer Kollegen darauf eingebrochen. In der praktischen Erfahrung im Umgang mit den Medien werden sie dabei wohl oder übel von einer lieben Denkgewohnheit Abschied nehmen müssen, die das Selbstverständnis von Historikern über Generationen hinweg geprägt hat: die lang gehegte Selbstgefälligkeit, als Geschichtsschreiber zugleich die Lehrmeister der Nation zu sein. Denn die Deutungsmodelle, die Historiker für die historischen Selbstverständigungsdebatten ihrer jeweiligen Gesellschaft bereitstellen, sind heute nur noch *ein* Angebot neben vielen anderen in einer sich immer mehr selbstregulierenden Geschichtskultur, in der Ausstellungsmacher, Filmproduzenten, *Histotainment*-Anbieter, Feuilleton-Redaktionen und Universitätshistoriker um Aufmerksamkeitsanteile einer diffusen Leser-, Hörer- und Zuschauerschaft untereinander konkurrieren. Und das Angebot der Konkurrenz ist keineswegs so schlecht, wie man sich im Kreise ausgewiesener Experten immer wieder selbstberuhigend zu bestätigen versucht. In dieser Situation hilft vermutlich nur noch eins: Besinnung auf das wissenschaftliche Kerngeschäft als Alleinstellungsmerkmal. Das aber heißt empirisch breit fundierte, methodisch

13 Weber, Max: Wissenschaft als Beruf (1919), in: Ders.: Gesammelte Aufsätze zur Wissenschaftslehre, hg. von Johannes Winckelmann, Tübingen 1988, S. 582–613, hier: S. 608.

überprüfbare und theoretisch angeleitete Geschichtserkenntnis. Auch auf dem Markt medialer Möglichkeiten sollten Historikerinnen und Historiker ihren eigenen Rationalitätsstandards treu bleiben und dafür Sorge tragen, dass – wie Hans Günter Hockerts einmal formuliert hat – »jeder, der es besser wissen will, es auch besser wissen kann«.[14]

Literatur

Dotterweich, Volker (Hg.): Kontroversen der Zeitgeschichte. Historisch-politische Themen im Meinungsstreit, München 1998.

Elvert, Jürgen / Krauß, Susanne (Hg.): Historische Debatten und Kontroversen im 19. und 20. Jahrhundert, Stuttgart 2003.

Jarausch, Konrad H. / Sabrow, Martin (Hg.): Verletztes Gedächtnis. Erinnerungskultur und Zeitgeschichte im Konflikt, Frankfurt a. M. 2002.

Lehmann, Hartmut (Hg.): Historikerkontroversen, Göttingen 2000.

Sabrow, Martin / Jessen, Ralph / Große Kracht, Klaus (Hg.): Zeitgeschichte als Streitgeschichte. Große Kontroversen seit 1945, München 2003.

14 Hockerts, Hans Günter: Brennpunkte, Perspektiven, Desiderata zeitgeschichtlicher Katholizismusforschung, in: Hummel, Karl-Joseph (Hg.): Zeitgeschichtliche Katholizismusforschung. Tatsachen, Deutungen, Fragen – eine Zwischenbilanz, Paderborn 2004, S. 233–245, hier S. 238.

Klaus Bergmann*

Gedenktage, Gedenkjahre und historische Vernunft

Gedenktage und Gedenkjahre sind Formen einer öffentlichen Erinnerung an Ereignisse, Personen oder datierbare Sachverhalte, denen eine gesellschaftliche, nationale, übernationale oder gar universalhistorische Bedeutung zugemessen wird. Sie können vom Staat als politische Gedenktage, aber auch unterhalb der staatlichen Ebene organisiert und inszeniert werden. Man könnte angesichts der Vielzahl von Gedenktagen und »Jubiläumswellen« heutzutage vermuten, Gedenktage und Gedenkjahre seien Erfindungen der Neuzeit, des historischen Zeitalters, der Epoche der Herausbildung der Nationalstaaten vielleicht. Weit gefehlt: »Der Sozialhistoriker kann dazu sagen, daß es sich dabei um eine besonders archaische, eine besonders altertümliche Form des Umgangs mit Geschichte handelt.« Gedenktage »sind uralt und entsprechen in ihrem Ursprung einem mythisch religiösen Geschichtsbewußtsein«.[1] Historisch kann man zwischen zwei Typen von Gedenktagen unterscheiden: jährlich wiederkehrenden Gedenktagen und Gedenktagen, die als Jubiläen nach einer runden Zahl von Jahren – nach 10 oder 25 oder 50 oder 100 und mehr Jahren – begangen wurden und werden.

Zur Geschichte jährlicher Gedenktage

Jährliche Gedenktage bilden den älteren Typ: Sie dienten der Erinnerung an gemeinsame Ursprünge und Erfahrungen. Sie wurden in älteren Gesellschaften in der Form von religiösen Feiern gepflegt, bei denen die gemeinsame Abstammung, der gemeinsame Ursprung und die Verehrung des göttlichen Wesens, dem man als Stamm sein Dasein verdankte, mythisch-religiös im Mittelpunkt standen. Der Stamm oder das Volk – z. B. das Volk Israel – erzählte sich seine Geschichte und die Geschichte seines göttlichen Stammvaters, seinen Mythos von der Entstehung und der Entwicklung, um sich seiner selbst und vor anderen zu vergewissern und sich Gedanken über die Zukunft zu machen.

* Der Originalbeitrag ist 1996 in der Zeitschrift Geschichte lernen erschienen (Geschichte lernen 9 [1996], H. 49, S. 11–19). Der Autor ist im Jahre 2002 verstorben. Für die Neuveröffentlichung wurde der Text von Michael Sauer gekürzt und geringfügig bearbeitet. Dabei sind auch die aktualisierenden Hinweise auf den Holocaustgedenktag und»1968« eingefügt worden.

1 Mitterauer, S. 111 f.

Auch christliche Feste sind Gedenktage. Einige von ihnen – Weihnachten, Ostern etwa – erinnern an die Lebensgeschichte des Religionsgründers und Gründers der Gemeinschaft der Christen. Es sind nicht mehr Daten einer Stammesgeschichte oder der Geschichte eines Volkes, sondern Gedenktage der weltweit lebenden Christenheit. Besondere, jährlich begangene Gedenktage schuf die Kirche für die von ihr benannten Heiligen, derer z. T. nur auf lokaler oder regionaler Ebene gedacht wurde und wird und die eine große Bindekraft bewirken sollten. Mit den Spaltungen der Christenheit in verschiedene Kirchen und Konfessionen entstanden neue Gedenktage; der wichtigste in Deutschland erinnert jährlich am 31. Oktober an den Thesenanschlag Martin Luthers als angenommenes Gründungs- und Ursprungsdatum der evangelischen Kirchen, das zugleich das Abgrenzungsdatum gegenüber der katholischen Kirche war und ist.

Der neuzeitliche Staat griff das kirchliche Vorbild auf. Neben die kirchlichen Gedenktage traten die National- und Staatsfeiertage, nicht zufällig zuerst in den Vereinigten Staaten mit dem Gedenken an den 4. Juli 1776 als dem Tag der Unabhängigkeitserklärung und in Frankreich seit 1879 mit der jährlichen Erinnerung an den 14. Juli 1789 als dem Datum des Sturms auf die Bastille. Auch solche Gedenktage dienen der Erinnerung an gemeinsame Ursprünge, gemeinsame Erfahrungen, an Daten, mit denen – wie bei Revolutionen – ein neuer Ursprung gesetzt wurde, an Personen, die sich um die jeweilige Gemeinschaft verdient gemacht haben, und sie dienen auch der Aussprache von Zukunftsaufgaben und -erwartungen. Besonders deutlich wurde dies bei den jährlichen Feiern zur »Großen Sozialistischen Oktoberrevolution« in der Sowjetunion – Selbstfeiern, bei denen der Ursprung gefeiert, das Erreichte gepriesen, die lichte Zukunft beschworen, Staatsgründer und Staatsverwalter im Personenkult geehrt wurden. Nicht anders bei den Selbstfeiern der Nationalsozialisten, die bei ihren Gedenktagen das immer gleiche Ritual verwendeten: Versetzt mit dem Führerkult, wurde zuerst die »Kampfzeit der Bewegung« als Ursprung im »zerrissenen« Deutschland beschworen, dann die Gegenwart als die bessere Zeit der »Volksgemeinschaft« hingestellt, schließlich mit der Zukunftsvision eines Deutschen Reiches von »der Größe und der Ehre und der Kraft und der Herrlichkeit und der Gerechtigkeit. Amen« (Hitler) geschlossen. Und bei den Nationalsozialisten wurde auch der kultische Charakter solcher Gedenktage offenkundig, die häufig bei Fackelschein oder unter Lichtdomen stattfanden.

Zur Geschichte von Gedenkjahren

Im Zeitalter des Nationalismus kommt der zweite Typ von Gedenktagen immer stärker auf, der Typ des Jubiläums, das nach einer runden Zahl von Jahren nach einem als bedeutsam angesehenen Ereignis begangen wird. Schon der Name »Jubiläum« verweist auf alte Muster: Das Jubeljahr entstammt der jüdischen Tradition: Nach sieben mal sieben plus eins Jahren, mithin nach 50 Jahren, wurde das Jubeljahr als Jahr der Freimachung von Sünden und der Versöhnung mit Gott begangen (Jubel kommt etymologisch von »jobel«, dem Widderhorn, mit dessen Signal das Jahr begann). In der christlichen Kirche erklärte Papst Bonifaz VIII. das Jahr 1300 zum »Heiligen Jahr«, zu dem er auch wie beim jüdischen Jubeljahr einen Sündenablass gewährte. Seitdem war die Einrichtung »heiliger Jahre« durch die Kirche im Abstand von 50, 100, 25, mitunter auch 33 Jahren (als Jahrhundertdrittel und als Lebenszeit Jesu) üblich. Die »runden Daten«, die für neuzeitliche Jubiläen charakteristisch sind, sind säkularisierte Übernahmen aus kirchlichen Traditionsbeständen. Die Kalender-Geschichte, die bei Fälligkeit erinnert wird, verdankt sich dabei nicht der anfallenden »runden« Zahl; es sind vielmehr gegenwärtige Bedürfnisse und gegenwärtige Absichten, die auf die Fälligkeit achten und sie nur benutzen, um mit der Erinnerung Zeichen für die Gegenwart und Zukunft zu setzen.

Gegenwärtige und historische Gedenktage und Gedenkjahre

Wer von Gedenktagen redet, denkt in der Regel unwillkürlich an die staatlich eingerichteten, verordneten oder auch nur geförderten, inszenierten feierlichen Handlungen anläßlich von politischen Gedenktagen. Dabei sind gegenwärtige und historische jährliche Gedenktage und Jubiläen zu unterscheiden.

In der Bundesrepublik nimmt per Gesetz der 3. Oktober als Vollzugsdatum der nationalen Vereinigung den Rang eines nationalen und staatlichen Gedenktages ein, den in den USA der 4. Juli, in Frankreich der 14. Juli haben. Neben dem »eigentlichen« nationalen, staatlichen Gedenktag am 3. Oktober stehen Gedenktage eines gewissermaßen niedrigeren Ranges – der 1. Mai als (arbeitsfreier) »Tag der Arbeit«, der 8. Mai als Tag der Verabschiedung, der 23. Mai als Tag des Inkrafttretens des Grundgesetzes, der 17. Juni zum Gedenken an den Aufstandsversuch in der DDR, der als nationaler staatlicher, arbeitsfreier Gedenktag vom 3. Oktober abgelöst wurde, der 20. Juli als Datum des »Widerstandes gegen Hitler«, der 13. August, der an den Mauerbau erinnert, der Volkstrauertag, der aus der Weimarer Republik stammt und von den Nazis zum »Heldengedenktag« umbenannt worden war. Als jüngster Gedenktag dieser Art ist der Holocaustgedenktag hinzugekommen: Am 27. Januar 1945 wurde das Konzentrationslager Auschwitz befreit.

Unterhalb dieser staatlichen Ebene politischer Gedenktage gibt es eine schier unübersehbare Fülle von Gedenktagen und Jubiläen, die es geraten erscheinen lassen, geradezu von einem Bedürfnis nach historischer Selbstvergewisserung und gemeinsamer Zukunftsperspektive zu sprechen, das sich in Gedenktagen ausdrückt. Jeder Taubenzüchterverein, jeder Gesangverein, jede Freiwillige Feuerwehr, jeder Ort, jede Stadt und jede Partei, jeder Verband, jedes Geschäft (auch die 1938 »arisierten« Geschäfte), jedes Unternehmen – sie alle haben die »runden« Daten, die Anlass für Gedenken sind und gerne genutzt werden.

Neben den gegenwärtigen Gedenktagen gibt es die historischen, ehemaligen, überholten, vergessenen, abgeschafften Gedenktage, die in ihrer Zeit ihre Bedeutung und ihren Symbolwert hatten und heute deswegen von historischem Interesse sind, weil sich an ihnen das politische und historische Selbstverständnis vergangener Zeiten rekonstruieren lässt. Der Jahrestag der Völkerschlacht bei Leipzig, 1817 nicht von ungefähr gemeinsam als vierjähriges Jubiläum mit dem 300. Jahrestag des Thesenanschlages von Luther auf dem Wartburgfest gefeiert, gehört ebenso wie die nationalistischen Schillerfeiern des 19. Jahrhunderts dazu. Der »Sedantag« symbolisiert eine Mentalität des Kaiserreichs, die den äußeren Feind benutzte, um nationale Gesinnung zu fördern; »Kaisers Geburtstag« war das Symbol eines übersteigerten Kaiserkultes. Die jährlichen Gedenkfeiern anlässlich des »Marsches auf die Feldherrnhalle« am 9. November 1923 oder die Horst-Wessel-Gedenkfeiern geben Historikern Auskunft über die Fähigkeit der Nationalsozialisten, ihre Gedenktage zu inszenieren. Der 8. Mai 1945 ist nicht mehr wie zu Zeiten der DDR Staatsfeiertag, an dem der »Befreiung vom Faschismus« gedacht wurde, er sagt aber viel über die Gründungsabsicht und das Selbstverständnis dieses Staates aus. Unterhalb der offiziellen oder offiziösen politischen Gedenktage ist an die Lassalle-Feiern zu erinnern, bei denen die Sozialdemokratie an den Tod Ferdinand Lassalles am 31. August 1864 erinnerte, um ihre Zukunftsvisionen auszudrücken; auch sie gehören der Vergangenheit einer ehedem klassenbewussten Partei an und sind durch die Maifeiern abgelöst worden.

Politische Absichten und Funktionen

Die Erinnerung an bestimmte, datierbare historische Ereignisse und Personen, wie sie in Gedenktagen zum Ausdruck kommt, kann von sehr unterschiedlichen »Trägern« ausgehen. Sie kann als kollektive Erinnerung von staatlicher Seite und herrschenden Schichten erwünscht, durch Gesetz festgeschrieben und institutionalisiert wie ritualisiert sein. Oder sie kann als kollektive Erinnerung von Gruppen, Schichten, Klassen, Gemeinschaften oder Vereinen auftreten, die der Bildung einer auch historisch unterfütterten gemeinsamen Identität dient.

Werden Gedenktage vom Staat veranstaltet, haben sie in Vergangenheit und Gegenwart in erster Linie die politische Funktion der Bestätigung und Bewahrung bestehender Verhältnisse. Sie dienen der Herstellung und Demonstration von brauchbaren Traditionen, sollen Identifikation und Loyalität gegenüber dem politischen System und ein möglichst einheitliches Geschichtsbewusstsein herstellen. Die Gedenk-Geschichten betonen nach dem immer gleichen Grundmuster jenen Zusammenhang von Vergangenheitsdeutung, Gegenwartsverständnis und Zukunftserwartung, der Geschichtsbewusstsein ausmacht: An diesen Tagen wird in der Regel die Geschichte von Ursprung und Abstammung, von Wende und Neuanfang, von Entwicklung und Kontinuität, von daran beteiligten Persönlichkeiten erzählt, um mit der rhetorischen Figur von »Erbe und Auftrag« eine Zukunftsperspektive anzudienen.

Gedenktage und Gedenkjahre, die unterhalb der staatlichen Ebene veranstaltet werden, haben je nach Träger und Veranstalter ebenfalls politische Funktionen – zuweilen bestandskritische, auf mehr oder weniger radikale Veränderungen bedachte (z.B. Arbeiterbewegung im Kaiserreich oder gesellschaftliche/nationale/ethnische Minderheiten), zuweilen integrationsfordernde (Gedenktage von Städten, Dörfern, Vereinen, Gemeinschaften). Auch in diesen Fällen geht es um die Nutzbarmachung von Geschichte.

Eine besondere politische Bedeutung können Erinnerungen an »Fortschritts-Daten« (14. Juli 1789, Amerikanische Unabhängigkeitserklärung) haben: Sie sind nie völlig für den status quo zu vereinnahmen, sondern bergen in sich ein immer auch bestandskritisches Potential; wird eine unzulängliche Gegenwart an den Versprechungen von gestern gemessen, kann sich zeigen, dass die Versprechungen noch weitgehend uneingelöst sind. Der Jahrestag der Ermordung von Rosa Luxemburg und Karl Liebknecht, in der DDR jährlich zur Erinnerung an die Gründerin und den Gründer der Kommunistischen Partei Deutschlands gefeiert (und auch heute noch als nichtstaatlicher Gedenktag der Linken begangen), kann als Beispiel gelten: Der Versuch, Rosa Luxemburg und Karl Liebknecht für die DDR zu vereinnahmen – als sei die real existierende DDR die Erfüllung des Vermächtnisses der beiden gewesen –, konnte auf Dauer nicht gelingen. Es brauchte nur des Mutes, die berühmten Sätze der Rosa Luxemburg, nach denen es keine Demokratie ohne Sozialismus und keinen Sozialismus ohne Demokratie geben könne und Freiheit immer die Freiheit des Andersdenkenden bedeute, öffentlich auf ungenehmigten Spruchbändern zu zeigen, um die angeblichen Hüter des Erbes nervös zu machen und allergisch reagieren zu lassen. Solange also Gedenktage einen utopischen Überschuss enthalten, solange es ein Noch-nicht dessen gibt, was ursprünglich beabsichtigt war, eignen sie sich nur bedingt für feierliche Bestätigung des status quo.

Gedenktage, Gedenkjahre und historische Unvernunft

Gedenktage sind immer Anlässe für zeitbedingte Deutungen und Sinnbildungen – für Gedenk-Geschichte. Gegenwartsbestimmte Sinnbildungen sind nicht nur legitim, sondern konstitutiv für Geschichte. Geschichte ist gegenwärtiges Nachdenken über die uns in unserer Gegenwart und Zukunft betreffende Vergangenheit. Allerdings sind Gedenktage und Gedenkjahre anfällig für historische Unvernunft. Gedenktage sollen eine historische Identität und eine historisch begründete Loyalität stiften, verbürgen oder bewahren, indem sie Gelegenheit bieten, eine »traditionale« Geschichte (Rüsen) zu erzählen, die auf gemeinsame Ursprünge und Erfahrungen, auf verbindende und bindende traditionelle Werte abheben und eine gemeinsame Zukunft entwerfen soll. Die emotionalen und affektiven Seiten, die der Gedenk-Geschichte in der Regel eigen sind, lassen es auch zu, sie der »monumentalischen Historie« Nietzsches zuzurechnen. An Gedenktagen werden Sinne und Gefühle nicht nur durch die erzählte Geschichte gezielt angesprochen, sondern auch durch die äußere Gestaltung: Bei staatlichen Gedenktagen durch Machtdemonstrationen, getragene, feierliche Musik, pathetische Sprache, die unvermeidlichen Fahnen und Lorbeerbäume, bei nichtstaatlichen Gedenktagen durch all die symbolischen Handlungen, Gestaltungen, Ermahnungen und traditionellen Formen der Selbstdarstellung, die der Gemeinschaft, der Gruppe, der Partei oder den anderen gedenkenden Einrichtungen seit langem vertraut und eigentümlich sind. Die Absicht, Identität, Integration und Loyalität herzustellen, zu verbürgen und fortzubilden und zu diesem Zweck in besonderem Maße Gefühle zu mobilisieren, Geschichte hochgradig zu emotionalisieren, gehörte seit jeher zu den bedenklichen Besonderheiten der Gedenk-Geschichte.

Die Kehrseite der Absicht, eine gemeinsame historische Identität durch eine allfällige Kalender-Geschichte zu stiften, zu verbürgen oder zu festigen, ist die Ausschließung der »anderen« – der »Reichsfeinde«, der »vaterlandslosen Gesellen«, der »Gemeinschaftsfremden« oder der »Konterrevolutionäre«. Die deutsche Geschichte der Gedenktage ist auch eine Geschichte antifranzösischer Gedenktage. Der »Sedantag« war der ausgekostete Triumph über den »Erbfeind«; die Feiern zum 100. Jahrestag der Völkerschlacht bei Leipzig galten einem weiteren Sieg über ihn. Die Geschichte der Gedenktage der alten Bundesrepublik ist auch eine Geschichte antikommunistischer Gedenktage. Die politischen Gedenktage der DDR waren immer auch »antiimperialistische« und »antifaschistische« Gedenktage, bei denen Feindbilder aufgebaut und gefestigt werden sollten.

Erinnerungen aus Anlass von Gedenktagen haben es an sich, dass sie überholten, obsoleten Vorstellungen und Konzeptionen von Geschichte folgen müssen: Sie sind oft auf datierbare Ereignisse und auf Daten aus den Lebensgeschichten berühmter Persönlichkeiten angewiesen. Sie sind vorrangig einer ereignisgeschichtlichen und personalisierenden Historie verpflichtet: Ökonomische Strukturen, Herrschaftsverhältnisse, gesellschaftliche Mentalitäten, Kulturen eignen sich kaum für Gedenktage und Gedenkjahre.

Gedenktage sind nicht unbedingt Denktage, an denen Erinnerung als kritisch nachdenkende und nachdenkliche Auseinandersetzung mit Vergangenem gepflegt wird. Die mit Gedenktagen verbundenen Absichten schließen den Gedanken an ein »kritisches Erzählen« (Rüsen) und eine »kritische Historie« (Nietzsche) weitgehend aus: Geschichte wird an diesen Tagen von den Motiven und Erwartungen vieler Beteiligter her als eine in sich stimmige, in sich schlüssige Geschichte erzählt, die keinen – oder allenfalls berechenbar zumutbaren – Raum für Selbstzweifel lässt. Sie muss so verlaufen sein, wie man gern hätte, dass sie verlaufen wäre. Sie erfüllte sonst ihre Zwecke nicht. So wird denn oft geschönt und verdrängt, entsprechend ausgewählt und gegliedert, aufgerechnet und bagatellisiert. Der Gedanke, die eigene Geschichte vor ein Gericht zu ziehen und »peinlich zu inquirieren«, kommt selten, allenfalls in historischen Ausnahmesituationen. Allerdings lässt sich für deutsche Verhältnisse feststellen, dass Gedenktage nüchterner, abwägender, vorsichtiger, ja vernünftiger begangen werden als je zuvor in der deutschen Geschichte. Die Bereitschaft, die eigene Geschichte auch kritisch zu sehen und sie den Staatsbürgerinnen und Staatsbürgern vorsichtig kritisch zuzumuten, ist zweifellos gewachsen. Ein Beispiel dafür ist der Holocaustgedenktag. Freilich ist die Frage, ob nicht auch ein kritisches Gedenken allzu leicht zum Ritual erstarrt, bei dem man sich z. B. damit brüstet, eine einzigartige Schuld auch in einzigartiger und geradezu vorbildhafter Weise zu »bewältigen«.

Ökonomische Funktionen in der Waren- und Mediengesellschaft

In der Medien- und Warengesellschaft haben Gedenktage und Gedenkjahre auch wichtige ökonomische Aspekte. Mit Geschichte werden Geschäfte gemacht, wobei schwer zu ermitteln ist, inwieweit die Medienproduktion Bedürfnisse schafft oder auf Bedürfnisse eingeht. Die ökonomischen Gründe liegen auf der Hand: Die Verlage wollen Bücher verkaufen, die Fernsehanstalten sind an Einschaltquoten und davon abhängigen Werbeeinnahmen interessiert, die Printmedien an Auflagenhöhe und davon abhängigem Anzeigengeschäft, die städtischen Verkehrsbüros erhoffen sich zahlungskräftige Touristen und ein Geschäft für den heimischen Handel und das heimische Gewerbe. Die nicht-staatlichen Anbieter von Gedenk-Geschichte sind dabei vor allem den Jubiläen, den »runden« Daten zugetan – dem 500. Jahrestag der Columbus-Fahrt, dem 200. Todestag Wolfgang Amadeus Mozarts, der 200-Jahrfeier der Französischen Revolution, der 50. Wiederkehr des D-day in der Normandie, dem 50. Jahrestag der – was denn nun? – »Kapitulation«, »Niederlage«, »Befreiung«, dem 50. Jahrestag von »1968«.

Die Medien verstärken ohne Frage etwa die Tendenz zu einer ereignisgeschichtlichen und vor allem personalisierenden Sichtweise, weil die »Macher« ohnehin der Auffassung zuneigen, Geschichte lasse sich nur an Frau oder Mann bringen, wenn sie über Personen und Persönlichkeiten, nicht aber über erzählerisch sperrige und etwa bildlich kaum umsetzbare Strukturen und Mentalitäten transportiert werde.

Gedenktage und Gedenkjahre sind Teil unserer Geschichts- oder Erinnerungskultur. Sie wurden und werden begangen, sie können aber zugleich auch Anlass und Gegenstand einer kritischen und selbstkritischen Betrachtung des Umgangs mit Geschichte in der Öffentlichkeit werden.

Literatur

Düding, Dieter u. a. (Hg.): Öffentliche Festkultur. Politische Feste in Deutschland von der Aufklärung bis zum Ersten Weltkrieg, Reinbek 1988.

Maurer, Michael: Feste und Feiern als historischer Forschungsgegenstand, in: HZ, Bd. 253 (1991), S. 101–130.

Mitterauer, Michael: Politischer Katholizismus, Österreichbewußtsein und Türkenfeindbild. Zur Aktualisierung von Geschichte bei Jubiläen, in: Beiträge zur Historischen Sozialkunde 1 (1982), S. 111–120.

Schellack, Fritz: Nationalfeiertage in Deutschland von 1871 bis 1945, Frankfurt a. M. 1990.

Schiller, Dietmar: Die inszenierte Erinnerung, Frankfurt 1993.

Ders.: Politische Gedenktage in Deutschland. Zum Verhältnis von öffentlicher Erinnerung und politischer Kultur, in: Aus Politik und Zeitgeschichte. Beilage zur Wochenzeitung *Das Parlament*, Bd. 25 (1993) vom 18. Juni 1993, S. 32–39.

Lars-Broder Keil

Fiktion im Geschichtsbewusstsein

Wie Legenden und Mythen das Bild von vergangener Wirklichkeit beeinflussen können

Normalerweise gehört das Unterscheiden von Realem und Fiktivem zum Grundvermögen unseres Alltagswissens. Lernprozesse und gesammelte Erfahrungen befähigen dazu. Die Unterscheidung ist das Ergebnis einer kulturellen Entwicklung, die notwendig ist, um eine Orientierungsleistung für die Wirklichkeit zu erbringen, konstatiert der Historiker Hans-Jürgen Pandel. Andererseits stellt er jedoch fest, dass Erforschtes und Erdachtes, Traum und Wirklichkeit sich immer wieder zu Vorstellungskomplexen verbinden, »die einen größeren Einfluss auf unsere Zeitorientierung haben als Produkte angestrengter Wissenschaftlichkeit«.[1] Auch Bernd Ingmar Gutberleit schildert unsere offenkundigen Schwierigkeiten bei der Trennung von Realem und Fiktivem. »Die Vergangenheit hat ihre Tücken«, schreibt er. Bei aller Fülle an authentischen Quellen sei die Beschäftigung mit Geschichte immer auch eine Arbeit entlang von Lücken, die schwer mit Wissen zu füllen sind. Der Preis für die Wiederbelebung der Vergangenheit sei daher ein gewisses Maß an Auslegung und Einfärbung, »nicht zuletzt durch den Einsatz von Fantasie«.[2] Noch weiter geht Karl Filser mit der lakonischen Bemerkung: »Wenn die Vergangenheit sich nicht fügt, kann sie auch neu erfunden werden.«[3]

Geschichte ist also nicht allein vergangene Wirklichkeit. Geschichte ist vor allem das Bild, das sich Menschen von vergangener Wirklichkeit machen. Sie entscheiden anhand ihrer Wünsche und Absichten darüber, ob die Vergangenheit lebendig wird oder tot bleibt. Ereignisse, die schon lange zurückliegen, können plötzlich stärker ins Blickfeld rücken als jüngere Ereignisse, die bis dahin die Vorstellungen der Gesellschaft prägten. Das ist der Augenblick für Mythen- und Legendenbildungen.

1 Pandel, Hans-Jürgen: Legenden – Mythen – Lügen. Wie viel Fiktion verträgt unser Geschichtsbewusstsein?, in: Geschichte lernen Heft 52 (1996), S. 15–19.

2 Gutberleit, Bernd Ingmar: Irrtümer und Legenden der deutschen Geschichte, Hamburg/Wien 2002, S. 7 u. 9.

3 Filser, Karl: »Wenn die Vergangenheit sich nicht fügt …«. Nationale Mythen im Geschichtsunterricht?, in: Dotterweich, S. 267.

Definition und Einordnung

Mythen und Legenden zu definieren, Gemeinsamkeiten und Unterschiede zu formulieren sowie einzelne Spielarten zu beschreiben, ist nicht einfach. Beide Begriffe haben seit ihrem Aufkommen in der Antike ständig Wandlungen erfahren, sowohl im wissenschaftlichen wie im alltäglichen Gebrauch werden beide Begriffe häufig für dasselbe Ereignis benutzt. Gleichwohl lassen sich Legenden und Mythen unterschiedlich fassen. Laut Brockhaus versteht man unter Legenden »unverbürgte Erzählungen«. Sie verknüpfen zum einen Geschehnisse und veranschaulichen Sachverhalte, häufig auf ungesicherter empirischer Grundlage. Mitunter werden zur Legitimierung nachträglich fragwürdige Quellen herangezogen. Legenden machen zum anderen Aussagen über Personen, deren Handlungen oder gar Existenz zweifelhaft sind. Das alles schafft Raum für die Verfälschung historischer Tatbestände, für Halbwahrheiten und Irrtümer, aber auch für Vorurteile. Das Konstruieren und Verbreiten von Legenden geschieht bewusst, aber auch als Folge von Wunschvorstellungen, beispielsweise nach einem gütigen Herrscher oder nach Personen, die das tatsächlich tun, was man gerne selbst täte.

Die wohl bekannteste Legende des 20. Jahrhunderts ist die »Dolchstoßlegende«, die nach Ende des Ersten Weltkriegs aufkam. Ihr Inhalt: Wenn die Nation in der Heimat geschlossen hinter der Front gestanden hätte, wäre Deutschland von den äußeren Feinden auch mit Übermacht nicht zu besiegen gewesen. Die Mär über die von hinten »erdolchte« Armee ist ein Beispiel für jene Art von Legenden, die der individuellen Entlastung von Entscheidungsträgern dienen. Tatsächlich wollten Paul von Hindenburg, Erich Ludendorff und andere führende Generäle mit dem angeblichen »Verrat der Heimat«, der die Moral der Soldaten untergraben habe, nur von ihrem militärischen Versagen ablenken.

Für eine zweite Art von Legenden ist charakteristisch, dass ihre Urheber die Tatbestände vorsätzlich und zielgerichtet verfälschen und die tatsächlichen Zusammenhänge verdrängen. Damit dient die Legende den politischen Zielen ihrer Urheber. Das gilt für Konrad Adenauers fintenreiches Spiel 1950, mit dem er gleichzeitig den Westalliierten die weitgehende Souveränität der Bundesrepublik und der rebellierenden bundesdeutschen Gesellschaft die Zustimmung zur Wiederbewaffnung abrang. Eine Variante dieses Typs sind die Legenden, die Persönlichkeiten belasten sollen, indem Jahre zurückliegende Handlungsspielräume übertrieben oder überhaupt erst postuliert werden. Außerdem gibt es solche Legenden, die eine Ersatzfunktion ausüben sollen und dort besonders gut »gedeihen«, wo kollektives Nichtbegreifen oder Nichtbegreifenwollen anzutreffen sind. Sie verharmlosen oder rechtfertigen, wo Realität und Verantwortung aufgrund eindeutiger Fakten nicht zu leugnen sind. So lassen sich unangenehme Ereignisse wie die Beteiligung der Wehrmacht an Verbrechen im Zweiten Weltkrieg verdrängen und allgemeine Schuldgefühle verringern. Eine vierte Art von Legenden umfasst pauschale Verdächtigungen und Schuldzuweisungen, in der Regel, wenn auch nicht immer, gegen Juden gerichtet. Schließlich können unliebsame historische Tatbestände zu Legenden erklärt und durch »Gegenlegenden« bekämpft werden, etwa die Tatsache der Judenvernichtung durch die Legende von der »Auschwitzlüge«.

Während Legenden an einzelnen historischen Begebenheiten sowie tatsächlichen oder vermeintlichen Entscheidungen geschichtsmächtiger Personen festgemacht sind, beziehen Mythen sich vorrangig auf die epochale Wirkung großer Ereignisse, auf kollektive Einheiten und Kulturen. Mystifizierende Geschichten schreiben Ereignissen bestimmte Merkmale zu, die dann durch Übertragen auf aktuelles Geschehen verallgemeinert werden. Sie bieten der Gesellschaft gemeinsame Normen und Werte an, vermitteln das Gefühl der Unverfälschtheit der eigenen Kultur. Hervorgehoben werden dabei jene Ereignisse, die die Nation als Schicksalsgemeinschaft zeigen. Mythen geben vor, welche Erinnerungen besonders hochzuhalten sind, damit der Wille zum Zusammenleben entfacht und gefestigt werden kann. Damit erlangen sie Autorität, legitimieren – wie auch Legenden – radikale Maßnahmen und führen letztlich auch zu gemeinsamem Handeln. In ihrer sinn- und identitätsstiftenden Funktion können sie durchaus ein positiver Bestandteil der Erinnerungskultur sein. So entwickelte sich die Revolution von 1848 mit ihrem Kampf um demokratische Grundrechte, Parlamentarismus und nationale Einheit zu einem Mythos, der nach dem Ende des NS-Regimes 1945 für den politischen und moralischen Neubeginn wiederbelebt wurde. Mythen dieser Zeit sind auch der schnelle Wiederaufbau und ökonomische Aufschwung in der Bundesrepublik (»Wirtschaftswunder«) sowie die amerikanische Selbstlosigkeit dabei (»Marshallplan«).

Wie Legenden und Mythen entstehen

Im Unterschied zur wissenschaftlichen Erklärung setzen Legenden und Mythen auf den kollektiven Glauben an ihre Wirklichkeit. Für die Akzeptanz spielen individuelle Wertvorstellungen und die emotionale Hinwendung zu Geschichtsbildern eine große Rolle, wie Volker Dotterweich ausführt.[4] Dieses Phänomen beschreibt auch der ehemalige sowjetische Diplomat Valentin Falin: »Die Wissenschaft ist zu kalt für uns. Wir ziehen Mythen und Legenden vor.«[5] Doch wann und wie entstehen sie? Angelehnt an die Kriminalistik könnte man sagen: Es braucht Motiv, Mittel und Gelegenheit. Mythen und Legenden haben vor allem in der Folge von krisenhaften gesellschaftlichen Prozessen und historischen Umbrüchen Konjunktur.

4 Ebd., S. 8.
5 Keil/Kellerhoff, S. 7.

Dann wächst der Wunsch nach einer möglichst einfachen Erklärung komplexer Zusammenhänge, der gepaart ist mit der Leichtgläubigkeit einer einseitig informierten Öffentlichkeit. Ihnen kommt entgegen, dass die Erzählungen in der Regel nicht reine Lügen sind, sondern einige Brocken Wahrheit enthalten – allerdings verfälschte, aus dem Zusammenhang gerissene, Wesentliches verschweigende –, jedoch genug, um plausibel zu wirken. Um Legenden und Mythen unter der Bevölkerung zu verbreiten, braucht es nicht nur Öffentlichkeit, sondern auch Multiplikatoren, wobei Erzählungen, die von Mitgliedern der eigenen sozialen Gruppe oder angesehenen Schichten transportiert werden, besonders glaubhaft wirken. Die Legende von einer alle Schichten der deutschen Nation gleichermaßen erfassenden Begeisterung zu Beginn des Ersten Weltkrieges 1914 wurde in regierungsnahen Zeitungen, aber auch von Vertretern des protestantischen Bildungsbürgertums verbreitet, von Professoren, Pfarrern, Lehrern und Beamten. Ihr Status war durch den Aufstieg der organisierten Arbeiterschaft, den wachsenden Einfluss der Wirtschaftsverbände und die Entstehung neuer, technischer Berufe gefährdet. Angesichts latenter Bedrohungsängste optierten sie für eine neue Form des radikalen Nationalismus – in Publikationen sowie durch ihr öffentliches Wirken, schreibt Andreas Wirsching. Das kam der deutschen Führung entgegen, die mit der gemeinsamen Erinnerung an das »Augusterlebnis« überdecken konnte, dass zuvor innere Gegensätze das Kaiserreich prägten und Teile Deutschlands durchaus zurückhaltend auf den Kriegsbeginn reagierten.[6]

Nach Ansicht von Heinrich August Winkler muss es Historiker geradezu herausfordern, »wenn sich eine bestimmte Lesart von Geschichte oder von einzelnen historischen Schlüsselereignissen« zu Mythen und Legenden verdichtet »und gegenüber wissenschaftlicher Kritik abzuschotten versucht«.[7] Doch im Gegensatz zu historischen Werken sind diese oft schwer ihrem Urheber zuzuordnen. Ironischerweise fördert Kommunikation die Aufklärung nicht. Zumindest nicht die Kommunikation, die Erinnerungen abbildet, speist sie sich doch aus einer Mischung von selbst Erlebtem, Erzählungen anderer und Überlieferungen früherer Generationen sowie durch die volkspädagogische und mediale Aufbereitung der Vergangenheit, wobei unpassende Erinnerungen aus dem nationalen Diskurs und Selbstbild oft ausgeschlossen werden. Die Folgen dieses Vorgehens sieht Aleida Assmann darin, dass die historische Erfahrung von den konkreten Bedingungen ihres Entstehens weitgehend abgelöst und zu »zeitenthobenen Geschichten« umgedeutet sei, »die von Generation zu Generation weitergegeben werden«.[8]

6 Zit. nach Wirsching, Andreas: »Augusterlebnis« 1914 und »Dolchstoß« 1918 – zwei Versionen derselben Legende?, in: Winkler, Heinrich August (Hg.): Griff nach der Deutungsmacht. Zur Geschichte der Geschichtspolitik in Deutschland, Göttingen 2004, S. 195.

7 Winkler, S. 11.

8 Assmann, S. 40.

Die Erinnerung als Mittel aktueller Auseinandersetzungen

Raina Zimmering weist in ihrem Buch über politischen Mythen der DDR zu Recht darauf hin, dass Herrschaft bei der Implementierung von Legenden und Mythen eine entscheidende Rolle spielt. Wer die politische Macht habe, besitze ebenfalls ein hohes Maß an symbolischer Macht und deshalb bessere Möglichkeiten bei der Beeinflussung der medialen Vermittlung in aktuellen Debatten.[9] Mit dem Mythos vom antifaschistischen Charakter der DDR wollte das SED-Regime ein kollektives Bewusstsein dafür erzeugen, dass der neue Staat die »bessere Tradition« der deutschen Geschichte verkörpere, sowie die eigene Macht legitimieren. Es nutzte dabei aus, dass ein Teil der DDR-Bevölkerung ehrlich bereit war, am Aufbau einer neuen Gesellschaft mitzuwirken. Ferner förderte der Mythos eine kollektive Entlastung von Schuld, war er doch »ein Angebot an Sinndeutung für die Situation des Untergangs des Nationalsozialismus und ermöglichte es, mit der eigenen Schuld der Verstrickung in den NS-Verbrechen fertig zu werden«.[10] Um den Antifaschismus als entscheidende Gründungserzählung zu etablieren, wurden entsprechend der Ideologie Kapitalismus und Faschismus gleichgesetzt, die Rolle der Arbeiterklasse und der KPD im Widerstand überhöht und der Anteil anderer Gruppen klein gehalten oder verschwiegen. Die Vermittlung erfolgte wesentlich über Erinnerungsliteratur, aber auch durch Filme und die öffentliche Würdigung. Im Geschichtsunterricht wurde einer gefühlsmäßigen Schilderung ebenso Wert beigemessen wie der politischen Einordnung – weit mehr als der wissenschaftlichen Betrachtung. Dies führte in breiten Teilen der Gesellschaft zu einer tiefen antifaschistischen Identität. Dass der dem Mythos innewohnende Wunsch nach Menschlichkeit und Freiheit mit der Realität in der DDR zu keinem Zeitpunkt in Übereinstimmung gebracht werden konnte, tat der Wirkung keinen Abbruch.

Totalitären Systemen fällt es leichter, ein Geschichtsbild zu verordnen. Aber auch in Demokratien finden Legenden und Mythen einen Nährboden, wenn versucht wird, Positionen historisch zu untermauern, wie das Beispiel der Stalin-Note zeigt. Als die Sowjetunion im März 1952 die Wiedervereinigung für ein neutrales Deutschland anbot, befand die Bundesrepublik sich in den entscheidenden Verhandlungen über den Eintritt in die Europäische Verteidigungsgemeinschaft. Bundeskanzler Konrad Adenauer lehnte das Angebot ohne ernsthafte Prüfung als Bluff ab. Gegner der Wiederbewaffnung wie der autoritären Politik Adenauers kritisierten das Verhalten. Von einer »verpassten Chance« war 1952 jedoch kaum die Rede. Vielmehr drehte sich der Streit um die verweigerte Prüfung. Erst vier Jahre später wurde der Keim für eine Legende gelegt, angestoßen durch einen Adenauer-

9 Zimmering, Raina: Mythen in der Politik der DDR. Ein Beitrag zur Erforschung politischer Mythen, Opladen 2000, S. 34.

10 Ebd., S. 38.

kritischen Journalisten und sein Buch über die deutsch-sowjetischen Beziehungen. Seine Argumente dienten 1958 in hitzigen öffentlichen Debatten über die deutsche Außenpolitik und die Pläne zur Atombewaffnung als Vorwurf gegen Adenauer. Die Legende, er habe 1952 die Chance zur Einheit verpasst, war nicht mehr aus der Welt zu schaffen, was nicht verwundert, da der Gegenbeweis nicht angetreten worden war und die wahre Intention der Sowjetunion ohne Einsicht in interne Unterlagen Spekulation bleiben musste. Heute diskutieren nur noch Historiker über die Stalin-Note.

Legenden und Mythen wirken nicht ewig

Wie lange die Erzählungen Wirkung zeigen, hängt für Assmann davon ab, wie lange sie dem gewünschten Selbstbild der Gruppe entsprechen und wie lange sie sich mit dem Alltagsgedächtnis der Mehrheit einer Gruppe decken. Mitunter wird ein nutzlos gewordener Mythos durch einen neuen, gesellschaftlich gewünschten ersetzt. Ein Aufbrechen des politischen Rahmens kann das Ende von Legenden und Mythen beschleunigen. Die veränderten Verhältnisse nach 1989 in Osteuropa führten in ganz Europa zu einem Wiedererwachen von Geschichte, nicht unwesentlich gefördert durch das Öffnen von Archiven. Diese Umbruchzeit ermöglichte neue historische Forschungen und Debatten, in deren Folge offizielle Geschichtsbilder revidiert werden mussten, beispielsweise die nationalen Mythen in Österreich und Italien über den Widerstand gegen das NS-Regime. Das Wirken der italienischen Partisanen, die »Resistenza«, war von der Nachkriegsdemokratie als nationale Einigungsbewegung verklärt worden, in der sich das italienische Volk gegen die Bedrohung durch die deutschen Besatzer zusammengefunden habe. Bewusst wurde auch an die Einigungsbewegung Mitte des 19. Jahrhunderts erinnert, um sich in der Tradition früherer Mythen zu sehen. Seit Ende des Kalten Krieges hat sich die Einschätzung durchgesetzt, dass die Italiener keineswegs einheitlich gegen die deutschen Besatzer standen, sondern ein Teil mit ihnen kollaborierte. Gleiches trifft auf Österreich zu, das sich lange als »erstes Opfer« des Nationalsozialismus verstanden hat. Grundgelegt wurde dieses Geschichtsbild und damit die kollektive Erinnerung in der Unabhängigkeitserklärung 1945. Die Jahre davor wurden in der Zweiten Republik als Fremdherrschaft dargestellt und unter dem Aspekt des Kampfes um die Befreiung Österreichs betrachtet. Diese Sichtweise ist auch in Symbolen erkennbar, etwa im Staatswappen, bei dem der aus der Ersten Republik übernommene Adler mit gesprengten Ketten versehen wurde. Nach 1989 rückte jedoch der österreichische Anteil im NS-System, die führende Rolle von Österreichern innerhalb des NS-Terrorapparates, die Beteiligung an der Judenvernichtung und der alltägliche Antisemitismus stärker ins öffentliche Bewusstsein, so dass am Bild vom

»ersten Opfer« des Nationalsozialismus heute nur noch nationalistische Kräfte und Populisten festhalten.

Die Verantwortung der Historiker

Hans-Jürgen Pandel versteht den Historiker als »Grenzwächter, der die stets drohenden Übergriffe des Fiktiven und Imaginären in das Reale abwehren muss«. Die Erfolgsaussichten sieht er skeptisch. Die Geschichtskultur sei ein Faktor in einer modernen Kommunikationsumwelt geworden, »in der eine Trennung von Fiktion und Realität weitgehend nicht mehr möglich und auch nicht erwünscht ist«. Sie werde durch TV- und Kinofilme sowie in Doku-Dramen zunehmend ästhetisiert und visualisiert, was bei allem Bemühen um historische Treue den Anteil an fiktiven Elementen erhöhe. Die Geschichtswissenschaft sei daher immer weniger in der Lage, »durch das Gewicht des historischen Faktums die politischen Spekulationen auf den Boden der Tatsachen zurückzubringen«.[11] Winkler nennt ein anderes Problem. »Im Zuge seiner Folklorisierung wird ein Mythos zu einem kulturellen Besitzstand; wird er in Frage gestellt, löst das die typischen Reflexe der Besitzstandswahrung aus«, schreibt er.[12] Der Historiker Uwe Schulte-Varendorff, der die Legende des sauberen Kolonial- und Kriegshelden Paul von Lettow-Vorbeck erschütterte und ihn auf der Basis neuer Studien als autoritären und rücksichtslosen Selbstdarsteller entlarvte, kann ebenso ein Lied davon singen wie der pensionierte Geschichtslehrer Helmut Schnatz. Dieser hatte glaubhaft darstellen können, dass es bei der Bombardierung Dresdens im Februar 1945 entgegen vielen Zeitzeugen-Berichten keine Tieffliegerangriffe auf Flüchtlinge und Zivilisten gegeben hat. Die Kritik auf ihre Veröffentlichungen ähnelte sich: Wie kämen sie dazu, die Geschichte anzuzweifeln, statt sie in die richtige Richtung zu erforschen, wurde ihnen vorgeworfen.

Zuweilen irren auch die Historiker. Allzu subjektives Interpretieren vorliegender Fakten, Eitelkeiten, unsauberes Arbeiten, die Lust an gewagten Thesen oder politische Interessen führten zu Ergebnissen, die späterer Überprüfung nicht standhalten würden, erläutert Bernd Ingmar Gutberleit.[13] Im schlimmsten Fall könnten Historiker durch Verfälschungen zur Legendenbildung beitragen, zum Beispiel im Zusammenhang mit der Propagandabehauptung der deutschen Kommunisten, die Nazis hätten 1933 den Reichstag in Brand gesteckt – eine aus dem Exil gesteuerte Kampagne ohne Kenntnis der polizeilichen und feuerwehrtechnischen Untersuchungen. Der Schweizer Historiker Walter Hofer verteidigte später diese These

11 Pandel, S. 17 f.
12 Winkler, S. 11.
13 Gutberleit, S. 8.

mit fragwürdigen und nachweislich gefälschten Quellen.[14] Seine Veröffentlichungen sind Schullektüre.

Um Legenden und Mythen zu entlarven und in verbürgtes Wissen überzuführen, braucht es einen sehr genauen Überblick über die wirklichen Ereignisse – und den unbedingten Willen zur Differenzierung. Unbestätigte Ereignisse und Charaktereigenschaften sind mit Skepsis zu betrachten, auch wenn sie sich noch so schlüssig in das Bild einfügen lassen. Mit Quellenkritik ist es jedoch nicht getan. Es ist ebenso notwendig, nach den sozialen Interessen und Wünschen hinter bestimmten Überlieferungen zu fragen. Wichtig ist ebenso die unvoreingenommene Betrachtung neuer Erklärungsansätze.

Keine Gesellschaft kann darauf verzichten, sich der Vergangenheit zu bedienen. Ihre Interpretation bestimmt das Verhalten in der Gegenwart und den Blick in die Zukunft. Werden die Gefahren im Umgang mit der Vergangenheit jedoch nicht beachtet, droht eine Situation, vor der Jean-Paul Sartre warnte: »Wir wählen die Vergangenheit im Lichte eines bestimmten Zwecks, aber von da an drängt sie sich auf und verschlingt uns.«[15]

Literatur

Assmann, Aleida: Der lange Schatten der Vergangenheit. Erinnerungskultur und Geschichtspolitik, München 2006.

Dotterweich, Volker (Hg.): Mythen und Legenden in der Geschichte. Schriften der Philosophischen Fakultäten der Universität Augsburg, Nr. 64, München 2004.

Keil, Lars-Broder / Kellerhoff, Sven Felix: Deutsche Legenden. Vom »Dolchstoß« und anderen Mythen der Geschichte, Berlin 2002.

Winkler, Heinrich August (Hg.): Griff nach der Deutungsmacht. Zur Geschichte der Geschichtspolitik in Deutschland, Göttingen 2004.

14 Keil / Kellerhoff, S. 50 ff.

15 Zit. nach Burger, Rudolf: Im Namen der Geschichte. Vom Missbrauch der historischen Vernunft, Springe 2007, S. 39.

Berit Pleitner

Erlebnis- und erfahrungsorientierte Zugänge zur Geschichte

Living History und Reenactment

Living History und Reenactment sind Darstellungsformen von Geschichte, die sich besonders in der anglo-amerikanischen Welt, in jüngster Zeit auch in Deutschland, großer Beliebtheit erfreuen. Eine allgemein akzeptierte Definition dieser Begriffe gibt es bislang noch nicht. In einem sehr umfassenden Sinne beschreibt Stacy Roth als Living History alle Handlungen, mit Hilfe derer eine gefühlte Verbindung mit der Vergangenheit hergestellt werden kann. Auch das Singen eines von der Großmutter gelernten Liedes sei »history expressing itself in vital form«.[1]

Laut Simone Lässig handelt es sich bei Living History darum, »alltägliches Leben in einer anderen Zeit zu simulieren und zu inszenieren«.[2] Obwohl die Kenntnis von Quellen und Literatur integraler Bestandteil aller seriösen Living History ist, basiert letztere – im Unterschied zur akademischen Beschäftigung mit Geschichte – auf Handlung, Erfahrung und Emotion. Vanessa Agnew definiert Reenactment folgerichtig als »a body-based discourse in which the past is reanimated through physical and psychological experience«.[3]

Die Möglichkeiten der Umsetzung sind vielfältig und reichen von Kostümführungen über Mittelalterfeste und Stadtjubiläen bis hin zu historischem Reality TV oder dem Reenactment von bedeutenden Schlachten, das seinerseits in kommerzialisierter Form Tausende von Besuchern anlocken kann (so genannter Heritage Tourism).[4] Vorführungen mit fester Textvorlage sind die Ausnahme, zumeist schöpfen die Akteure aus dem Wissen über die Zeit und die Person, die sie darstellen.

Chris Brewster leitet in Essex (England) die professionelle Living History Gruppe »Past People«, die vorrangig für Schulen und Museen arbeitet. Im weiteren Textverlauf werden ihre Eindrücke aus der täglichen Arbeit klein gedruckt wiedergegeben.

1 Roth, Stacy: Past into Present. Effective Techniques for First-Person Historical Interpretation, Chapel Hill 1998, S. 9.

2 Lässig, Simone: Clio in Disneyland? Nordamerikanische Living History Museen als außerschulische Lernorte, in: Zeitschrift für Geschichtsdidaktik, Jahresband 2006, S. 49.

3 Agnew, S. 330.

4 Eine Übersicht über laufende Veranstaltungen in Deutschland bietet www.tempus-vivit.net, für Großbritannien www.historic-uk.com/HistoryUK/LivingHistory.html, für Australien www.arlho.net, für die USA (speziell auf Living History Museen bezogen) www.alhfam.org.

When working with any group, we aim to foster greater interest in history and heritage. The introduction of characters into senior schools is effective both to the history curriculum and teaching of communications. With teenage students, the emphasis is on evaluating source materials, literature as evidence, political awareness of past societies, motivations of individuals and the importance of the printed word and philosophy. Correct utilisation of historic characters can promote interpretive study in an unique manner.

In a slightly less academic atmosphere, Past People characters give lectures to a wide variety of social organisations and give demonstrations at historic buildings and museums. In these cases, an entertainment aspect enters in along with historical realism. We often find that for any age group, humour makes history more memorable.

Ein Konsens über eine mögliche Abgrenzung der Begriffe Living History und Reenactment voneinander konnte bislang nicht erzielt werden. Man wird für den Moment davon ausgehen müssen, dass sie synonym verwandt werden. Viele Akteure nehmen selber eine Unterscheidung vor, die sich an dem Kriterium der Zuschauernähe orientiert: Zuschauerferne Darstellungsformen werden als Reenactment bezeichnet. Sobald die Akteure den Zuschauern jedoch so nahe kommen, dass Mimik und Gestik für diese deutlich erkennbar werden und sich eine Interaktion ergeben kann, spricht man von Living History.

Diese zunächst sinnvoll erscheinende Abgrenzung lässt sich allerdings bei näherem Hinsehen nur schwer aufrechterhalten. Zum einen zeigen militärische Reenactments häufig auch das (den Zuschauern zugängliche) Lagerleben mit Musikern, Priestern oder Krankenpflegern. Zum anderen kreieren Living-History-Fernsehproduktionen wie z. B. »Windstärke 8« eine völlig neue Beziehung zwischen Darsteller und Zuschauer.[5] Wer als Teilnehmer an Bord der »Bremen« geht, um die Reise eines Auswanderers in die Neue Welt vor gut 150 Jahren zu simulieren, mag sich mitten auf dem Atlantischen Ozean fern ab der Menschheit fühlen – und ist doch durch die Kamera immer mit ihr verbunden. Das Gefühlsleben der Akteure wird minutiös vor den Fernsehzuschauern ausgebreitet – und doch ist in keinem Moment ein direkter Kontakt möglich.

5 Weitere Informationen zur Sendung siehe www.wdr.de/tv/w8/.

Funktionen von Living History: Wissenschaft, Bildung, Unterhaltung

In einer der ersten (und lange Zeit einzigen) größeren Studien machte Mitte der Achtzigerjahre Jay Anderson drei unterschiedliche Funktionen von Living History aus:[6]

1. Als wissenschaftliches Experiment dient Living History der Erforschung von vergangenen Lebensweisen und Techniken, die undokumentiert geblieben sind. Zwei Richtungen lassen sich unterscheiden. Bei der experimentellen Archäologie stehen technische und materielle Fragen im Vordergrund. Mit Hilfe eines im weitesten Sinne naturwissenschaftlichen Experiments bemüht man sich um weitestgehende Rekonstruktion des Originalzustands und der ursprünglichen Rahmenbedingungen, um Erkenntnisse über Arbeitsabläufe oder Funktionsweisen zu erhalten. Zu den großen und weithin bekannten Projekten gehört z. B. die Kon-Tiki-Expedition Thor Heyerdahls von 1947. Die Forschungsergebnisse können keinen Beweis liefern, dass Techniken tatsächlich so angewandt wurden. Sie zeigen lediglich auf, wie es gewesen sein könnte und, vielleicht noch wichtiger, wie es nicht gewesen sein kann.[7]

Über materielle Fragen hinaus bemühen sich einige Wissenschaftler darum, auch vergangene Erfahrungs- und Lebenswelten mehr in den Blick zu nehmen. Zu diesem investigativen Reenactment zählt z. B. die Alpenüberquerung »römischer Legionäre« unter der Leitung von Marcus Junkelmann.[8] Die Erfahrung kann über logistisch-technische Erkenntnisse hinaus den Blick für die Abhängigkeit individuellen Verhaltens von sozialen Dynamiken sowie von Umwelteinflüssen, Gesundheitszustand oder Nahrungsvorrat schärfen und damit zu einer differenzierteren Interpretation der historischen Quellen führen.

2. Living History dient der Vermittlung von Wissen über Geschichte. Diese Darbietungen sind explizit darauf ausgerichtet, Besucher teilhaben zu lassen und ihnen neues Wissen über die Vergangenheit zugänglich zu machen: Gebäude können besichtigt, Geräte ausprobiert und Produkte verzehrt werden. Die Akteure laden das Publikum ein, in Interaktion mit ihnen zu treten.

> From the outset we were deeply aware that the close personal contact involved in »living history« necessitated closer attention to detail in costume, props and tools to stand up to close scrutiny. When showing general daily life, our characters are able to involve our audience closely, inviting them to touch, try, smell and ask. It was therefore of the utmost importance to us that our details were as accurate as modern historical understanding permitted.

6 Siehe Anderson.

7 Fansa, Mamoun: Experimentelle Archäologie in Deutschland, Oldenburg 1990.

8 Junkelmann, Marcus: Die Legionen des Augustus. Der römische Soldat im archäologischen Experiment, Mainz 1986.

Im Gegensatz zu dem Reenactor spricht man hier – in Betonung der vermittelnden Funktion – vom Interpreter, dessen Aufgabe darin besteht »to translate material culture or natural phenomena to the public [...] in a meaningful, provocative and interesting way«.[9]

3. Die von Anderson so genannten »history buffs« verstehen ihren Umgang mit Living History als Hobby oder Abenteuer. Nichtsdestoweniger ist ihre Beschäftigung mit Geschichte von Ernsthaftigkeit geprägt: Kostüme, Requisiten, Spielorte, Sprache und Handlungsverläufe sind durch möglichst große Authentizität gekennzeichnet. Die persönliche Erfahrung ist ihnen aber häufig wichtiger als die Vermittlungsfunktion.

Die Unterteilung dieser Funktionen ist idealtypisch zu verstehen, nicht immer lassen sie sich so klar voneinander trennen. Darsteller sind zumeist in Vereinen organisiert, in denen know-how weitergegeben wird.[10] Living History ist ein ungeheuer kostspieliges Hobby. Die wenigen originalen Überreste (Orden, Fahnen usw.) werden teuer gehandelt; zumeist muss auf Replikate zurückgegriffen werden. Mit den »history buffs« lässt sich inzwischen ein gutes Geschäft machen. Umgekehrt gelingt es nur wenigen, das Hobby in eine feste Einnahmequelle zu verwandeln.[11]

The concept of bringing living history into schools and museums through our company »Past People« grew as an idea based on years of participating in 17th-century re-enactments as a hobby. As an excercise in sustainable commerce, working in the field of living history is precarious. As a second income it is ideal, but my part-time professional work at the Cater Museum is my »bread and butter«. The uncertainties of successive governments' controls and financing in education and heritage make reliance on the Past People for a living an option I could not consider, even if I wanted to.

Institutionelle und mediale Formen der Umsetzung

Living History ist in den unterschiedlichsten (geschichts)kulturellen Medien und Institutionen präsent. Die wichtigsten sollen im Folgenden kurz skizziert werden.

Museen und historic sites: In den USA, Großbritannien, den Niederlanden, Schweden und Australien ist Living History bereits seit einiger Zeit fester Bestandteil der Museen und historic sites. In Deutschland hingegen hält diese Methode erst langsam Einzug in die Häuser. Besondere Offenheit für Living History zeigen

9 Roth, S. 10.

10 Siehe z. B. die website des Vereins I. Römercohorte Opladen e. V., www.roemercohorte.de, mit Links zu weiteren Vereinen. Seit 2007 erscheint die Living History Zeitschrift »Pax et Gaudium«.

11 Siehe Hoffmann. Beispiele für Events unter www.eventplan.com und www.historiale.de.

Freilicht- und Volkskundemuseen. Zum Teil liegen hier die Wurzeln der Living History, denn bereits im frühen 20. Jahrhundert wurden dem Publikum in Freilichtmuseen alte Handwerkskunst und vormoderne Gerätschaften demonstriert. Die heute praktizierte Form der Living History steht jedoch eher in der Tradition der »history from below«, die aus den geschichtswissenschaftlichen und gesellschaftlichen Debatten der Sechzigerjahre hervorging. Living History möchte den Alltag der Menschen zeigen und setzt damit bewusst einen Kontrast zur Politik- und Ereignisgeschichte. In ihr finden jene gesellschaftlichen Gruppen Beachtung, die von der Geschichtswissenschaft lange Zeit vernachlässigt wurden: Frauen, Dienstpersonal, ethnische Minderheiten, Arme, Bauern usw.

Es gibt verschiedene Formen der Umsetzung, die von der Führung im historischen Kostüm bis zu kompletten Living History Museen reichen, in denen die Zeit an einem bestimmten Datum stehen geblieben zu sein scheint. Grundsätzlich wird unterschieden zwischen »third-person-interpretation«, bei der die Darsteller über ein bestimmtes Thema sprechen, und »first-person-interpretation«, bei der die Darsteller in die Rolle einer historischen Person schlüpfen und in der Ich-Form sprechen. Nicht immer beschränken sie sich dabei auf das Wissen der dargestellten Zeit (so genannte »in-character«), einige beziehen auch die Gegenwart mit ein.

Außerhalb der Freilichtmuseen trifft man im deutschen Sprachraum häufig auf den Begriff »Museumstheater«, der in gewisser Weise über Living History hinausgeht, weil er die Vermittlung von Exponaten aller Art durch szenisches Spiel umfasst. Trotz einiger erfolgreicher Projekte hat sich das Museumstheater in Deutschland vergleichsweise zögerlich weiterentwickelt.[12]

Events: Mit diesem Begriff sind verschiedene Formen der öffentlichen Darbietung von historischen Themen gemeint, die nicht in erster Linie wissenschaftlichen oder Bildungszwecken dienen, sondern auf Unterhaltung abzielen. Sie sollen Stadtjubiläen, Museumsnächten oder historischen Orten zu Attraktivität und einem möglichst großen Publikum verhelfen. Living History ist bei diesen Events stark vertreten – sei es in Form eines Mittelalterfestes, eines Schaukampfes oder einer Erlebnisführung, wie sie z. B. die Stadt Trier anbietet. »Verrat in den Kaiserthermen« oder »Geheimnis der Porta Nigra« stehen zur Auswahl – römische Geschichte als Krimi.[13] Groß angelegte historische Events sind Publikumsmagnete. Stark marktwirtschaftlich orientiert, hat sich der Heritage Tourism inzwischen zu einer eigenen Sparte im Tourismusgeschäft entwickelt. Events verleihen einer Region Attraktivität und sind auch als Wirtschaftsfaktor nicht zu unterschätzen.[14]

12 Kindler, Gabriele: MuseumsTheater. Theatrale Inszenierungen in der Ausstellungspraxis, Bielefeld 2001.

13 Siehe www.trier.de.

14 Siehe Hoffmann.

Fernsehen: Living History Programme sind dem Genre nach Reality-TV, denn die Kamera beobachtet das alltägliche Zusammenleben verschiedener Menschen unter außergewöhnlichen Bedingungen. In ihrer Produktion »The Ship« sandte die BBC ausgewählte Teilnehmer auf die nachgestellte Entdeckungsreise des Kapitäns James Cook. Die Frage der Authentizität stellt sich hier auf eine andere, im Vergleich zu den Kostümfragen der Interpreter ungleich dringlichere Weise: Darf ein solches Unternehmen sich moderner Navigations- und Sicherheitstechnik bedienen oder muss man sich ganz auf die Technik des 18. Jahrhunderts verlassen?

Die mit dem Grimme-Preis ausgezeichnete Serie »Schwarzwaldhaus 1902« wird vom Südwestfunk als »vierteilige Dokumentation« beschrieben, die die »Zeitreise« der Familie Boro zum Inhalt habe.[15] Eine Zeitreise ist allerdings schlicht nicht möglich. Auch der Begriff »Dokumentation« ist irreführend. Vordergründig wird das Leben der Boros beobachtet und dokumentiert, doch soll auch der historische Kontext von 1902 aufgezeigt werden. Diese Kombination erweist sich als schwierig, da die Protagonisten aus ihrer Zeit heraus denken, fühlen und handeln und daher in der Regel eher wenig zum Verständnis der Vergangenheit beitragen können. Eine distanzierte Reflexion hat darüber hinaus untergeordneten Stellenwert in dieser Sendeform, die eher auf Emotion setzt. Die Teilnehmer werden bewusst einer schwierigen Situation ausgesetzt, die sich zu einer Krisensituation zuspitzen kann. Daraus erhält die Sendung ihren Handlungsverlauf und ihre Spannung. Mit Geschichte hat dies wenig zu tun. Die Zuschauer stört es nicht: Diese Serien erfreuen sich beim Publikum großer Beliebtheit.

Living History hat darüber hinaus auch Einzug in historische Fernsehdokumentationen gehalten. Neben Sachzeugnissen, Dokumenten oder Originalschauplätzen werden immer häufiger nachgespielte Szenen gezeigt – mal mehr, mal weniger gut recherchiert.

Kunst: Das Reenactment in der zeitgenössischen Kunst ist von allen anderen hier besprochenen Formen deutlich abzuheben. Das Interesse der Medienkünstler richtet sich nicht auf die Vergangenheit, sondern auf die Gegenwart: Sie kreieren Performances mit jenen Ereignissen, die für sie noch immer eine besondere Relevanz haben oder die Gegenwart in einem anderen Licht erscheinen lassen.[16]

15 www.swr.de/schwarzwaldhaus1902/index.html (5.3.2008).

16 History will repeat itself. Strategien des Reenactment in der zeitgenössischen (Medien-)Kunst und Perfomance, hg. von Inke Arns und Gabriele Horn für Hardware Medien Kunst Verein Dortmund und KW Institute for Contemporary Art Berlin, Frankfurt 2007.

Offene Kontroversen: Authentizität und politische Positionierung

Die Historikerzunft tut sich bislang schwer mit der Living History. Im Kern drehen sich die Debatten um die Frage der Authentizität. Viele Darsteller verstehen diese im Sinne von »Echtheit« – des Ortes, der Requisiten, der Handlungsabläufe. Viele Historiker sehen in der Authentizität eher die »historische Triftigkeit« – eine plausible Interpretation der Quellen, die jedoch Raum für andere Möglichkeiten lässt. Vor dem Hintergrund unterschiedlicher Begriffsnutzungen erweist sich die Diskussion allzu oft als unfruchtbar. Alexander Cook bemüht sich, sie auf eine neue Ebene zu heben, wenn er vorschlägt: »The real question is not whether the experience of reenactment allows us to simulate the mentalities of the past; it is whether the exercice can help us improve our understanding of a different world and of the behavior of its inhabitants.«[17]

In der Living History wird die Grenze zwischen akademischer und populärwissenschaftlicher Beschäftigung mit Geschichte aufgehoben. Die Darsteller sind in den allermeisten Fällen Laien, und die dargestellten Themen entsprechen dem Geschmack des Massenpublikums. Geschichte erscheint als ein frei verfügbares thematisches Sammelsurium, aus dem man sich nach Lust und Laune bedienen kann. Geschichte wird nicht als Konstrukt präsentiert, sondern »as an unassailable set of facts that awaits a good script«.[18]

Der beliebige Griff in die Themenkiste führt nach Meinung einiger Kritiker darüber hinaus zu einer unpolitischen Darstellung von Geschichte.[19] Aufgegriffen werden letztlich vor allem die Themen, die den Geist des Exotischen atmen. Gerade militärische Darstellungen seien aber ohne den historischen Kontext nur mehr jungenhafte Kriegsspiele im Kostüm. Reenactment als Abenteuerspielplatz und Selbsterfahrung führt zu der zweifelhaften, doch von einigen Darstellern vertretenen These, dass »the most intense manifestation of suffering is most authorized to occupy the voice of history«.[20]

Andere argumentieren hingegen, dass Living History hochgradig politisch sei. Bei Reenactments wie der Schlacht von Gettysburg klingt die Frage der Sklavenhalterei immer mit an.[21] Einige sagen gar, dass die Konföderation zum Sinnbild des Widerstands gegen das heutige Establishment aus Washington geworden sei.[22] Dem Vorwurf des mangelnden politischen Engagements kann auch entgegengehalten werden, dass Living History gerade die Minderheiten in das Blickfeld rücken

17 Cook, Alexander: The Use and Abuse of Historical Reenactment: Thoughts on Recent Trends in Public History, in: Criticism 46 (2004), S. 487–496, hier S. 491.

18 Agnew, S. 332.

19 Ebd., S. 334.

20 Ebd., S. 331.

21 Hart, S. 114f.

22 Hart, S. 117.

soll: Es sind zumeist die Arbeiter und nicht die Unternehmer, die ein Industriemuseum animieren. Auf Plimoth Plantation, der Rekonstruktion des ersten Dorfes, das europäische Siedler 1627 nach ihrer Anlandung an der Ostküste Nordamerikas errichteten, wird auch die Perspektive der indigenen Bevölkerung aufgezeigt, und das Handeln der Kolonisten erweist sich nicht als heldenhaft, sondern als durchaus ambivalent.[23]

Living History, darüber besteht weitgehend Konsens, weckt durch den emotionalen, persönlichen und sehr anschaulichen Zugang bei vielen Menschen Interesse an geschichtlichen Themen.

> I strongly believe that our audiences, with the exception of the very youngest children, are equipped with skills to understand that none of us are presenting the actual past, merely the closest interpretation which modern science and study can attempt to define. But they do see aspects of the past which they may have never encountered before. Widening peoples' understanding is what »living history« does best.

Literatur

Agnew, Vanessa: Introduction: What is Reenactment?, in: Criticism 46 (2004), S. 327–339.

Anderson, Jay: Time Machines. The World of Living History, Nashville 1984.

Hart, Lain: Authentic Recreation: Living History and Leisure, in: Museum and Society 5 (2007), S. 103–124.

Hoffmann, Erwin: Mittelalterfeste in der Gegenwart. Die Vermarktung des Mittelalters im Spannungsfeld zwischen Authentiziät und Inszenierung, Stuttgart 2005.

Schindler, Sabine: Authentizität und Inszenierung. Die Vermittlung von Geschichte in amerikanischen historic sites, Heidelberg 2003.

23 Lässig, S. 52.

Orte und Institutionen

Hans-Dieter Schmid

Denkmäler als Zeugnisse der Geschichtskultur

Das 19. Jahrhundert galt schon den Zeitgenossen und mehr noch den späteren Interpreten ob der Fülle seiner denkmalstiftenden Aktivitäten als das »Zeitalter der Monumenten-Wuth«.[1] Nimmt man allerdings die Denkmäler nach ihrer Zahl und nicht nach ihrer Größe und Bedeutung, dann wurde es wohl schon bald nach dem Ersten Weltkrieg durch die Masse der Kriegerdenkmäler vom 20. Jahrhundert überholt, zumal die Verbrechen des Nationalsozialismus und der Zweite Weltkrieg eine neue Welle von Denkmalsstiftungen hervorbrachten, die im Grunde bis heute andauert und darauf hindeutet, dass auch im 21. Jahrhundert kein Ende der Denkmalsflut zu erwarten ist. Durch die Vereinigung der beiden deutschen Staaten ist sogar eine neue Form von Denkmälern mit nationaler Bedeutung und Sinnstiftung entstanden, die sich – ähnlich wie die Nationaldenkmäler der USA an der *Mall* in Washington – um das Regierungsviertel in Berlin gruppieren. Begonnen hat diese Entwicklung mit dem umstrittenen Versuch Helmut Kohls, die umgestaltete Neue Wache unter den Linden als »Zentrale Gedenkstätte der Bundesrepublik Deutschland für die Opfer von Krieg und Gewaltherrschaft« zu etablieren.[2] Es folgte das Berliner Holocaust-Mahnmal, das durch die Erhebung Berlins zur Bundeshauptstadt von einem Holocaust-Denkmal unter vielen zu einem Denkmal von nationaler Bedeutung mutierte – dem zentralen Denkmal für die ermordeten Juden Europas im »Land der Täter«.[3]

Unmittelbar mit dem »Erfolg« des Berliner Holocaust-Denkmals und der im Zusammenhang mit diesem Denkmal entstandenen Diskussion um die »Hierarchisierung« der Opfergruppen hängt die Forderung der Sinti und Roma nach einem ebenfalls zentralen Denkmal in Berlin zusammen. Der Plan, ein solches Denkmal in der Nähe des Reichstagsgebäudes zu errichten, kam zwar u. a. durch die Kontroverse um die Verwendung des Begriffs »Zigeuner« und eines Zitats des ehemaligen Bundespräsidenten Herzog, in dem die Gleichartigkeit der Verfolgung von Juden und Sinti und Roma betont wurde, etwas ins Stocken, er wird aber nach

1 Döring, Jürgen: Das »Zeitalter der Monumenten-Wuth«. Zum Denkmalverständnis um 1800, in: Niederdeutsche Beiträge zur Kunstgeschichte 29 (1990), S. 111–149.

2 Stölzl, Christoph (Hg.): Die neue Wache Unter den Linden. Ein deutsches Denkmal im Wandel der Geschichte, Berlin u. a. 1993.

3 Zusammenstellung der wichtigsten Literatur zum Berliner Denkmal: http://www.stiftung-denkmal.de/publikationen/buecherzumdenkmal. Zu den Holocaust-Denkmälern allgemein: Young, James E.: Formen des Erinnerns. Gedenkstätten des Holocaust, Wien 1997.

der Einigung zwischen Bund und Zentralrat der Sinti und Roma im Januar 2008 wohl in absehbarer Zeit verwirklicht werden. Eine ähnliche Forderung nach einem zentralen Denkmal für die verfolgten Homosexuellen ist inzwischen auf der Grundlage eines Bundestagsbeschlusses im Berliner Tiergarten umgesetzt worden.[4] Ein weiteres zentrales Denkmal – für die Gefallenen der Bundeswehr – soll bis Mitte 2009 in Berlin verwirklicht werden. Dagegen ist der vom Bund der Vertriebenen vertretene Plan eines zentralen Denkmals für die Vertriebenen in Berlin nach einer äußerst kontroversen Diskussion inzwischen zugunsten eines Dokumentationszentrums über Flucht und Vertreibung fallen gelassen worden.[5] Trotzdem werden Denkmäler wohl auch in Zukunft ihre Bedeutung behalten, da sie als Kristallisationspunkte kollektiver Erinnerung und als Schauplätze rituellen Gedenkens in der Öffentlichkeit unverzichtbar erscheinen. Als solche sind sie Quellen für die Geschichtskultur einer Gesellschaft und können – entsprechend »gelesen« und analysiert – Auskunft geben über Mentalitätsstrukturen, kulturelle Dominanzen und Herrschaftsverhältnisse in einer Gesellschaft.

Definition und Geschichte

Als Denkmal wird im Folgenden ein künstlerisch gestaltetes, mit einer allgemeinen Sinnstiftung verbundenes materielles Zeichen der kollektiven Erinnerung im öffentlichen Raum verstanden. Durch die einzelnen Definitionsmerkmale werden Denkmäler genauer bestimmt und dadurch zugleich gegen andere Formen der kollektiven Erinnerung abgegrenzt, auch wenn diese Grenzen oft fließend sind. So schließt das Merkmal der künstlerischen Gestaltung einfache Informationstafeln aus, wie sie in vielen Städten an geschichtsträchtigen Gebäuden angebracht sind; graphisch gestaltete Erinnerungstafeln werden aber gemeinhin zu den Denkmälern gezählt. Auch die von dem Kölner Künstler Gunter Demnig seit 1997 verlegten »Stolpersteine« zur Erinnerung an Opfer des Nationalsozialismus wird man wohl zumindest in ihrer Gesamtheit zu den Denkmälern rechnen können. Das Denkmal als künstlerisch gestaltetes Objekt grenzt es zugleich ab von Institutionen der Gedenkkultur wie Museen und Gedenkstätten, obwohl auch hier die Übergänge fließend sind. So versteht sich das *United States Holocaust Memorial Museum* in Washington aufgrund seiner bedeutungstragenden Architektur durchaus auch als Denkmal, während andererseits beim Berliner Holocaust-Mahnmal durch die An-

4 Vgl. www.welt.de/politik/article1606394/Einigung_ueber_Denkmal-Gestaltung.html sowie www.welt.de/berlin/article1606175/Der_Weg_ist_frei_fuer_zwei_neue_Mahnmale_in_Berlin.html (30. 5. 2008). Vgl. auch Hannoversche Allgemeine Zeitung 27. 5. 2008.

5 www.zeitgeschichte-online.de/portals/_rainbow/documents/pdf/presse_vertreibung_sz08.pdf (30. 5. 2008).

gliederung des unterirdischen »Orts der Information« Elemente einer Gedenkstätte in ein künstlerisch gestaltetes Denkmal zu integrieren versucht werden.

Denkmäler im definierten Sinn gibt es seit der Antike. Bis ins 18. Jahrhundert hinein galten sie jedoch fast ausschließlich Herrschern und Feldherrn, siegreichen Kriegen und Schlachten. Erst durch das bürgerliche Zeitalter wurden in größerem Umfang auch Geistesheroen und gelegentlich Helden des Alltags denkmalwürdig. Gleichzeitig veränderte der Nationalismus des bürgerlichen Zeitalters den Charakter der Kriege vom dynastischen zum nationalen Krieg, der nicht mehr von Söldnern, sondern von wehrpflichtigen Bürgern oder Freiwilligen geführt wurde. Deren Kriegstod konnte nicht mehr als »Berufsrisiko« angesehen werden, sondern verlangte eine überpersonale Sinngebung. Den Übergang vom älteren Typus des Siegesdenkmals zum neuen Typ des Kriegerdenkmals markiert ziemlich genau die 1832 eingeweihte Waterloosäule in Hannover. Obwohl es seiner äußeren Form nach eine Siegessäule darstellt, wurden auf seinem Sockel – nachdem sich herausgestellt hatte, dass nur acht statt der ursprünglich eingeplanten zwanzig erbeuteten Kanonen vorhanden waren – Tafeln mit den 876 Namen der gefallenen hannoverschen Soldaten angebracht, allerdings noch geordnet nach den militärischen Einheiten und in der Reihenfolge des militärischen Rangs.[6] Noch hatte die gleichmachende Gewalt des Todes im Krieg nicht ihren Ausdruck im Denkmal gefunden. Das sollte dann spätestens bei den unzähligen Kriegerdenkmälern des Ersten Weltkriegs geschehen, die die Namen der Toten nur noch alphabetisch anordneten. Eine letzte Stufe wurde schließlich in dem zugleich als Denkmal konzipierten Ossuarium auf dem Schlachtfeld in Douaumont bei Verdun erreicht, in dem die auf dem Schlachtfeld gefundenen Gebeine der nicht identifizierbaren Gefallenen nur noch den einzelnen Teilen des Schlachtfelds zugeordnet wurden, da selbst die Zuordnung zu den feindlichen Nationen nicht mehr möglich war. Die gleichmachende Gewalt des Todes hatte selbst den Nationalismus als das Prinzip, unter dem sie in diesem Krieg angetreten waren, nachträglich *ad absurdum* geführt.

Während die Kriegerdenkmäler der vorherrschende Denkmalstyp der Zwanziger- und Dreißigerjahre des 20. Jahrhunderts wurden, war das 19. Jahrhundert die Zeit der großen Nationaldenkmäler. Von den ersten Denkmalsentwürfen unmittelbar nach den Befreiungskriegen bis zur Einweihung des Völkerschlachtdenkmals am 18. Oktober 1913 war das Nationalbewusstsein in seinen verschiedenen Ausprägungen die Grundidee der großen Denkmalssetzungen des »langen« 19. Jahrhunderts in Deutschland. Ob aggressiv-dynamisch wie das Hermannsdenkmal, ob eher defensiv-statisch wie das Völkerschlachtdenkmal oder affirmativ-dynastisch wie die nach der kleindeutschen Reichsgründung vorherrschenden Kaiser Wilhelm-Nationaldenkmäler – gemeinsam ist ihnen die monumentale Beschwörung der Nation.

6 Bischoff, Ulrich: Denkmäler der Befreiungskriege in Deutschland 1813–1815, Diss. Berlin 1977, S. 118 f.

Personendenkmäler sind durchaus nicht nur Zeichen der persönlichen Verehrung, sondern können auch Zeichen der Kritik an der Politik der Regierung durch Symbolisierung eines alternativen Ideals sein. Das gilt zum Beispiel für nicht wenige der zahllosen Bismarckdenkmäler und -türme, die nach Bismarcks Tod im Reich errichtet wurden. Insbesondere die von den Studentenschaften getragene Bismarcksäulen-Bewegung verband die Bismarckverehrung mit einer völkisch-chauvinistischen Kritik an der Politik der Nach-Bismarck-Ära.

In der Zeit nach dem Ersten Weltkrieg wurden, wie schon erwähnt, vor allem zahllose Kriegerdenkmäler errichtet, während die Weimarer Republik über Ansätze zu einer darüber hinaus gehenden eigenen Denkmalskultur nicht hinauskam. Nur wenige Denkmäler für die Opfer der Novemberrevolution oder des Kapp-Putsches wurden errichtet, und kaum eines hat die NS-Zeit überlebt. So fielen vor allem die beiden einzigen bekannteren dieser Denkmäler der Zerstörungswut der Nazis zum Opfer: das Denkmal für die Opfer des Kapp-Putsches in Weimar von Walter Gropius und das Denkmal für Karl Liebknecht und Rosa Luxemburg in Berlin-Lichtenberg von Ludwig Mies van der Rohe. Beide waren zugleich der Versuch, dem naturalistischen Pathos der Denkmäler des 19. Jahrhunderts eine neue, an Kubismus und Konstruktivismus orientierte Ästhetik entgegenzusetzen. Sie blieben aber damit seltene Ausnahmen; scheute man doch auch in der Arbeiterbewegung nicht davor zurück, ihrer Opfer beim Kapp-Putsch mit Hilfe eines Findlings zu gedenken.[7]

Die Nationalsozialisten haben kaum eigene Denkmäler errichtet, geschweige denn eine eigene Denkmalskultur entwickelt. Als zentrale Gedenkstätte für die »Opfer der Bewegung« benutzten sie die aus dem 19. Jahrhundert stammende Münchner Feldherrnhalle, die nur um eine Namenstafel ergänzt wurde. Regionale Denkmäler gab es vereinzelt für Albert Leo Schlageter und Horst Wessel, lokale Denkmäler für einzelne Opfer der NS-Bewegung aus der »Kampfzeit«. Darüber hinaus entstand in der NS-Zeit eine Reihe von Kriegerdenkmälern, die den Geist und die Symbolik des Nationalsozialismus widerspiegelten. Verglichen mit der geradezu hektischen Bautätigkeit in dieser Zeit hat man sich bei den Denkmälern sehr zurückgehalten.

Auch die Nachkriegszeit und die Zeit der Bonner Republik erscheinen wegen der öffentlichen Zurückhaltung gegenüber überregionalen Denkmälern als eine denkmalsarme Zeit. Für die lokale Ebene gilt dies allerdings keineswegs. Zwar begnügte man sich bei dem Gedenken der Kriegstoten in der Regel mit einer Ergänzung der Kriegerdenkmäler des Ersten Weltkriegs, dafür fanden aber schon bald zwei neue Denkmalstypen weite Verbreitung: die Vertriebenendenkmäler und die Holocaustdenkmäler im weitesten Sinn. Beide Typen erlebten im Lauf der ver-

7 Vgl. Schmid, Hans-Dieter: Die Märzfeiern für die Opfer des Kapp-Putsches in Leipzig, in: Keller, Katrin (Hg.), Feste und Feiern. Zum Wandel städtischer Festkultur in Leipzig, Leipzig 1994, S. 229–247.

gangenen sechzig Jahre Veränderungen im Hinblick auf ihre Gestaltung und ihre öffentliche Wahrnehmung, wurden aber bis in die unmittelbare Gegenwart hinein weiter vermehrt. So wurden in vielen deutschen Städten schon 1948 schlichte Denkmalssteine zur Erinnerung an die Zerstörung der Synagogen in der »Reichskristallnacht« 1938 errichtet, die man später durch größere und differenziertere Denkmäler ergänzte oder ersetzte. Mit dem Berliner Holocaust-Denkmal von 2005 ereichte dann das Holocaust-Gedenken nationale Dimensionen, nicht nur durch die Art der Stiftung dieses Denkmals, sondern auch durch die Breite der Diskussion, die der Errichtung vorausging. Nicht zuletzt diese Diskussion führte zu der eingangs geschilderten Renaissance nationaler Denkmäler neuer Art in der Berliner Republik, die durch das am symbolischen Datum 9. November 2007 vom Bundestag beschlossene Denkmal der Einheit und Freiheit einen weiteren Höhepunkt, möglicherweise aber auch einen ersten Abschluss finden wird. Sollte dieses Denkmal tatsächlich, wie von prominenter Seite angeregt, auf dem noch vorhandenen, leeren Sockel des Kaiser-Wilhelm-Denkmals gegenüber dem ebenfalls bereits beschlossenen wieder aufgebauten Berliner Schloss errichtet werden,[8] ergäbe dies einen fast schon ironisch anmutenden Bezug zu den älteren Nationaldenkmälern in Form einer Art von »Kultüberlagerung«, wie sie aus der Kulturgeschichte der Religionen nicht unbekannt ist.

Denkmäler und Geschichtswissenschaft

In der Geschichtswissenschaft hat die Beschäftigung mit Denkmälern keine sehr lange Tradition. Es waren vor allem die Denkmäler des »denkmalswütigen« 19. Jahrhunderts, die zunächst die Kunstgeschichte,[9] dann bald auch die Geschichtswissenschaft zu intensiverer Auseinandersetzung anregten. In der deutschen Geschichtswissenschaft waren es vor allem die Nationaldenkmäler, die als »objektiv gewordene Äußerungen von Ideen«, wie es Thomas Nipperdey in seiner klassischen Studie ausdrückte, zum Untersuchungsobjekt einer ideengeschichtlich orientierten Historiographie wurden.[10] Kaiser-Wilhelm-Denkmäler, Kölner Dom, Walhalla, Hermannsdenkmal und Völkerschlachtdenkmal wurden als Beispiele unterschiedlicher Typen von Nationaldenkmälern interpretiert, die ihrerseits als »Objektivationen« verschiedener Ausprägungen des deutschen Nationalbewusstseins verstanden wurden. Eine zweite Kategorie von Denkmälern, die früh die Aufmerksamkeit der Geschichtswissenschaft erregte, waren die Kriegerdenkmäler, die

8 www.sueddeutsche.de/deutschland/artikel/397/142087/ u. www.zeit.de/online/2008/12/denkmal-berlin-leipzig (30. 5. 2008).

9 Vgl. die »klassische« Sammlung von Mittig / Plagemann, (Hg.): Denkmäler im 19. Jahrhundert.

10 Nipperdey, S. 530.

Reinhart Koselleck als »Identitätsstiftungen der Überlebenden« interpretierte; Kriegerdenkmäler hätten – so Koselleck – seit dem frühen 19. Jahrhundert einen Prozess der Demokratisierung, aber auch der zunehmenden Funktionalisierung für politische Zwecke erlebt.[11]

Beide Forschungsansätze haben wohl Nachfolger gefunden,[12] trotzdem lagen diese Arbeiten zunächst noch abseits des *mainstreams* der deutschen Geschichtswissenschaft, die in diesen Jahren noch vorwiegend sozialgeschichtlich orientiert war. Mehr ins Zentrum rückten sie erst durch die kulturgeschichtliche Wende der Geschichtswissenschaft seit den 90er Jahren des vorigen Jahrhunderts. Da viele Historiker die Reduktion historischer Analyse auf sozioökonomische Variablen als ungenügend empfanden, »entdeckten« sie die Bedeutung von subjektiven Faktoren wie Wahrnehmungsweisen und Sinnstiftungsmustern, Ritualen, Symbolen und kulturellen Deutungsmustern neu. Für das Thema Denkmäler war dabei die Rückbeziehung auf das bereits aus den 20er Jahren stammende Konzept der »kollektiven Erinnerung« des französischen Soziologen Maurice Halbwachs und das von Pierre Nora herausgegebene Monumentalwerk über die *Lieux de mémoire* (»Gedächtnisorte«) der französischen Geschichte von besonderer Bedeutung.[13]

Denkmäler und Öffentlichkeit

Denkmäler sind Manifestationen der kollektiven Erinnerung in der Öffentlichkeit. Sie stehen im öffentlichen Raum und setzen daher zumindest eine gewisse Partizipation der jeweiligen Denkmalstifter an der Verfügungsgewalt über den öffentlichen Raum voraus. Diese Verfügungsgewalt wiederum wirkt sich je nach Herrschaftsform und Gesellschaftssystem unterschiedlich aus. In vormodernen Herrschaftssystemen, in Diktaturen und totalitären Gesellschaften sind Denkmäler in der Regel reine Herrschaftszeichen, die daher auch folgerichtig bei der Veränderung der Herrschaftsverhältnisse beseitigt werden. Die vielen leeren Sockel

11 Koselleck, Reinhart: Kriegerdenkmale als Identitätsstiftungen der Überlebenden, in: Marquard, Odo / Stierle, Karlheinz (Hg.): Identität, München 1979, S. 255–276 sowie Koselleck /Jeismann, (Hg.): Der Politische Totenkult.

12 Zu den Nationaldenkmälern vgl. u. a. Laumann-Kleineberg, Antje: Denkmäler des 19. Jahrhunderts im Widerstreit. Drei Fallstudien zur Diskussion zwischen Auftaggebern, Planern und öffentlichen Kritikern, Frankfurt a. M. u. a. 1989 u. Tacke, Denkmal im sozialen Raum; zu den Kriegerdenkmälern: Lurz, Meinhold: Kriegerdenkmäler in Deutschland. 6 Bde., Heidelberg 1985–1987 u. Schneider, Gerhard: »... Nicht umsonst gefallen«? Kriegerdenkmäler und Kriegstotenkult in Hannover, Hannover 1991.

13 Daniel, Ute: Clio unter Kulturschock. Zu den aktuellen Debatten der Geschichtswissenschaft, in: GWU 48 (1997), S. 195–218 u. 259–278; zu Halbwachs und Nora: Große Kracht, Klaus: Gedächtnis und Geschichte: Maurice Halbwachs – Pierre Nora, in: GWU 47 (1996), S. 21–31.

von Lenin- und Stalin-Denkmälern im Einflussbereich der Sowjetunion geben ein beredtes Zeugnis von diesem Vorgang. Ein noch jüngeres Beispiel ist der Sturz der Denkmäler für Saddam Hussein nach dem Irakkrieg im Jahr 2003.

Komplizierter stellt sich der Sachverhalt in Demokratien und pluralistischen Gesellschaften dar. Dem Anspruch nach müssten hier alle relevanten gesellschaftlichen und politischen Gruppierungen die gleichen Chancen haben, den öffentlichen Raum für ihre Anliegen in Anspruch zu nehmen. Voraussetzung ist allerdings, dass sie in den entscheidenden politischen Gremien eine Mehrheit für ihr Anliegen gewinnen, wodurch das Spektrum durchsetzbarer Denkmalsetzungen in der Praxis wesentlich eingeschränkt wird. Ein Beispiel soll das belegen: Als die Vereinigung der Verfolgten des Naziregimes (VVN) in den 1980er Jahren plante, zum 100. Geburtstag Ernst Thälmanns 1986 ein Thälmann-Denkmal an der Stelle des hannoverschen Gerichtsgefängnisses, in dem Thälmann von 1937 bis 1943 in Einzelhaft gesessen hat, zu errichten, war das in der sozialdemokratisch regierten Stadt Hannover nicht durchsetzbar. Erst als das geplante Denkmal zu einem »Mahnmal Gerichtsgefängnis« für alle politischen Häftlinge, die dort inhaftiert waren, erweitert wurde, war es mehrheitsfähig, selbst mit einer Inschrifttafel, die die Inhaftierung Thälmanns besonders hervorhob. Ein weiteres Beispiel für die Absteckung von Grenzen des zugelassenen Spektrums auch in pluralistischen Gesellschaften bietet die Diskussion über den Abriss oder die Erhaltung der DDR-Denkmäler nach der »Wende«.[14] Sie führte zum Beispiel in Berlin dazu, dass das Lenin-Denkmal in Friedrichshain nach einer heftigen Kontroverse gegen den Willen von Anwohnern, Bürgerinitiativen und örtlichen politischen Gremien schließlich abgerissen wurde, während das Marx-Engels-Denkmal in Berlin-Mitte – ein Denkmal allerdings ohne jeden heroischen Gestus – erhalten blieb.

Idealtypisch führt der Weg einer Denkmalsinitiative zur Verwirklichung ihres Plans in einer pluralistischen Gesellschaft über einen öffentlichen Diskurs. Solche Denkmalsdebatten, auch wenn sie sich über einen längeren Zeitraum hinziehen, sind also durchaus systemadäquat. Als längste Denkmalsdebatte gilt gemeinhin die Auseinandersetzung über das *Washington Monument* auf der *Mall* in Washington D.C., die sich fast 100 Jahre hinzog. Dagegen ist die etwa zehnjährige Debatte über das Berliner Holocaust-Denkmal, die bisher längste öffentliche Diskussion über ein Denkmal in der Bundesrepublik, eher kurz zu nennen. Dabei ging es in dieser Debatte um zentrale Fragen der Gedenk- und Erinnerungskultur in Deutschland, etwa um die Frage des Stellenwerts eines zentralen Denkmals für den Holocaust im Verhältnis zu den Gedenkstätten an den authentischen Tatorten im »Land der Täter« oder um die Frage des Stellenwerts des Holocaust im nationalen Gedächtnis der Deutschen, um die sich im Kern die Diskussionen um Standort, Größe und

14 Vgl. Erhalten, Zerstören, Verändern? Denkmäler der DDR in Ost-Berlin. Ausstellungskatalog, Berlin 1990 und Kramer, Bernd (Hg.): Demontage ... revolutionärer oder restaurativer Bildersturm? Texte & Bilder, Berlin 1992.

Gestalt des Denkmals drehten. Aber auch Grundfragen der Interpretation des Holocaust spielten eine wichtige Rolle, wenn dem Vorwurf einer »Hierarchisierung der Opfer« durch das Denkmal mit der These von der Singularität des Genozids an den europäischen Juden geantwortet wurde. Angesichts der Intensität dieser Debatte haben manche Beobachter sogar den Standpunkt vertreten, dass diese öffentliche Auseinandersetzung für die Erinnerungskultur in Deutschland eigentlich wichtiger sei als das Denkmal selbst.

Denkmalstypen und Denkmalslandschaften

Selbst wenn man die oben erläuterte eingrenzende Definition zugrunde legt, bleibt eine große Vielfalt unterschiedlicher Denkmäler, die nur schwer zu systematisieren ist. Am einfachsten scheint zunächst eine Einteilung nach der Reichweite ihrer Bedeutung in Denkmäler von gesamtnationaler, regionaler und lokaler Bedeutung. Berücksichtigt man mehrere Faktoren wie Entstehungsgeschichte, Finanzierung, Sinnstiftung und überregionale Wahrnehmung, dann gehören zweifellos Denkmäler wie das Kaiser-Wilhelm-Denkmal in Berlin, das Kreuzberg-, Kyffhäuser- und Niederwald-Denkmal, auch das Hermanns- und das Völkerschlachtdenkmal, mit Abstrichen auch die Walhalla, zu den Denkmälern von nationaler Bedeutung.

Zu den Denkmälern von regionaler Bedeutung zählen etwa die Provinzdenkmäler für Wilhelm I., deren bekannteste am Deutschen Eck bei Koblenz und an der Porta Westfalica stehen. Aus neuerer Zeit gehören dazu die offenbar nicht sehr zahlreichen Denkmäler, die sich auf die einzelnen Bundesländer beziehen. Ein Beispiel ist das Denkmal für die Göttinger Sieben auf dem Vorplatz des Niedersächsischen Landtags, das seine Entstehung zwar nicht einem Landtagsbeschluss, aber doch einem von Landtagsabgeordneten initiierten Kuratorium unter Vorsitz des Landtagspräsidenten verdankt.

Zahllos sind die Denkmäler von lokaler Bedeutung, die sich in größeren Städten zu wahren »Denkmalslandschaften« mit einer Vielfalt unterschiedlichster Denkmäler entwickelt haben. Allein über 300 Kaiser-Wilhelm-Denkmäler stehen in deutschen Städten von Kiel bis Baden-Baden. Die Zahl der Bismarck-Denkmäler und architektonischen Bismarck-Säulen dürfte vergleichbar sein. In einer mittleren Großstadt wie Hannover lassen sich zum Beispiel über zehn verschiedene Denkmalstypen unterscheiden: »vormoderne« Denkmäler, Herrscherdenkmäler (aus nahe liegenden Gründen kein Kaiser-Wilhelm-Denkmal, dafür eines des hannoverschen Königs Ernst August), Personaldenkmäler für militärische Helden, Kriegerdenkmäler im weitesten Sinn, Denkmäler für Größen der nationalen Politik (z. B. Bismarcksäule, 1904), Denkmäler für Größen der Kulturnation (z. B. Leibniztempel, 1787–1790, das älteste frei stehende Personaldenkmal für einen bürgerlichen »Helden« in Deutschland), Denkmäler für Größen der bürgerlichen Stadtgesellschaft, NS-Denkmäler, »antifaschistische« Nachkriegsdenkmäler, Flüchtlings- und Vertriebenen-Denkmäler, Holocaust-Denkmäler, alternative Denkmäler (z. B. Denkmal für den unbekannten Deserteur, 1991). Ähnlich lassen sich auch die Denkmalslandschaften anderer Städte darstellen.[15] Bei der Betrachtung dieser städtischen Denkmalslandschaften ist das auf den ersten Blick Überraschende die Anzahl und die Vielfalt der Denkmäler, die nach dem Zweiten Weltkrieg errichtet wurden. Sie lässt sich der Quantität nach nur mit den Kriegerdenkmälern nach dem Ersten Weltkrieg vergleichen. So entstand nicht nur eine ununterbrochene Reihe neuer Denkmalssetzungen, sondern es entwickelten sich auch neue Denkmalstypen von den »antifaschistischen« Mahnmalen der ersten Nachkriegsjahre bis zu den alternativen Denkmälern der 80er und 90er Jahre.

Denkmäler als Symbolkomplexe

Die Denkmalslandschaft einer Stadt als symbolische Repräsentation ihres kollektiven Gedächtnisses setzt sich zusammen aus einzelnen Denkmälern, die ihrerseits jeweils ganze »Symbolkomplexe« bilden. Das gilt zunächst für das Denkmal selbst, die Ikonographie seiner Form, seiner Symbole und Materialien, die Bedeutung seiner Inschriften. Zum »Symbolkomplex« Denkmal gehört aber auch die mit dem Denkmal verbundene Sinnstiftung, die ihm im Allgemeinen bei der Einweihung feierlich zugesprochen wird. Sie besteht häufig in einer Instrumentalisierung des Erinnerten für die gegenwärtig an der Feier Teilnehmenden in Form einer Verpflichtungsanmutung für ihr künftiges Verhalten und für das Verhalten künftiger Generationen. Klassisch kommt der appellative Charakter der Denkmäler und die Verknüpfung der drei Zeitebenen in der Inschrift des Kreuzberg-Denkmals von 1821 zum Ausdruck: »... den Gefallenen zum Gedächtnis, den Lebenden zur Anerkennung, den künftigen Geschlechtern zur Nacheiferung«.[16]

Zum Denkmalskomplex gehört auch der ständige oder gelegentliche rituelle Nachvollzug dieser Verpflichtung durch regelmäßige Feiern oder Feiern zu besonderen Anlässen, die an manchen Denkmälern, etwa Kriegerdenkmälern, stattfinden. Neben der »Nutzungsgeschichte« gehört zu den Denkmälern als Quellen schließlich auch ihre Entstehungsgeschichte, in der nicht selten kontroverse Ansichten geäußert und mehr oder weniger intensiv, auch öffentlich, diskutiert wer-

15 Vgl. etwa Plagemann, Volker: »Vaterstadt, Vaterland ...«. Denkmäler in Hamburg, Hamburg 1986 und – mehr katalogartig – Markus Cottin u. a., Leipziger Denkmale, Beucha 1998.

16 Vgl. Mittig, Hans-Ernst: Die Sprache der Denkmäler, in: Keller, Katrin / Schmid, Hans-Dieter (Hg.), Vom Kult zur Kulisse. Das Völkerschlachtdenkmal als Gegenstand der Geschichtskultur, Leipzig 1995, S. 20–41.

den. Für Historiker gehört die Quellenkritik zum Handwerkszeug, und zu dem quellenkritischen Instrumentarium gehört auch die Klärung der Entstehungsgeschichte einer Quelle, in diesem Fall also die Planungs- und Baugeschichte eines Denkmals. Wie bereits erwähnt, ist im Zusammenhang mit dem Berliner Holocaust-Denkmal sogar die Meinung vertreten worden, dass die Diskussionen in der Planungsphase wichtiger gewesen seien als das, was letztlich als Denkmal gebaut werde, ja dass darin das eigentliche Denkmal gesehen werden könne. All diese Aspekte sind notwendige Bestandteile einer kritischen Analyse und Interpretation eines Denkmals. Sie machen Denkmäler zu aussagekräftigen Quellen für das Geschichtsbewusstsein und die Geschichtskultur der Gesellschaft, in der sie initiiert, geplant und errichtet worden sind.

Literatur

Hardtwig, Wolfgang: Der bezweifelte Patriotismus – nationales Bewußtsein und Denkmal 1786 bis 1933, in: GWU 44 (1993), S. 773–785.

Koselleck, Reinhart / Jeismann, Michael (Hg.): Der Politische Totenkult. Kriegerdenkmäler in der Moderne, München 1994.

Mittig, Hans-Ernst / Plagemann, Volker (Hg.): Denkmäler im 19. Jahrhundert. Deutung und Kritik, München 1972.

Nipperdey, Thomas: Nationalidee und Nationaldenkmal in Deutschland im 19. Jahrhundert, in: HZ 206 (1968), S. 529–585.

Reuße, Felix: Das Denkmal an der Grenze seiner Sprachfähigkeit, Stuttgart 1995.

Tacke, Charlotte: Denkmal im sozialen Raum. Nationale Symbole in Deutschland und Frankreich im 19. Jahrhundert, Göttingen 1995.

Young, James E. (Hg.): Mahnmale des Holocaust. Motive, Rituale und Stätten des Gedenkens, München 1993.

Matthias Martens

Straßennamen – Lesezeichen im kulturellen Gedächtnis

Wir leben in Goethealleen, Schiller- oder Beethovenstraßen und verstehen diese Straßennamen als Hinweise auf unsere kulturelle Tradition. Wir besteigen U-Bahnen an Adenauer- und Theodor-Heuss-Plätzen und erinnern uns an zentrale Personen westdeutscher Zeitgeschichte. Straßennamen wie Wörthstraße, Lüderitzstraße oder Kapitän-Lehmann-Straße sinnvoll einzuordnen fällt uns schwerer. Der Deutsch-Französische Krieg 1870/71, die deutsche Kolonialgeschichte und der 1937 verunglückte Kapitän des Zeppelins »Hindenburg« sind den meisten Menschen nicht mehr gegenwärtig. Gemeinsam ist jedoch allen genannten Straßennamen, dass sie eine erinnernde Funktion haben. Wie in Denkmälern verfestigt sich auch in Straßennamen kollektive Erinnerung. In Form eines kulturellen Gedächtnisses wird das zu Erinnernde verwaltet und über Generationen hinweg bewahrt. Gemeinden und Magistrate tragen und organisieren über den Bestand an Straßennamen in ihrem Zuständigkeitsbereich das kulturelle Gedächtnis von Gemeinde, Region und Nation.

Warum bereitet uns die Einordnung einiger Namen Schwierigkeiten und die anderer nicht? Um das zu verstehen ist es notwendig, den Begriff des kulturellen Gedächtnisses weiter zu differenzieren. Aleida Assmann unterscheidet zwischen funktionaler Erinnerung und gespeicherter, momentan funktionsloser Erinnerung. Wörth, Lüderitz und Lehmann zum Beispiel haben für die gesellschaftliche Gegenwart kaum noch eine Bedeutung. Als Erinnerungen ohne gesellschaftliche Funktion lagern sie im Speichergedächtnis. Goethe, Schiller, Heuss und Adenauer hingegen sind Bestandteile des offiziellen und politischen bzw. kulturellen Selbstverständnisses. Die Erinnerung an sie hat eine gesellschaftliche Funktion, sie trägt zur Selbsterklärung aus der Geschichte, zur Wertebindung der gegenwärtigen Gesellschaft sowie zur Sicherung von Werten und Selbstbild in der Zukunft bei.[1] Im kulturellen Gedächtnis eines Gemeinwesens kann ein Straßenname allerdings nur als Lesezeichen dienen. Das zu Erinnernde und dessen symbolischer Gehalt werden in einem Namen verdichtet, daher kann der Straßenname nur auf das umfassende kollektive Gedächtnis hinweisen.

1 Zur Ausdifferenzierung von Funktionsgedächtnis und Speichergedächtnis vgl. Assmann, Aleida: Erinnerungsräume. Formen und Wandlungen des kulturellen Gedächtnisses, München 1999, S. 133 ff.

Eine U-Bahnfahrt durch die Erinnerungslandschaft Berlins

Eine Fahrt mit der U2 durch Berlin ermöglicht einen Einblick in die vielschichtige Erinnerungslandschaft von Stadt und Nation. Die Fahrt von Ost- nach Westberlin führt über Schönhauser Allee, Eberswalder Straße, Rosa-Luxemburg-Platz, Alexanderplatz, Klosterstraße, Spittelmarkt, Hausvogteiplatz, Mohrenstraße, Potsdamer Platz, Bülowstraße, Nollendorfplatz, Wittenbergplatz, Ernst-Reuter-Straße, Bismarckstraße, Sophie-Charlotte-Platz, Kaiserdamm und schließlich Theodor-Heuss-Platz.[2]

Anhand dieses kleinen Korpus an Straßennamen lassen sich allgemeine Überlegungen zu Straßenbezeichnungen exemplarisch nachvollziehen. Grundsätzlich sind gewordene Straßennamen von geschaffenen zu unterscheiden. Erstere entstanden aus gemeinsamen Gewohnheiten, Wahrnehmungen und alltäglichen Bedürfnissen der Straßen- und Namenbenutzer.[3] Sie beziehen sich in der Regel auf topographische Verhältnisse: z. B. Bebauung, Anwohnerschaft, Straßenführung, Orte und Richtungen. Diese vormoderne Namenpraktik ist Ergebnis eines topographischen Diskurses, der über die Relevanz von Wissenswertem entscheidet und die entsprechenden Informationen durch die Namenbildung festschreibt.[4]

Schönhauser Allee, Eberswalder Straße und Potsdamer Platz aus dem Berliner Beispiel sind typische Vertreter für die räumliche Orientierungsfunktion von Straßennamen. Ihre Benennungen verstetigten sich im Laufe des 19. Jahrhunderts. Einige der übrigen Straßennamen lassen sich darüber hinaus auf topographische Besonderheiten, typische Funktionen oder Bewohner zurückführen. So entstanden bzw. verfestigten sich im 18. Jahrhundert die Bezeichnungen für die Klosterstraße und den Spittelmarkt nach einem Franziskanerkloster bzw. dem Gertraudenhospital aus dem 13. Jahrhundert, für den Hausvogteiplatz nach dem königlichen Hofgericht und für die Mohrenstraße nach den von Friedrich Wilhelm I. hier einquartierten »Mohren« (Mauren). Diese gewordenen Straßennamen wurden im Zuge der städtebaulichen Entwicklung des 19. Jahrhunderts, z. B. durch die Einführung von Straßenschildern und die Verbreitung von Stadtplänen, manifest.

Die übrigen oben aufgeführten Straßennamen sind durchweg als erinnernde und ehrende Bezeichnungen intendiert. In der ersten Hälfte des 19. Jahrhunderts fand ein umfassender Paradigmenwechsel statt, in dessen Verlauf Straßennamen

2 Es wurden nur die Haltestellen der U2 aufgeführt, die gleichzeitig auch Bezeichnungen von Straßen und Plätzen sind. Die Informationen zu den Berliner Straßen entstammen aus dem Online-Verzeichnis Berliner Straßennamen unter: http://www.luise-berlin.de/berlinAZ/indexAbZ.htm (20. 3. 2008).

3 Vgl. Fuchshuber-Weiß, Elisabeth: Straßennamen: deutsch, in: Ernst Eicher u. a. (Hg.): Namenforschung. Ein internationales Handbuch zur Onomastik, Bd. 2, Berlin / New York 1996, S. 1468–1475, S. 1470.

4 Vgl. Glaser, S. 22.

von Reaktionen auf die Wahrnehmung von topographischen Verhältnissen zu Erinnerungsmedien wurden.[5] Die Vergabe von Straßennamen entwickelte sich zu einem administrativen Akt unter herrschaftlicher Kontrolle. Der Ausbau des modernen Verwaltungsstaates seit dem Absolutismus, die Regulierung und Rationalisierung des öffentlichen Lebens und schließlich der Übergang zur industriellen Gesellschaft und damit einhergehend die Entstehung von urbanen Ballungsräumen sind weitere Faktoren, die diesen Paradigmenwechsel beeinflussten und beschleunigten.[6] Diese Entwicklungen bedingten einen erhöhten Bedarf an Siedlungsraum und damit an Straßen und Straßennamen. Gleichzeitig führten sie aber auch zu einem erhöhten Bedarf an kultureller Selbstvergewisserung in Zeiten des Wandels. Straßennamen wurden zu Bewahrern der urbanen Vergangenheit und gleichzeitig zu einem Ausdruck nationaler Erinnerung.[7]

In unserem Berliner Beispiel lassen sich vier Erinnerungsräume ausmachen: das alte Preußen, das Kaiserreich, die Bundesrepublik und die DDR. Das königliche Preußen ehrte Zar Alexander I., indem es nach dessen Besuch in Berlin 1805 den ehemaligen Königsplatz nach ihm benannte. In den 1860er-Jahren erinnerte sich Preußen mit den Straßennamen nach Bülow, Nollendorf und Wittenberg an die Befreiungskriege. Die genannten Straßen oder Plätze liegen in einem thematisch einheitlichen Viertel in Berlin-Schöneberg, in dem die Generäle der Befreiungskriege gemeinsam mit bedeutenden Schlachtorten verewigt wurden. Die Erinnerung an die Befreiungskriege fand anlässlich des fünfzigsten Jahrestages mehrerer Schlachten statt (1863 Leipzig, 1864 Einnahme von Paris, 1865 Waterloo)[8] und lag in zeitlicher Nähe zum Deutsch-Dänischen Krieg 1864, dadurch erhielten die Straßennamen legitimierende Funktion. In der Folgezeit wurden jeweils die aktuellen Kriege genutzt, um die Erinnerung an vergangene Kriege im Stadtplan festzuschreiben.[9] Das Kaiserreich ehrte bereits 1871 Bismarck mit einer Straße in Charlottenburg, 1892 erinnerte sich das kaiserliche Berlin an die erste Königin Preußens Sophie-Charlotte und 1906 wurde Kaiser Wilhelm II. mit dem Kaiserdamm geehrt. Die bundesrepublikanische Erinnerung ist mit den Namen von Ernst Reuter und Theodor Heuss im (West-) Berliner Stadtbild präsent. Beide haben spezifischen Bezug zu Berlin, beide sind jedoch gleichzeitig – als erster Regierender Bürgermeister Berlins in der Zeit der Luftbrücke bzw. als erster Bundespräsident und einer der »Gründerväter« des Grundgesetzes – symbolische

5 Vgl. Pöppinghege, S. 23.

6 Vgl. Fuchshuber-Weiß, S. 1470.

7 Vgl. Azaryahu, Moaz: What is to be remembered: The struggle over street names in Berlin, 1921–1930, in Tel Aviver Jahrbuch für deutsche Geschichte 17 (1988), S. 241–258, S. 241.

8 Vgl. Rezension von Johanna Sänger zu Rainer Pöppinghege: Wege des Erinnerns. Was Straßennamen über das deutsche Geschichtsbewusstsein aussagen, in: http://hsozkult.geschichte.hu-berlin.de/rezensionen/2008-2-161, S. 3.

9 Vgl. Pöppinghege, S. 42.

Figuren für die gesamte Bundesrepublik. Und schließlich leistete die DDR mit dem Rosa-Luxemburg-Platz in Berlin einen Beitrag zum kulturellen Gedächtnis.

Revision und Kanonisierung – Wandel und Kontinuität im Namenkorpus

Die U-Bahnfahrt durch Berlin gibt gleichzeitig einen Eindruck vom Einfluss politischer Zäsuren auf kollektive Geschichtsbilder. Radikale politische Veränderungen führen in der Regel zu einer Änderung des kanonischen Systems, zu einer Entfernung von Straßennamen als politischen Symbolen, die eindeutig mit dem alten, überwundenen Regime identifiziert werden können. Am Beispiel zweier Straßennamen aus dem Berliner Beispiel lassen sich tiefere, inzwischen verschüttete Schichten kollektiver Erinnerung aufdecken. Der Theodor-Heuss-Platz im ehemaligen West-Berlin hieß von 1906 bis 1933 Reichskanzlerplatz. 1933 wurde er in Adolf-Hitler-Platz umbenannt und trug diesen Namen bis 1945. Der Platz nahm als westliches Ende der monumentalen Ost-West-Achse eine bedeutende Rolle in der Topographie Berlins ein. Im Rahmen der Entnazifizierungsmaßnahmen wurde der Name entfernt. Der Platz hieß von 1947 an erneut Reichskanzlerplatz. Anlässlich des Todes von Theodor Heuss wurde er 1963 nach ihm umbenannt. Der Rosa-Luxemburg-Platz im ehemaligen Ost-Berlin wurde 1907 nach Abriss des Scheunenviertels angelegt und hieß bis 1910 Babelsberger Platz. 1910 wurde der Platz nach Bernhard Fürst von Bülow umbenannt, der 1909 nach schweren Differenzen mit Wilhelm II. als Reichskanzler zurückgetreten war. Die nationalsozialistischen Machthaber setzten dem »Märtyrer der Bewegung« Horst Wessel mit der Umbenennung des Bülow-Platzes ein Denkmal. Auch das am Platz gelegene Karl-Liebknecht-Haus wurde nach 1933 in Horst-Wessel-Haus umbenannt. Im Anschluss an die Entnazifizierung erhielt der Platz für wenige Jahre den Namen Liebknechtplatz (1945–1947), er wurde später in (Rosa-) Luxemburg-Platz (1947/1969) umbenannt. Die Beispiele zeigen, dass in der SBZ und später in der DDR die entstandenen ideologischen Leerstellen mit Helden und Vordenkern des Kommunismus und Sozialismus gefüllt bzw. für diese zurückerobert wurden. Für die Bundesrepublik ist es eher typisch zu den vorherigen Bezeichnungen zurückzukehren.[10]

Wie stellt sich überhaupt die Straßennamen-Politik in den unterschiedlichen Zeiten deutscher Geschichte dar? Die Weimarer Republik ging nach 1918 vergleichsweise behutsam mit den Symbolen des Kaiserreiches um, dies schloss auch die monarchischen Straßennamen mit ein. Einzig die Kommunisten forderten für Berlin ihre radikale Entfernung; die Sozialdemokraten und erst recht die bürger-

10 Vgl. Sänger, S. 76.

lichen Funktionsträger sprachen sich dafür aus, auf symbolische Aktionen zu verzichten.[11] Ein markantes Zeichen war die Umbenennung des Platzes vor dem Reichstag von Königsplatz in Platz der Republik (realisiert 1926 auf Initiative der SPD).[12] Und auch die Erinnerung an die Arbeiterbewegung, ihre Akteure und Vordenker sowie diejenige an zentrale Persönlichkeiten der Republik fand Eingang in die Straßennamen der Weimarer Zeit.

Unter den Nationalsozialisten beschleunigte sich die Politisierung des öffentlichen Raumes erheblich. Nach 1933 wurden konsequent linkspolitische Benennungen aus der Weimarer Republik gegen die Namen von »Märtyrern« des neuen Systems ausgetauscht. Der Platz der Republik vor dem Reichstag wurde rasch in Königsplatz zurück benannt. Die Nationalsozialisten erhofften sich dadurch den Zuspruch der alten Eliten. Am auffälligsten lässt sich die neue Ehrungspraxis im »Dritten Reich« anhand von nach Adolf Hitler benannten Straßen und Plätzen belegen, die es wohl in beinahe jeder Gemeinde gegeben haben dürfte.[13] Neben den Benennungen nach Parteigrößen erhielt auch NS-Ideologie einen Platz in den Stadtplänen – Straßennamen wie Ahnenzeile, Braunauer Brücke, Brauner Weg, Leibstandartenweg, Mütterstraße sind so entstanden.[14]

Nach 1945 kam es zur Entnazifizierung des Stadtplans. Die Besatzer entfernten alle Straßennamen und Symbole, die direkt mit dem NS-Regime in Verbindung zu bringen waren. Darüber hinaus legte eine Kontrollratsdirektive fest, dass alle Erinnerungen an kriegerische Handlungen nach 1914 sowie an Personen, Organisationen und Einrichtungen in diesem Kontext aus dem öffentlich-symbolischen Raum zu entfernen waren.[15] Das Gedenken an das Kaiserreich blieb durch den Erlass unangetastet, jedoch wurde die Kontrollratsdirektive in den einzelnen Besatzungszonen unterschiedlich ausgelegt. Während in den westlichen Besatzungszonen beispielsweise Bismarck-, Wilhelm- oder Hindenburgstraßen erhalten blieben, ging man bei den Umbenennungen im Osten Deutschlands konsequenter vor. Allerdings führte dies oft zum Austausch eines ideologisch gefüllten Erinnerungsraumes durch einen anderen. Für den Westen Deutschlands kann nicht ohne Weiteres von einer weitreichenden Entnazifizierung und Entmilitarisierung gesprochen werden. Auch in industriell geprägten Städten wie Essen mit einem großen Anteil von SPD-Wählern wurden nach 1945 nur wenige Straßen umbenannt. Von den 365 auf den NS-Oberbürgermeister zurückgehenden Benennungen wurden nach 1945 lediglich 49 rückgängig gemacht.[16]

11 Vgl. Pöppinghege, S. 53.
12 Vgl. Azaryahu, S. 245.
13 Vgl. Pöppinghege, S. 64.
14 Vgl. Fuchshuber-Weiß, S. 1472.
15 Vgl. Pöppinghege, S. 81.
16 Vgl. Ebd., S. 85.

Auch die letzte Zäsur des »kurzen 20. Jahrhunderts« hatte eine Kanonänderung zur Folge. Seit der Wiedervereinigung sind Straßennamen und insbesondere Straßenumbenennungen Gegenstand zahlreicher öffentlicher Diskussionen auf lokaler und nationaler Ebene. Durch die Umbenennungen sollte insbesondere die stalinistische Vergangenheit, nicht aber das revolutionäre Erbe des deutschen Sozialismus aus dem Straßenverzeichnis und damit aus der öffentlichen Erinnerung entfernt werden.[17] Ziel der Diskussion war eine in Straßennamen repräsentierte kollektive Erinnerung, die das wiedervereinigte Deutschland als Ganzes annehmen konnte. Diese Diskussion wurde insbesondere und exemplarisch anhand der neuen Hauptstadt Berlin geführt.[18] Allerdings standen bezeichnender Weise keine westdeutschen Straßennamen zur Disposition.

Neben den durch die politischen Zäsuren verursachten Änderungen im Straßennamenkorpus lassen sich auf anderem Gebiet auch deutliche Kontinuitäten beobachten. Ein Beispiel dafür ist die thematisch einheitliche Benennung von Straßen nach Orten, Pflanzen, Sagenhelden, Märchengestalten, Komponisten oder Schriftstellern in den verschiedenen Zeiträumen. Durch die thematische Zusammenfassung wurden wechselseitige Assoziationen ermöglicht, die den so entstehenden Sinneinheiten einen identifikatorischen Mehrwert einbrachten. Ihr vermeintlich unpolitischer Charakter machte und macht sie zu einem beständigen, von politischen Zäsuren zumeist unberührten Phänomen in den meisten deutschen Stadtplänen. In den bürgerlichen Stadtvierteln der »Gründerzeit« sowie in den Neubausiedlungen des sozialen Wohnungsbaus in der Zwischen- und Nachkriegszeit entstanden thematisch einheitliche Wohnviertel. Verweise auf Kulturschaffende hatten am Ende des 19. Jahrhunderts besonders in den bürgerlichen Vierteln Konjunktur. Die ab den 1890er Jahren errichtete Villenkolonie Lankwitz in Berlin-Steglitz mit seinem Künstler- und Komponistenviertel zeigt exemplarisch den hohen Stellenwert von Kultur und Bildung für das nationale Selbstverständnis des Bürgertums. Neben den fast obligatorischen Benennungen nach Mozart und Beethoven dienten besonders zeitgenössische Künstler als Namengeber. Straßenbenennungen nach Cornelius, Waldmann, Humperdinck, Kaulbach und Calandrelli geben einen Eindruck vom historistischen und (neo-)romantischen Kunst- und Musikgeschmack des gehobenen Bürgertums.

In der Zwischenkriegszeit gewannen besonders Orts- und Naturbezeichnungen an Popularität. Blumen-, Baum- und Landschaftsnamen können als ein romantisches Gegenbild zur Lebensrealität in modernen Städten, monotonen Häuserreihen und planvoll angelegten Straßenverläufen interpretiert werden. Die naturna-

17 Vgl. Azaryahu, Moaz: German reunification and the politics of street names: the case of East Berlin, in: Political Geography 16 (1997), H. 6, S. 479–493, hier: S. 491.

18 Vgl. Sänger, S. 221; vgl. auch Boockmann, Hartmut: Alte Straßen, neue Namen, in: GWU 45 (1994), H. 9, S. 579–591.

hen Straßennamen beschrieben nicht, was in den Stadtvierteln vorhanden war, sondern wonach die Bevölkerung ein Bedürfnis verspürte.[19] Auch die deutschen Sagen und Mythen mit den Protagonisten des Nibelungenliedes und dem Inventar der germanischen Walhalla begegnen uns heute noch auf Straßenschildern. Während diese Benennungen (z. B. in Berlin-Lichtenberg) im Kaiserreich Kontinuitätsvorstellungen mit dem mittelalterlichen Reich zum Ausdruck brachten, wandelte sich deren Funktion in der ersten Nachkriegszeit. Die Benennungen – z. B. in Köln-Mauenheim – erscheinen vordergründig unpolitisch, erschaffen jedoch mit der kollektiven Erinnerung an Mittelalter und starkes Königtum einen romantischen Gegenhorizont zu einer als zerrissen und defizitär empfundenen Zeit. Die Namengebung in anderen Neubauvierteln war ebenfalls einem rückwärtsgewandten und revisionistisch geprägten Zeitgeist verpflichtet: Vielfach wurde an Orte erinnert, die aufgrund des Versailler Vertrages nicht mehr zum deutschen Reich gehörten. Die Benennungen nach den Verlustgebieten sollten eine gemeinschaftliche Ablehnung der Vertragsbedingungen ausdrücken und die Erinnerung an Deutschland in seinen alten Grenzen im Bewusstsein halten.[20]

Das gilt auch für die Zeit nach dem Zweiten Weltkrieg. Ein dominantes und speziell westdeutsches Erinnerungsfeld aus Zeiten der frühen Bundesrepublik sind die ehemaligen Ostgebiete des Deutschen Reiches. Die Benennung von Straßen nach ostdeutschen Orten, Landschaften und bedeutenden Persönlichkeiten basierte auf einer Richtlinie des Deutschen Städtetages von 1953. In den thematisch einheitlichen Siedlungen, die sich fast in jeder westdeutschen Gemeinde finden, dokumentiert sich, dass der »verlorene Osten« alle Gebiete jenseits der deutsch-deutschen Grenze meinte (z. B. in Göttingen, Lübeck, Saarbrücken).[21]

Erinnerung in Straßennamen heute

Die Auswirkungen politischer Zäsuren auf das öffentliche Geschichtsbild sind groß, aber nicht allumfassend. Trotz vier epochaler Zäsuren in der deutschen Geschichte des 20. Jahrhunderts zeigt die sich heute in Straßennamen repräsentierende Erinnerungslandschaft Aspekte aller politischen und gesellschaftlichen Gebilde der neueren und neusten deutschen Geschichte. Durch die Wiedervereinigung sind auch die parallel entwickelten Geschichtsbilder beider deutscher

19 Vgl. Bering, Dietz / Großsteinbeck, Klaus: Kulturgeschichte von Straßennamen. Neue Perspektiven auf altem Terrain, gewonnen am Beispiel Köln, in: Muttersprache 104 (1994), H. 2, S. 97–117, hier: S. 111.

20 Vgl. Fuchshuber-Weiß, S. 1472. vgl. auch Bering / Großsteinbeck, S. 112.

21 Hahn, Eva / Hahn, Hans Henning: Flucht und Vertreibung, in: Etienne François / Hagen Schulze (Hg.), Deutsche Erinnerungsorte, Bd. I, München 2001, S. 335–351, hier: S. 344.

Staaten vereint worden und mit ihren Gemeinsamkeiten und Unterschieden noch heute erkennbar.

Das Politische nimmt einen großen Raum in der Straßennamengeschichte ein. Die politisch-administrativen Vergabemodalitäten für Straßennamen unterstützen dies sicher ebenso wie die Bedeutung von Straßennamen als massenwirksame Erinnerungsmedien, deren legitimatorisches Potential durch die politischen Akteure erkannt und ausgenutzt wird. Bedeutsam sind aber auch stadtsoziologische und mentalitätsgeschichtliche Zugänge.[22] Rainer Pöppinghege konnte in einer Aufstellung von Häufigkeiten bei Straßennamen zeigen, dass vor den politischen Benennungen klar Benennungen mit kulturell-künstlerischem Inhalt rangieren. Erst nach Schiller, Goethe, Jahn, Mozart, Beethoven, Uhland, Lessing und anderen erscheint Friedrich Ebert auf Platz 13 der Rangliste als erste politische Nennung. Innerhalb der fünfzig häufigsten Straßennamen in Deutschland lassen sich gerade sieben Einträge mit dezidiert politischem Hintergrund finden.[23] Freilich ist eine klare Trennung zwischen mentalitäts- und politikgeschichtlichen Aspekten schwierig. So erinnern wir heute häufig Persönlichkeiten selektiv in Hinsicht auf eine bestimmte Eigenschaft oder ein bestimmtes Verdienst, während die Erinnerung vergangener Generationen an dieselbe Person klare politische Implikationen hatte (z. B. Schiller oder Jahn). Politische Entscheidungsträger sind zwar maßgeblich an Straßenbenennungen beteiligt, jedoch ist es schwer solche Benennungen gegen den ausdrücklichen Willen der Bevölkerung durchzusetzen. Es muss ein Minimalkonsens über die Qualität des zu Erinnernden bestehen, da die Bevölkerung als Ganzes auf den verbindlichen Gebrauch der Straßennamen verpflichtet wird.[24]

Gesellschaften handeln ihren Umgang mit dem zu erinnernden Erbe diskursiv aus. Dies geschieht unter anderem durch Kommentierung der überkommenen kollektiven Erinnerungsbestände – als solche sind beispielsweise die Erläuterungstafeln an Straßenschildern zu verstehen. Sie helfen den Stellenwert des Benannten innerhalb des kulturellen Gedächtnisses zu verorten, auch wenn die Erinnerung daran keine gesellschaftliche Funktion mehr erfüllt. In vielen Fällen werden aufgrund solcher Diskussionen Erinnerungen aus dem öffentlichen Straßenbild gelöscht. Zugleich aber wird das kollektive Geschichtsbild in Straßennamen ständig erweitert.

22 Vgl. Sänger, Rezension, S. 3.
23 Vgl. Pöppinghege, S. 29 ff.
24 Bering / Großsteinbeck, S. 115.

Literatur

Glaser, Peter: Die Lesbarkeit der Stadt. Kulturgeschichte der mittelalterlichen Straßennamen Kölns, Köln 2002.

Pöppinghege, Rainer: Wege des Erinnerns. Was Straßennamen über das deutsche Geschichtsbewusstsein aussagen, Münster 2007.

Sänger, Johanna: Heldenkult und Heimatliebe. Straßen- und Ehrennamen im offiziellen Gedächtnis der DDR, Berlin 2006.

Andreas Urban

Rettung der Vergangenheit – Verlust der Gegenwart?

Museumskultur in der Postmoderne

Zu Beginn des 21. Jahrhunderts verzeichnen Museen einen regelrechten Boom öffentlicher Anerkennung. Neue, nicht selten politisch motivierte Museumsgründungen in repräsentativer Architektur, massenhafte Resonanz auf spektakuläre Ausstellungen und Neueröffnungen, stetig steigende durchschnittliche Besuchszahlen[1] sowie eine intensive mediale Berichterstattung sind Indikatoren einer bemerkenswerten Präsenz von Museen im öffentlichen Bewusstsein. Es scheint so, als hätten Museen eine erhebliche gesellschaftliche Relevanz. Stimmte diese Kennzeichnung des Museumsimages mit der Wirklichkeit überein, wäre die programmatische Definition des International Council of Museums praktisch umgesetzt. Demnach wird das Museum bestimmt als »Einrichtung, die der Gesellschaft und ihrer Entwicklung dient, der Öffentlichkeit zugänglich ist und materielle Zeugnisse des Menschen und seiner Umwelt für Studien-, Bildungs- und Unterhaltungszwecke sammelt, bewahrt, erforscht, vermittelt und ausstellt«[2]. Dem Selbstverständnis nach handelt es sich bei den Museen also keineswegs um weltabgewandte Raritätenkabinette und Tempel feingeistiger intellektueller Zirkel. Doch allen Maximen und Bekenntnissen der Museumsfachleute zum Trotz ist auch heute eine Kritik am Museum und an der Musealisierung der Gesellschaft nicht verstummt, wie sie der Kulturphilosoph Theodor W. Adorno Anfang der 1960er Jahre formulierte. Musealisierte Dinge, so Adorno, würden mehr aus historischer Rücksicht denn aus gegenwärtigem Bedürfnis aufbewahrt. Der Betrachter verhalte sich zu ihnen nicht mehr lebendig. Museen seien wie Erbbegräbnisse und bezeugten die Neutralisierung der Kultur.[3] Adorno griff seinerzeit museumskritische Überlegungen auf, die seit den ersten Anfängen dieser Kultureinrichtung im Umlauf waren, insbesondere aber um die Wende zum 20. Jahrhundert die Gemüter bil-

1 Bernhard Graf zieht aus den Untersuchungen des Instituts für Museumskunde den Schluss, dass die Besuchshäufigkeit im letzten Jahrzehnt nicht gestiegen ist. Der Museumsboom sei eine Folge »der wachsenden Bedeutung und Zunahme von Sammlungen, verbunden mit einem gestiegenen Geschichtsbewusstsein im Sinne der Erinnerungskultur«. Die Besucherresonanz hänge entscheidend von »temporären Angeboten der Museen und Anreizen durch Sonderausstellungen« ab. Graf, Bernhard: Ausstellungen als Instrument der Wissensvermittlung? Grundlagen und Bedingungen, in: Museumskunde 68, 1 (2003), S. 73–81, hier S. 73.

2 ICOM. Ethische Richtlinien für Museen 2003, hg. von ICOM-Deutschland u. a., 2002.

3 Siehe Adorno, Theodor W.: Valéry Proust Museum, in: Gesammelte Schriften. Kulturkritik und Gesellschaft I, Frankfurt a. M. 1997, S. 181 f.

dungsbürgerlicher Intellektueller bewegten.[4] Im Zentrum der Kritik stand und steht auch heute noch die zentrale Frage: Verliert die kulturelle Überlieferung in der Atmosphäre des Museums nicht jegliche Relevanz für gegenwärtiges Leben? Wird nicht der Blick auf die Gegenwart durch die im Kunstraum Museum ausgebreiteten Preziosen aus dem Füllhorn der Geschichte verklärt? Oder in der Terminologie des frühen 19. Jahrhunderts ausgedrückt: »Die schönsten Zwecke der Kunstwerke, zu begeistern und das Leben sinnig zu schmücken, werden verfehlt, wenn sie in Museen aufgehäuft und eingekerkert werden; hier bleibt die Kunst wol Lehrerin, aber sie ist nicht mehr […] Spenderin der reinsten, entzückendsten Freuden des Lebens.«[5]

Allerdings erfüllen Geschichtsmuseen[6] durchaus gesellschaftliche Funktionen, die den ihnen im öffentlichen Diskurs zugewiesenen Wert begründen. Neben der erhofften ästhetischen und historischen Bildung spielen dabei soziale Gebrauchsweisen der Vergangenheit eine Rolle, die die ideelle und politische Legitimation des Gemeinwesens betreffen. Gemeinhin werden Museen in demokratischen Gesellschaften von ihren Trägern und Betreibern als Identifikationsorte für die Menschen eines definierten Raums – Stadt, Bundesland, Staatsgebiet – verstanden. Sie fungieren folglich als Werbestätten, die im Rückgriff auf die Vergangenheit positiv konnotierte Bindungen an den entsprechenden Lebensraum stiften und erhalten sollen. In Diktaturen werden Museen mit Vorliebe zu Propagandazwecken eingerichtet, um mithilfe einer eindimensional gedeuteten Geschichte Herrschaft zu legitimieren.

In einem ganz anderen Sinne stellen Museen Kompensationsagenturen für ungelöste gesellschaftliche Probleme dar. Nun mag die Thematisierung gegenwartsrelevanter Fragen wie die Veränderung von Arbeitsverhältnissen im Zuge der Globalisierung, Migration, Geschlechterverwirrungen etc. auch ein Indiz für die Bemühungen um Aktualität der Museen in der Postmoderne sein. Mehr noch drängt sich allerdings der Eindruck auf, als sei mit der Historisierung via Musealisierung die Absicht verbunden, die als Verlust und Defizit erfahrenen Aspekte der Wirklichkeit in den »Traumhäusern des Kollektivs«[7] ad acta zu legen, also zu ›beerdigen‹. Denn, so eine der zentralen Thesen der Theorie des Geschichtsmuseums, Museen vermitteln Vertrautheitserlebnisse in einer als unsicher erfahrenen

4 Siehe Sheehan, James J.: Geschichte der deutschen Kunstmuseen. Von der fürstlichen Kunstkammer zur modernen Sammlung, München 2002, S. 214 f.

5 Allgemeine deutsche Real-Enzyklopädie für die gebildeten Stände, Siebenter Band, Leipzig 1827, S. 625.

6 Im Grunde sind alle Museen Geschichtsmuseen, denn sie stellen stets Dinge aus, die in der Vergangenheit entstanden sind. Das gilt auch für Naturkunde- oder Kunstmuseen. Wenn hier im Folgenden ganz allgemein von Museen die Rede ist, sind allerdings vornehmlich Geschichtsmuseen gemeint, die explizit das Ziel verfolgen, vergangene Lebenszusammenhänge zu veranschaulichen.

7 Benjamin, Walter: Das Passagen-Werk, in: ders.: Gesammelte Schriften, Bd. V. 1, Frankfurt a. M., 1982, S. 513.

Gegenwart. Musealisierte Gegenstände sind demnach »Garanten der Erinnerung in einer Zeit rasanten sozialen und kulturellen Wandels – insbesondere alltäglicher Lebensverhältnisse.«[8] Abgesehen davon, dass eine solche Erklärung auf viele Menschen nicht zutrifft, beispielsweise auf die junge Generation, die, so Eric Hobsbawm, in einer »Art permanenten Gegenwart« ohne »Verbindung zur Vergangenheit ihrer eigenen Lebenszeit«[9] lebt, impliziert der Erinnerungsbezug zugleich einen fatalen Gegenwartsverlust. Das absurde Motto »Mehr Mut zur Vergangenheit«[10] bringt eine solche Haltung in drastischer Weise auf den Begriff. In der gediegenen Atmosphäre der Museumswelt, in der die Zeit stillzustehen scheint, ermöglicht die ausgestellte Geschichte weniger Orientierung in der Gegenwart als eher den nostalgischen Blick auf die harmonisierte und homogenisierte Vergangenheit.

Orte der selektiven Erinnerung

Sammeln, Bewahren, Erforschen, Ausstellen und Vermitteln sind die Aufgabenfelder des Museums. Der Rettungsgedanke lag der Entwicklung des Museumswesens seit seinen Anfängen im frühen 19. Jahrhundert zugrunde. Ein ausgeprägter Sinn für den Wert der Geschichte sowie ein Bewusstsein von der Notwendigkeit, die gesammelten Objekte dauerhaft aufzubewahren, war die mentale Voraussetzung für die Einrichtung solcher Schatzkammern der Überlieferung. Denn, so Wilhelm von Humboldt 1798 nach der Besichtigung der öffentlich zugänglichen Sammlung des Louvre, »sobald (die Relikte, der Verf.) aufhörten, als historische Denkmäler oder als Gegenstände religiöser Ehrfurcht geachtet zu werden, konnte nur der Schutz der Kunst sie vor künftigen Misshandlungen sichern.«[11]

Wenngleich sich bereits in der Frühzeit der Museumsgeschichte Widerstand gegen die Musealisierung noch »lebendiger« Gegenstände und Symbole regte, blieb der Rettungsgedanke bis heute das zentrale Motiv zahlreicher Museumsinitiati-

8 Korff, Gottfried / Roth, Martin: Einleitung, in: dies. (Hg.): Das historische Museum. Labor, Schaubühne, Identitätsfabrik, Frankfurt / New York 1990, S. 9–37, hier: S. 24; Die Autoren beziehen sich dabei auf den Kulturphilosophen Hermann Lübbe. Eine zweite Erklärung für die »progressive Musealisierung« basiert auf dem Gedanken von der authentischen Konträrfaszination des Geschichtsmuseums in Zeiten allgegenwärtiger medialer, also vermittelter Erfahrungen.

9 Hobsbawm, Eric: Das Zeitalter der Extreme. Weltgeschichte des 20. Jahrhunderts, München 1995, S. 17.

10 So der Titel eines Beitrags des niedersächsischen CDU-Landtagsabgeordneten Rainer Beckmann für die Hannoversche Allgemeine Zeitung vom 2. 2. 2008, in dem er – mit Ressentiments gegen die Moderne – die Rekonstruktion des Schlosses in der barocken Gartenanlage Herrenhausen im »originalgetreuen Stil« rechtfertigt.

11 Zit. nach Sheehan, S. 85.

ven. Die als bewahrenswert angesehenen Dinge vor der Zerstörung oder dem Vergessen zu sichern und sie in eigens ausgewiesenen Schutzräumen zu sammeln, bedeutete jedoch notwendigerweise, Strategien zu ihrer langfristigen Erhaltung zu entwickeln. Restaurierung und Konservierung traten daher als museumsimmanente Aufgabengebiete in das Bewusstsein der Initiatoren und mit ihnen die Frage nach der Authentizität der Überlieferung. Als Dokumente der Geschichte sollten sie zwar vor dem Verfall bewahrt, die Spuren ihrer Teilhabe an der menschlichen Existenz jedoch nicht getilgt werden. Im Zeitalter der technischen Reproduzierbarkeit bekam die Frage nach der Bedeutung des Originals eine besondere Relevanz. Denn allein die Authentizität des Gegenstands verbürgt seine »geschichtliche Zeugenschaft«[12]. Dabei spielt es keine Rolle, ob der Gegenstand als Unikat oder massenweise produziert wurde. Entscheidend ist, inwieweit an dem Exponat, »an diesem einmaligen Dasein … die Geschichte, der es im Laufe seines Bestehens unterworfen gewesen ist«[13], ihre Spuren hinterlassen hat. Die Reproduktion kann diesem Anspruch niemals gerecht werden. Sie fungiert als bloßes didaktisches Hilfsmittel ohne die Autorität des im historischen Prozess mit Bedeutungen aufgeladenen Originals.

Aus der Museumspraxis[14]

Zu den Kernbestandteilen des Historischen Museums Hannover zählen eine umfangreiche Uniformsammlung aus dem Königreich Hannover (1814–1866) und seinen Vorläuferstaaten sowie eine Sammlung ländlicher Trachten aus dem Raum Niedersachsen. Beide Sammlungen trugen nicht unwesentlich dazu bei, dass es 1903 zur Einrichtung eines Vaterländischen Museums, so der ursprüngliche Name, kam. Die aus einer Privatsammlung übernommenen Uniformen wurden seinerzeit aus politischen Motiven zusammengetragen. Sie sollten in der Bevölkerung das Andenken an die Eigenständigkeit Hannovers in einem nach dem Deutschen Krieg zur preußischen Provinz degradierten Land aufrechterhalten. Der Trachtensammlung lag ein anderes Rettungsmotiv zugrunde. Da sich im ländlichen Raum die bürgerliche Mode durchsetzte, verloren Trachten ihre soziale Bedeutung. Dieser Funktionsverlust sowie die kunstfertige Machart und eine allgemeine Tendenz zur Idyllisierung der ländlichen Welt führten um

12 Benjamin, Walter: Das Kunstwerk im Zeitalter seiner technischen Reproduzierbarkeit, in: ders.: Gesammelte Schriften, Bd. 1.2, Frankfurt a. M. 1974, S. 471–508, hier: S. 477.

13 Ebd., S. 475.

14 Zur Konkretisierung werden einige museumspraktische Exkurse – exemplarisch bezogen auf das Thema Mode und das Historische Museum Hannover – in den Text integriert.

1900 dazu, dass Trachten nicht nur in Hannover zu einem begehrten Sammlungsgegenstand wurden.

Sammlungen sind nur zum Teil das Ergebnis systematischer Konzepte. In den Textilsammlungen spiegeln sich beispielsweise soziale Auswahlkriterien wider. Bis weit in das 20. Jahrhundert waren Arbeitskleidung und einfache Konfektionskleidung kaum in die Sammlungen eingegangen, wurden also nicht als rettungswürdig angesehen. Das liegt zum einen daran, dass diese Kleidung häufig bis zum Verschleiß getragen wurde, zum anderen an der ursprünglichen Ausrichtung der Museen am Hochwertigen und Außergewöhnlichen. Erst im Zuge der Aufwertung der Sozial- und Alltagsgeschichte wurden vermehrt Kleidungsstücke, die für die einfachen Leute typisch waren, gesammelt. Da insbesondere Personen aus dem Bildungsbürgertum, die einen Bezug zur Museumswelt haben, auf die Idee kommen, ihre gut erhaltenen, zu besonderen Anlässen getragenen Sachen dem Museum zu übergeben, spiegeln sich die sozialen Kriterien auch in den Sammlungen wider.

Schausäle von Vergangenheit und Ferne[15]

Ausgehend von fürstlichen Sammlungen seltener und kostbarer Gegenstände aus den Bereichen der Naturgeschichte und der Künste entwickelte sich im 19. Jahrhundert ein breites Spektrum musealer Einrichtungen mit unterschiedlichen Sammlungsschwerpunkten. Dominierte zunächst die bildende Kunst und mit ihr die ästhetische Betrachtungsweise, so bestimmten Fragen der politischen Herrschaft und die durch die Industrialisierung hervorgerufenen Veränderungen der Lebenswelt die bürgerlichen Museumsgründungen seit der Jahrhundertmitte.[16] Insbesondere Vaterländische, Heimat- und Kunstgewerbemuseen wurden vielerorts gegründet, um die traditionelle materielle Kultur »vor den Wogen einer einseitig und nur aufs Neue und Praktische bedachten Zeitströmung«[17] zu bewahren. Trotz anhaltender Vorbehalte gegenüber dem schrankenlosen Zugang der Öffentlichkeit zu den Tempeln der Ästhetik und Geschichte wurden sie verstärkt seit Beginn des 20. Jahrhunderts in Konzepte zur Volksbildung einbezogen. Unabhängig davon, ob damit die Emanzipation des Volkes durch die Teilhabe am kulturellen Kapital intendiert wurde oder ob es primär um Gesinnungsbildung der Massen ging, gewann

15 Nach Bloch, Ernst: Das Prinzip Hoffnung, Frankfurt a. M. 1980, S. 445.

16 Zur Geschichte der Museen siehe: Hochreiter, Walter: Vom Musentempel zum Lernort: zur Sozialgeschichte deutscher Museen 1800–1914, Darmstadt 1994, S. 181 ff.

17 Errichtung eines Bauernhaus-Museums in Hannover, 1900; zitiert nach Urban, Andreas: Von der Gesinnungsbildung zur Erlebnisorientierung. Geschichtsvermittlung in einem kommunalen historischen Museum im 20. Jahrhundert, Schwalbach 1999, S. 23.

das Museum als Ort der popularisierten (Geschichts-)Kultur an Bedeutung. Die selbstverständliche Stellung der Pädagogik in den Museen heute, Ergebnis der Kulturreformen in Zeiten von »Demokratie wagen« und »Bildung für alle« in den 1970ern, ist beredtes Zeugnis für diesen Anspruch auf Breitenwirkung.

Während sich das Sammeln, Archivieren und Erforschen der Vergangenheitsmaterialien weitgehend außerhalb des Blickfelds der Öffentlichkeit abspielt, ist die Ausstellung immer auf Rezeption ausgerichtet. Die Präsentation des Gesammelten stellt gewissermaßen den Nachweis der Existenzberechtigung eines Museums gegenüber der Öffentlichkeit dar. Die Auseinandersetzung mit den Exponaten unterscheidet sich allerdings grundlegend von alltäglichen Wahrnehmungsmustern. Mit der Aufnahme in ein Museum verlieren die Gegenstände ihre Nützlichkeit. Sie erfüllen nicht mehr die ihnen ursprünglich eigenen Funktionen des Konsums, der Repräsentation, des Ritus oder als Werkzeuge. Stattdessen werden sie zu Semiophoren, zu Dingen, die unsichtbare Bedeutungen enthalten. Sie existieren in der Museumswelt gleichsam in zwei Dimensionen: in ihrer Materialität mit all den ihnen eingeschriebenen Lebens- und Verwendungsspuren sowie als Bedeutungsträger. Das weite Feld virtueller Bedeutungen macht den Reiz, aber auch die Rätselhaftigkeit der Exponate aus. Für den Betrachter, der anderen zeitlichen und gesellschaftlichen Kontexten entstammt, sind diese Bedeutungen nur schwer lesbar, oft auch unverständlich. Er muss sie aktiv dechiffrieren, muss die fremden oder fremd gewordenen Dinge in einen Kontext einweben, also in Beziehung zu etwas setzen, das nicht vorhanden oder prinzipiell unsichtbar ist. »Dabei geht er zwar aus von den inhärenten Merkmalen des Gegenstands, diese werden jedoch gleichsam gefiltert durch den sozialen Ort, an dem er sich befindet, durch die Nähe anderer Gegenstände, den verbalen Kontext, die Form der Ausstellung, die Zusammensetzung des Publikums und schließlich noch durch das Verhalten derer, die ihn ausstellen, und derer, die ihn betrachten.«[18]

Die Ausstellung stellt den Rahmen für die Deutung der Objekte durch die Rezipienten dar und ist bereits eine Kontextualisierung. Ausstellen kann niemals eine Re-Konstruktion vergangener kultureller Zusammenhänge sein, sondern ist immer eine Konstruktion von Geschichtsbildern. Bereits die Auswahl einiger Objekte, die als Fragmente aus der unübersehbaren Fülle der Geschichte überliefert sind, stellt eine Deutung der Geschichte dar, die nach bewussten, aber auch unbewussten Entscheidungskriterien erfolgt. Die Konfiguration der überlieferten Relikte in einem Raum, die Gestaltung dieses Raums durch Architektur, Farben, Vitrinen etc., die Integration von Texten, Bildern, Tönen und Filmen in die Präsentation beeinflussen die Besucherrezeption. In der Geschichte des Museumswesens gab es ein breites Spektrum unterschiedlicher Formen der Kontextualisierung der Objekte von einer vereinzelnden, ästhetisierenden Präsentation hin zur Gestaltung von Inszenierungen.

18 Pomian, Krzysztof: Der Ursprung des Museums. Vom Sammeln, Berlin 1988, S. 86.

Aus der Museumspraxis

Auch Textilien können mit unterschiedlichsten Fragestellungen und Vermittlungsinteressen ausgestellt werden. Oft praktiziertes Ausstellungsprinzip ist die Chronologie, d. h. die Ordnung der Exponate entlang einem Zeitstrahl. Das Nebeneinander der Dinge erleichtert den Vergleich und veranschaulicht Veränderungen. Eine andere mögliche Variante ist der zeitliche Querschnitt, etwa eine Konfiguration von Kleidungsstücken aus den Zwanziger Jahren. Eine stärker kunstgewerbliche Intention liegt einer Ausstellungskonzeption zu Grunde, bei der die Modelle und Entwürfe einer Modeschule oder eines Designers in einer Gesamtschau vorgestellt werden. Eine auf sozialwissenschaftliche Fragestellungen bezogene Ausstellung kann Mode als Ausdruck sozialer Beziehungen verstehen. Dabei veranschaulicht Kleidung Fragen wie: Welche sozialen Distinktionen werden durch Kleidung zum Ausdruck gebracht? Mit welchen Mitteln betont Kleidung die erotische Ausstrahlung von Frauen und Männern? Was bedeuten Uniformität, Konformität und Individualität im Kontext Kleidung? Wie werden Geschlechterrollen in »Körperformen« visualisiert? Ein Korsett beispielsweise könnte in jeder der skizzierten Ausstellungen als Exponat fungieren. Die Präsentation des Korsetts, seine Kontextualisierung, würde allerdings unterschiedlichen didaktischen Konzepten folgen.

Auf dem Weg zum gläsernen Museum?

Im Idealfall gelingt es Ausstellungen, die Schaulust der Besucher in Erkenntnisse und Einsichten zu transformieren. Welcher Modus des Ausstellens am ehesten geeignet ist, dieses Ziel zu erreichen, wird in der Museumspraxis sehr unterschiedlich beantwortet. Je nachdem, was, wann und wem gezeigt wird, variieren die ästhetischen, gestalterischen und didaktischen Mittel. Es sollte für die Museumsexperten ein Gebot der Transparenz gegenüber den Besuchern und der wissenschaftlichen Redlichkeit sein, ihre Konstruktionskriterien zu erläutern. In der vergangenen und gegenwärtigen Ausstellungspraxis war und ist dies erstaunlicherweise selten der Fall. Daher ist die Forderung, Ausstellungen sollten der »historischen Korrektheit«[19] Genüge leisten und grundlegende Prinzipien reflektierten wissenschaftlichen Arbeitens respektieren, durchaus berechtigt. Einer besucherorientierten, weil durchschaubaren Ausstellungspraxis gemäß wäre, dass

- die einer Ausstellung zugrunde liegenden Fragestellungen offen gelegt werden.
- offene Geschichtsbilder präsentiert werden.

19 Pohl, Karl Heinrich: Wann ist ein Museum »historisch korrekt«?, in: ders. (Hg.): Museum und Geschichtskultur, Bielefeld 2006, S. 273–286; hier S. 273 und zum Folgenden S. 179 ff.

- es Hinweise auf den Konstruktionscharakter der Geschichte gibt und dem Eindruck entgegen gearbeitet wird, es gebe die eine und wahre Geschichte.
- kontroverse Deutungsmuster der Vergangenheitsmaterialien dokumentiert werden.
- die Objekte in einer Weise präsentiert werden, die die Fragen und Interessen der Besucher aufgreift und sie zu Stellungnahmen und Bewertungen einlädt.
- die Experten darauf verzichten, durch ihr Fachwissen eine kritische Distanz der Besucher zur Ausstellung im Keim zu ersticken.

Die Forderung nach Wissenschaftlichkeit bedarf, bezogen auf die Museumsarbeit, allerdings einer wesentlichen Ergänzung. Überlieferungszufälle, bewusste und unbewusste Sammlungsentscheidungen sowie Auswahlkriterien bestimmen das Bild einer Ausstellung. In der Regel kennen die Besucher diese Hintergründe, etwa die Sammlungskonzepte und Interessenschwerpunkte der Wissenschaftler, nicht. Sie wissen nicht, welche Objekte sich in den Depots befinden, welche Leerstellen die Sammlung aufweist und warum gerade diese Exponate gezeigt werden. Deshalb sollte dieser museumsspezifische Zusammenhang zumindest skizzenhaft erklärt werden.

Bildung und Unterhaltung

Die Aneignung von Ausstellungen setzt die Mitwirkung und Aktivität der Betrachter voraus. »Im Museum ist die einst lebendige, sich verändernde Welt [...] erstarrt, fixiert, leblos. Erst unsere Fantasie muss sie wieder zum Leben bringen.«[20] Aber Fantasie reicht kaum aus, um komplexe historische Bedeutungsfelder und Zusammenhänge, aus denen die Überlieferungsfragmente stammen und die sie veranschaulichen sollen, zu entschlüsseln. Soll das Museum mehr sein als ein bloßer Ort der kurzweiligen Unterhaltung, dann müssen die Besucher dazu befähigt werden, »die überlieferten und vorgefundenen Artefakte einer Kultur als bedeutungsvolle Zeichen zu lesen.«[21] Als Ort der Belehrung, der Weitergabe eindeutigen Wissens, kann das Museum diesem Anspruch sicher nicht gerecht werden. Seinem aufklärerischen Potential entspricht es eher, an die ihm eigene Dialektik von Nähe und Ferne, von gegenwärtigem Leben und Imagination der Vergangenheit anzuknüpfen. Die Aufgabe des Museums ist es nicht, Gelehrte zu erzeugen, sondern die Beobachtungs- und Empfindungsfähigkeit der Menschen zu erweitern, sie für die

20 Knoch, Peter: Zur Didaktik historischer Ausstellungen, in: Standbein – Spielbein. Museumspädagogik aktuell 25 (1989), S. 10–12, hier: S. 10.

21 Parmentier, Michael: Der Bildungswert der Dinge oder: Die Chancen des Museums, in: Zeitschrift für Erziehungswissenschaft 1 (2001), S. 39–50, hier: S. 45.

Ästhetik und die Bedeutungsfacetten der Exponate zu sensibilisieren. Unbeschränkte Zugangswege stellen die Grundlage dafür dar, dass die »Magie der Objekte«[22] die Einbildungskraft der Rezipienten stimulieren kann.

Die Vergegenwärtigung ausgestellter Geschichte aus der Perspektive des Subjekts erfolgt immer nach Maßgabe der je individuellen Vergangenheitsinteressen und -bedürfnisse. Auch und gerade im Museum fungiert die Imagination als »Motor der Konstruktion von Vergangenheit«[23]. Wie der Museumswissenschaftler, der aus der Vielzahl seiner Sammlungsstücke eines von vielen möglichen Geschichtsbildern zusammenfügt, nimmt der Rezipient die Ausstellung als Grundlage für seine eigenen Geschichtskonstruktionen. Verstand und Imagination spielen dabei gleichermaßen eine Rolle. Auf diesem Hintergrund hat der Kunsthistoriker Willibald Sauerländer für den Bildungsprozess im Museum eine Verknüpfung von Vergnügen und Aufklärung angemahnt und zu bedenken gegeben: »Zur Vermittlung von Vergangenheit im Museum gehören Distanz, Fiktion, Traum. Das Geheimnis des erfolgreichen kulturgeschichtlichen Museums ist eine subtile Balance zwischen Studienort und Märchenhaus.«[24]

Zweifellos gehört es zu den Kernaufgaben kultureller Bildung im Museum, die toten Artefakte in einen lebendigen Zusammenhang zu stellen, also die unsichtbaren Menschen hinter den »abgelebten und unbelebten«[25] Dingen vorstellbar zu machen. Die Ausstellung selbst, aber auch Methoden der personalen, textgestützten, audiovisuellen sowie handlungs- und erfahrungsorientierten Vermittlung können eine solche Kontextualisierung erleichtern, d.h. Hilfen zum Verständnis von Materialität, Entstehungsbedingungen, Verwendungsweisen, sozialen Strukturen, symbolischen Bedeutungen etc. geben.[26] Auf diese Weise schafft das Museum einen Rahmen dafür, dass das sinnlich-ästhetische Potential der Exponate zum Ausgangspunkt umfassender Vorstellungen von vergangener Wirklichkeit werden kann. Für eine Berücksichtigung der Lebensrelevanz von Geschichte ist noch bedeutsamer: Es kann so gelingen, die Museumsbesucher für die Historizität der Gegenwart zu sensibilisieren.

Ein Ort des historischen Lernens im engeren Sinne, also eines systematisch angeleiteten Wissens- und Kompetenzerwerbs, stellt das Museum entgegen allen Bekundungen und Erwartungen nur in Ausnahmefällen und unter spezifischen

22 Hudson, Kenneth: The Public Quality of a Museum, in: ICOM Study series 6 (1999), S. 3–5, hier: S. 4.

23 Henke-Bockschatz, Gerhard: Überlegungen zur Rolle der Imagination im Prozess des historischen Lernens, in: GWU 7/8 (2000), S. 418–429, hier: S. 428.

24 Sauerländer, Willibald: Das Alte immer neu genießen, in: SZ vom 6./7.11.1999.

25 Borries, Bodo von: Präsentation und Rezeption von Geschichte im Museum, in: Geschichtsdidaktik 5/6 (1997), S. 337–343, hier: S. 339.

26 Zu Vermittlungsformen siehe Urban, Andreas: Geschichtsvermittlung im Museum, in: Mayer, Ulrich/Pandel, Hans-Jürgen/Schneider, Gerhard (Hg.): Handbuch Methoden im Geschichtsunterricht, Schwalbach 2004, S. 370–388.

Bedingungen dar. Lerneffekte solcher Art »sind nur dann zu erwarten, wenn vor den Museumsbesuchen Strukturwissen erworben wurde und wenn gleichzeitig ein spezielles Interesse aktiviert wird, das den Museums- und Ausstellungsbesuch auf ein Thema beschränkt oder aber auf einen speziellen Deutungszusammenhang hin fokussiert.«[27] Diese Voraussetzungen mögen bei speziell vorbereiteten Schulklassen oder bei gebildeten Besuchern mit hoher intrinsischer Motivation zutreffen. Für die Mehrheit der Museumsbesucher stehen jedoch weniger Fachinteresse und Bildungswillen als Neugier und der Wunsch nach Unterhaltung und Zerstreuung im Vordergrund. Bezeichnenderweise verweilen daher die meisten Besucher oft nur wenige Sekunden vor den Exponaten. Sie sind bestrebt, während eines Besuches möglichst viele Objekte anzuschauen und richten ihre Aufmerksamkeit auf außergewöhnliche Reize, z. B. bewegte Objekte und akustische Effekte. Ob die Erfahrungen der Besucher erweitert werden, hängt in jedem Fall davon ab, inwieweit es ihnen gelingt, eine Verbindung zwischen dem bereits vorhandenen Erfahrungsschatz und dem, was sie im Museum sehen, machen und fühlen, herzustellen.

In der Außenwahrnehmung verbinden sich mit dem Museum Assoziationen wie Information, Wissensvermittlung und Vergangenheit. Allerdings sind diese Merkmale offenbar nur für einen Teil der bundesdeutschen Bevölkerung attraktiv. Nach den Berechnungen des Instituts für Museumskunde erreichen die Museen lediglich etwa die Hälfte aller Bundesbürger. Nur etwa ein Drittel zählt zu den regelmäßigen Museumsbesuchern.[28] Eine mögliche Erklärung für dieses Desinteresse an dem breiten Spektrum musealer Einrichtungen ist die Diskrepanz zwischen dem wissenschaftlichen Anspruch und der Bildungsanmutung der Museen auf der einen sowie den Bedürfnissen, Kompetenzen und daraus resultierenden Schwierigkeiten der Menschen mit den Museen auf der anderen Seite. Vielleicht müssen die Museen stärker noch als bisher im besten Sinne der Aufklärung auf das sinnliche Potential ihrer Sammlungen setzen, um sowohl die Verstandeskräfte und Bildungsinteressen als auch die Affekte, Imaginationen und Vergangenheitsbedürfnisse ihres potentiellen Publikums zu erreichen. Vor allem müssen sie die untergründige Verbindung zwischen den Museumsdingen und der gegenwärtigen Lebenswelt der Menschen verdeutlichen. Denn auch in den Museen gilt das, was Bertolt Brecht bezogen auf das Theater formuliert hat: Es solle »nicht versuchen, den Menschen besoffen zu machen, ihn mit Illusionen auszustatten, […] ihn die Welt vergessen zu machen.«[29] Musealisierte Geschichte sollte dazu dienen, die gegenwärtige Welt besser zu verstehen.

27 Treinen, Heiner: Ist Geschichte in Museen lehrbar?, in: Aus Politik und Zeitgeschichte B23 (1994), S. 31–38, hier: S. 35.

28 Graf, S. 73.

29 Brecht, Bertolt: Werke, Bd. 15, Schriften zum Theater, Frankfurt a. M. 1967, S. 303.

Verena Haug und Gottfried Kößler

Vom Tatort zur Bildungsstätte

Gedenkstätten und Gedenkstättenpädagogik

Gedenkstätten sind Teil der politischen Selbstdarstellung von Nationalstaaten und als solche Kristallisationspunkte des kollektiven Gedächtnisses. An ihnen zeigt sich, welche Ereignisse und welche Personen oder Personengruppen im öffentlichen Andenken erinnert werden sollen.

In Deutschland ist die Heroisierung der Kriegstoten spätestens seit dem Zweiten Weltkrieg obsolet und das traditionelle, nationalgemeinschaftliche Gedenken an die »eigenen Toten« ist durch das gewachsene öffentliche Bewusstsein für die Auswirkungen von Vernichtungskrieg und Holocaust nicht mehr tragbar. Auch die Jahrzehnte lang übliche, alle Unterschiede der Leiderfahrung einebnende Gedenkformel der Bundesrepublik »Den Opfern von Krieg und Gewaltherrschaft« kann keine Gültigkeit mehr beanspruchen. Im Laufe der Jahrzehnte und gegen vielfältige Widerstände hat sich eine Gedenkkultur entwickelt, die zwischen Opfern und Tätern, aber auch zwischen Opfern der nationalsozialistischen Verfolgung und Vernichtung und jenen unterscheidet, die bei den alliierten Bombenangriffen ums Leben gekommen oder nach dem Krieg aus den ehemals deutsch besetzten Gebieten vertrieben worden sind. Gleichwohl bleibt das Gedenken an die »eigenen Toten« in Abgrenzung zu jenen, die nur als »Andere« in das kollektive Gedächtnis aufgenommen werden, Bestandteil des nationalen Selbstverständnisses, wenn einerseits am Volkstrauertag der deutschen Kriegsgefallenen und andererseits am 9. November der aus der Volksgemeinschaft ausgegrenzten, vertriebenen und ermordeten deutschen Juden gedacht wird.

In der Bundesrepublik Deutschland haben seit den 1980er Jahren insbesondere die Gedenkstätten für NS-Opfer an offizieller Bedeutung gewonnen, nachdem die Orte der nationalsozialistischen Verbrechen Jahrzehnte lang nachlässig behandelt oder ganz vergessen waren. Die Veranstaltungen zu den Jahrestagen der Befreiung der großen Konzentrationslager finden inzwischen unter Beteiligung der politischen Prominenz und unter großem Medienaufgebot statt. Die gewachsene Bedeutungszuschreibung an Gedenkstätten kommt auch darin zum Ausdruck, dass sie inzwischen selbstverständlich als Orte historischer und politischer Bildung gelten. Kaum eine Gedenkrede kommt heute noch ohne den populären Begriff vom »Lernort Gedenkstätte« aus. Gedenkstätten sind aber weit mehr; vor allem sind sie keineswegs genuine Bildungseinrichtungen. Sie dienen noch immer vorrangig als Friedhöfe für die Ermordeten, die ohne Grab geblieben sind. Gleichzeitig haben sie die Aufgabe, die Geschichte der Orte zu erforschen und zu dokumentieren und auf diese Weise die Erinnerung an die Verbrechen und ihre massenhaften Opfer aufrecht zu erhalten. Gedenkstätten haben sich deswegen auch in ihren Formen gewandelt: Als Gedenkstätten werden heute kaum noch Orte bezeichnet, die durch bloße Kenntlichmachung an geschichtlich bedeutsame Ereignisse erinnern. Vielmehr sind damit meist Institutionen gemeint, die über Ausstellungen, Archive und wenigstens ein Minimum an Personal verfügen. Mit den Gedenkstätten für die Opfer des Nationalsozialismus hat sich ein besonderer Typ der Gedenkstätte entwickelt und seit 1989 auch für die Erinnerung an die Opfer des russischen »Volkskommissariats für innere Angelegenheiten« (Narodny Komissariat Wnutrennich Del, NKWD) und der SED in der DDR etabliert. Dieser Typus ist auch durch eine besondere pädagogische Bedeutung geprägt: Viele Gedenkstätten an Orten ehemaliger Konzentrationslager, Tötungsanstalten der so genannten Euthanasie, NS-Folterstätten oder ehemalige Synagogen wie auch Gedenkstätten in ehemaligen Stasigefängnissen verfügen über eigene pädagogische Angebote, die vor allem von Schulklassen in Anspruch genommen werden.

Vom Tatort zur Bildungsstätte

Die Erinnerung an die NS-Zeit war in Deutschland unmittelbar nach 1945 zunächst weder mit bestimmten Orten verbunden, noch war sie in besonderer Weise Inhalt pädagogischer Bemühungen. Zwar wurden viele ehemalige Konzentrationslager auf Drängen der Alliierten und ehemaliger Häftlinge als Gedenkorte zumindest symbolisch markiert und transportierten als Mahnmale auch eine im weiteren Sinne pädagogische Botschaft: Sie dienten nicht nur dem Opfergedenken, sondern – ablesbar etwa an so typischen wie unspezifischen Inschriften wie »Den Lebenden zur Mahnung« – auch der einsichtigen Abkehr von der nationalsozialistischen Vergangenheit und der Verpflichtung auf eine bessere Zukunft. Als pädagogisch relevant wurden die Orte ehemaliger NS-Verbrechen allerdings erst viele Jahre nach Kriegsende entdeckt, und diese Entwicklung verlief in der DDR und der Bundesrepublik sehr unterschiedlich. Während die ehemaligen Konzentrationslager in beiden deutschen Staaten Jahre lang als nicht erhaltenswert galten und vielfältig nachgenutzt wurden, richtete die DDR zwischen 1958 und 1961 drei so genannte Nationale Mahn- und Gedenkstätten auf den Geländen der ehemaligen Konzentrationslager Buchenwald, Ravensbrück und Sachsenhausen ein. Daneben erinnerte eine Vielzahl kleinerer Gedenkstätten und Geschichtskabinette an unterschiedlichen Orten an die NS-Vergangenheit. Die großen Mahn- und Gedenkstätten verfügten bereits früh über pädagogische Abteilungen. In ihrer Ausrichtung auf ein Opfergedenken im Sinne eines vornehmlich antifaschistischen Heldengedenkens und in ihrer Aufgabe, an jenen für das »andere Deutschland« als symbolträchtig geltenden Orten staatsbürgerliche Erziehung zu betreiben, entsprach ihre Funktion allerdings der von klassischen Krieger- und Heldendenkmalen des 19. Jahrhunderts: Diese Orte bestätigten im Angesicht des Todes der eigenen Opfer, nämlich der Antifaschisten, die Staats- und Gesellschaftsform des Sozialismus. Sie dienten Jahre lang weniger der historischen Aufklärung als der antifaschistischen Erziehung und in diesem Rahmen auch den Ritualen der Inkorporation in die sozialistische Gesellschaft wie etwa der Jugendweihe oder Soldatenvereidigungen.

In der Bundesrepublik waren es vor allem die jeweiligen Häftlingsverbände, die lange Zeit für den Erhalt der KZ-Gelände und gegen deren Nutzung als Flüchtlingssiedlungen, Gefängnisareale oder Industrieflächen kämpften. Auf die Gestaltung der erst Jahrzehnte nach Befreiung der Lager eingerichteten Gedenkstätten und Ausstellungen hatten sie in vielen Fällen maßgeblichen Einfluss. Auch das Selbstverständnis der Einrichtungen prägten sie mit der an die nachfolgenden Generationen gerichteten politischen Botschaft »Nie wieder!« stark mit. Aus dieser nur scheinbar konkreten Forderung leiten sich bis heute politische und pädagogische Programme ab, die jeweils sehr unterschiedliche Ausprägungen gefunden haben.

Bei der Gestaltung des Geländes wie auch der Ausstellung der ersten KZ-Gedenkstätte Dachau, die im Mai 1965 eingeweiht wurde, ging es aber vor allem um die Beweisführung für die schiere Existenz des Terrors und noch kaum um pädagogische Aufklärung. Dennoch kann die Dokumentation der am Ort verübten Massenverbrechen als Paradigmenwechsel hinsichtlich der Funktion und Nutzung der Gedenkstätten angesehen werden, weil der Ort selbst nicht mehr nur als Gedenkort wahrgenommen wurde. Bergen-Belsen und Flossenbürg erhielten ebenfalls Mitte der 1960er Jahre erste bescheidene Dokumentationen, auch in Neuengamme wurde von der internationalen Lagergemeinschaft ehemaliger Häftlinge ein Dokumentenhaus gefordert. 1965 wurde hier aber zunächst ein größeres Denkmalsensemble eingeweiht. Die »Denkmalserneuerungen« an den Orten ehemaliger Konzentrationslager stehen in einem politischen Kontext, in dem mit dem Eichmannprozess 1961/62, den Auschwitzprozessen 1963–1965 und dem Beginn der so genannten Verjährungsdebatten die Verbrechen in den Konzentrationslagern gesellschaftlich virulent waren.[1] Seither wurde das Schweigen über den Holocaust allmählich von einer sich verstärkenden Aufmerksamkeit für die Erinnerung daran abgelöst. Auf die Wahrnehmung der Gedenkstätten als pädagogisch bedeutsame Orte hatten allerdings weder die Prozesse unmittelbaren Einfluss noch die so genannte antisemitische Schmierwelle von 1959/60, die als Ausdruck mangelnder historischer Aufklärung verstanden wurde und zur Konsequenz hatte,

1 Zum Kontext dieser Entwicklung vgl. Reichel, S. 188–192 (Verjährungsdebatten).

dass das Thema Nationalsozialismus als verbindlicher Lerngegenstand für den Geschichts- und Gemeinschaftskundeunterricht festgelegt wurde.

Erst seit den späten 1970er Jahren, die von der zeithistorischen Forschung inzwischen als Übergang von der Phase der »Vergangenheitsbewältigung« zur »Vergangenheitsbewahrung« angesehen wird, konnten bürgerschaftliche Initiativen und Geschichtswerkstätten in der alten Bundesrepublik gegen öffentliche Autoritäten an meist fast vergessenen Orten nationalsozialistischer Verfolgung regionale Gedenkstätten erstreiten. Diese Initiativen richteten sich häufig gegen das Schweigen der Anwohner und der eigenen Eltern und Großeltern. Ein Schweigen, das in seiner doppelten Bedeutung erfahren wurde: als Schweigen der Zuschauer in der Zeit des Nationalsozialismus und als Beschweigen der eigenen Verstrickung in das Regime des Terrors in der Nachkriegszeit. Die Gedenkstätten, die aus diesen politischen Auseinandersetzungen entstanden, wurden ausdrücklich als »Lernorte« konzipiert und setzten sich damit nicht nur von einem traditionellen Gedenkstättenverständnis ab, sondern bildeten einen deutlichen Gegenpol zur offiziellen Geschichtspolitik der Bundesrepublik bezüglich des Nationalsozialismus. Mit ihnen wurde die Erinnerung an die Geschichte des Nationalsozialismus von den meist abgelegenen Orten ehemaliger Konzentrationslager zurück in die Wohnorte geholt. Es entstanden Gedenkstätten in frühen KZs und einstigen Synagogen, die sich in den Ortszentren befanden. Durch Ausstellungen und Veranstaltungen sollte eine staats- und gesellschaftskritische Auseinandersetzung mit dem Nationalsozialismus als Lernerfahrung vor Ort oder in der Region ermöglicht werden. Gedenkstätten sollten keine Orte habituellen Gedenkens mehr sein, sondern Orte »aktiver Erinnerung«. Dieses Selbstverständnis veränderte auch die Wahrnehmung der bestehenden KZ-Gedenkstätten und trieb deren Entwicklung als pädagogisch nutzbare und bedeutsame Orte voran. Beeinflusst war diese Entwicklung von der geschichtsdidaktischen Diskussion um das historische Lernen an »authentischen« Orten, das sich in der Entdeckung des »Lernortes Museum« – einer Parallele zum »Lernort Gedenkstätte« – zur direkten Auseinandersetzung mit dem historischen Material spiegelte.[2]

Dass die Selbstbeschreibung der Gedenkstätten als Lernorte nach 1990 offiziell anerkannt wurde und die Gedenkstätten heute als gesellschaftlich weitgehend akzeptierte und politisch kaum noch umstrittene Einrichtungen der Bundesrepublik Deutschland gelten, zeigt am sinnfälligsten die im Jahre 2000 in Kraft getretene und 2007 aktualisierte Gedenkstättenkonzeption des Bundes. Seither ist die staatliche Förderung jener Gedenkstätten möglich, deren nationale Bedeutung anerkannt wird – wenn auch die Ausstattung der Gedenkstätten noch immer weit unter dem Niveau von Museen mit vergleichbaren Besucherzahlen liegt. Die nach 1990 eingerichteten Gedenkstätten für die Opfer der stalinistischen Verbrechen und des

2 Vgl. Kuhn, Annette / Schneider, Gerhard (Hg.): Geschichte lernen im Museum, Düsseldorf 1978.

SED-Unrechts werden in dieser Förderrichtlinie als prinzipiell gleichgestellte Einrichtungen behandelt, was politisch stark umstritten ist. Als ein Förderkriterium unter anderen wird von den Einrichtungen ein pädagogisches Konzept verlangt. Dadurch wird ihnen faktisch ein öffentlicher Bildungsauftrag verliehen. Damit scheint sich der Typ der pädagogischen Gedenkstätte in der Bundesrepublik Deutschland durchgesetzt zu haben.

Gedenkstättenpädagogik – Aufgaben, Ziele, Spannungsfelder

Auch der Begriff der Gedenkstättenpädagogik hat sich im Zug der pädagogischen Aufladung des westdeutschen Geschichtsdiskurses über den Nationalsozialismus in den 1980er Jahren allmählich als gängige Bezeichnung für die Vermittlungstätigkeit von und in Gedenkstätten etabliert. Die inhaltliche Ausgestaltung des Begriffs beruht nach wie vor fast ausschließlich auf der Auseinandersetzung mit den NS-Verbrechen und umfasst erst in Ansätzen auch die pädagogische Beschäftigung mit der politischen Verfolgung durch die SED-Diktatur. Die Frage nach Gemeinsamkeiten und Unterschieden in der Vermittlung der von diesen ausgesprochen unterschiedlichen Regimen begangenen Verbrechen und ihrer Auswirkungen ist bislang aber nicht ausreichend diskutiert.

Als gemeinsames Merkmal von Gedenkstättenpädagogik gilt heute die Orientierung an der Bedeutung des je konkreten Ortes in der Vermittlungsarbeit, also etwa die Ortsbezogenheit der zur Darstellung von Geschichte herangezogenen Dokumente. Allerdings trifft dies für die pädagogische Auseinandersetzung mit jeglichen historischen Orten zu und bestimmt keinesfalls Inhalte und Besonderheiten von Gedenkstättenpädagogik im Gegensatz zu anderen Formen der ortsbezogenen Geschichtsvermittlung. Auch die als wichtigste Aufgabe der Gedenkstättenpädagogik angesehene Vermittlung und Darstellung aktuellen, wissenschaftsorientierten Wissens erscheint nicht unbedingt gedenkstättenspezifisch. Gedenkstättenpädagogik, so vage der Begriff auch ist, zeichnet sich vor allem durch den Anspruch aus, dieses Wissen »anders« als etwa der Geschichtsunterricht zu vermitteln, andere Schwerpunkte zu setzen und andere Blickwinkel auf Geschichte zu wählen. Ein zentrales Merkmal ist neben der Ortsgebundenheit vor allem die Vermittlung des Geschehenen an Hand von Biografien, insbesondere aus der Perspektive der ehemaligen Häftlinge und Verfolgten. Die Auseinandersetzung mit einzelnen Lebensgeschichten soll – dies gilt zumindest für den Erinnerungsdiskurs zum Nationalsozialismus – die viele Jahre weitgehend aus dem öffentlichen Bewusstsein ausgegrenzten Opfer rehabilitieren, ihnen eine Stimme geben, zu Empathie mit ihnen auffordern und ein Gedenken an sie ermöglichen oder fördern.

Gleichzeitig soll die Auseinandersetzung mit Geschichte und Biografien aber auch für gegenwärtige gesellschaftliche Probleme, insbesondere solche, die in enger Verbindung mit der NS-Geschichte gesehen werden – Rassismus, Antisemitismus, Fremdenfeindlichkeit etc. –, sensibilisieren und konkrete Handlungsmöglichkeiten aufzeigen. Beide Ansprüche, die empathische Hinwendung zu den Opfern und der Transfer von Wissen zu Handeln bilden zusammen eine geradezu paradoxe Aufforderung, die theoretisch schon seit geraumer Zeit als Spannung zwischen zweckfreiem Gedenken und Instrumentalisierung des Leidens zum Zwecke der Läuterung diskutiert wird. Aber auch für sich genommen stellen beide Aufgaben keine geringen Herausforderungen der Gedenkstättenpädagogik dar. Denn während Einfühlungsvermögen eine Fähigkeit ist, die nicht erst in der Gedenkstätte erlernt werden kann, und emotionale Auseinandersetzungen mit Personen und Themen im Alltag tendenziell individuell und selbstbestimmt stattfinden, soll dieser Prozess hier pädagogisch angeleitet, das heißt sowohl in Gruppen arrangiert als auch in einen vorab zumindest grob geplanten Ablauf eingepasst werden.

Die Aufgabe der Aktualisierung von Geschichte im Sinne einer Handlungsorientierung für die Gegenwart berührt wiederum ganz andere Fragen: Zum einen ist die Übertragung von Wissen auf Handeln aus pädagogischer Sicht zwar selbstverständlich wünschenswert, sie ist aber fast genauso unwahrscheinlich. Zum anderen steht die Forderung »aus der Geschichte zu lernen« in offensichtlicher Spannung zu der nach einer Vermittlung von historiografisch exakten Kenntnissen. Eine solche genaue Darstellung bringt durch ihre Differenzierung geschichtlicher Zusammenhänge mit sich, dass streng genommen überhaupt keine handlungsgerechten Konsequenzen für die Gegenwart gezogen werden können. Ein didaktisch angemessener Weg wäre es, den Adressaten der pädagogischen Angebote die Schlussfolgerungen selbst zu überlassen, was jedoch eine hohe Anforderung an sie stellt, Uneindeutigkeit auszuhalten und gerade auf der Grundlage dieser Ambiguität handlungsfähig zu sein. Biografien werden z. B. dann so auszuwählen sein, dass sie eher die Dilemmata erkennbar machen, in denen sich Handelnde in der NS-Zeit befanden, als dass sie diejenigen vorstellen, deren Entscheidungen als moralisch vorbildlich fungieren könnten. Der Gegenwartsbezug des historischen Lernens realisiert sich hier in der Schärfung des Blicks für die Schwierigkeit des »richtigen« Handelns.

Gedenkstättenpädagogik ist geprägt von dem Vermächtnis der Opfer. Das Gespräch mit den Überlebenden, das am Anfang der Errichtung vieler dieser Institutionen stand, setzt die Gedenkstättenpädagogen in die Rolle derjenigen, die die Erzählungen und die Botschaft der Überlebenden weiter tragen. Die pädagogische Arbeit in Gedenkstätten für die Opfer des Nationalsozialismus ist daher stark von dem Impuls der Tradierung geprägt. Dieser ist nicht darauf beschränkt, Kenntnisse darüber zu vermitteln, was an den jeweiligen Orten geschehen ist. Nicht nur die Erzählung davon »wie es gewesen ist« haben die Überlebenden den

Nachgeborenen als Botschaft hinterlassen, sondern darüber hinaus den Imperativ des »Nie wieder!«. Gerade diese moralische Botschaft muss nach dem Sterben der Überlebenden neu interpretiert werden. Die Beschäftigung mit der Geschichte beinhaltet daher auch ein besonderes Potential für die politische Bildung: Auseinandersetzungen mit den Grundlagen des demokratischen Zusammenlebens, Themen aus dem Feld der Demokratiepädagogik und Menschenrechtserziehung sind so zum Kernbestand der pädagogischen Angebote an Gedenkstätten geworden.[3]

Zwischen Stolpersteinen und Flächendenkmalen

Einen Gegenpol zu den »Flächendenkmalen« der großen Gedenkstätten wie Buchenwald, Dachau oder Auschwitz bilden die »Stolpersteine«, die seit 2000 in vielen Gemeinden verlegt werden.[4] Hier wird an Personen erinnert, die von dem markierten Ort abtransportiert wurden. Damit wird die biografiegeleitete Herangehensweise der Gedenkstättenpädagogik an den Orten des individuellen Lebens aufgegriffen, die sich auch in der Vielzahl kommunaler Gedenkstätten ausdrückt. Sie bieten häufig die Möglichkeit, an Studientagen zur Regionalgeschichte des Holocaust oder des Nationalsozialismus zu arbeiten.

Die didaktische Entscheidung, ob und an welchem Punkt eines Lernprozesses eine große KZ-Gedenkstätte oder eine regionale Gedenkeinrichtung die größeren Lernchancen bietet, sollte sachlich abgewogen werden. Es ist eine verbreitete Erwartung, dass die Konfrontation mit den Spuren des Grauens in der KZ-Gedenkstätte notwendig zu einer intensiveren Auseinandersetzung mit der Geschichte des Nationalsozialismus oder mit Fragen der demokratischen Grundwerte der Gegenwart führe. Die Beobachtungen von Gruppen bei Gedenkstättenfahrten relativieren diese Erwartung. Es hängt nicht zuletzt von der Rückbindung an die Geschichte der eigenen Heimatgemeinde ab, ob die Besucher eine Verbindung zwischen ihrem Leben und den Ereignissen und Biografien entwickeln, die in der Gedenkstätte präsentiert werden. Umgekehrt zeigen Erfahrungen in den regionalen Gedenkstätten und mit Spurensuche-Projekten am Heimatort ein großes Spektrum an Themen, die sich mit dem heutigen privaten und politischen Alltag verbinden. Dabei kann das Wiedererkennen von Orten oder die Erkenntnis perso-

3 Vgl. Scheurich, Imke: Historisch-politische Bildung in KZ-Gedenkstätten. Ein Forschungsprojekt zur aktuellen Fachdebatte, in: Jah, Akim u. a. (Hg.): Nationalsozialistische Lager. Neue Beiträge zur NS-Verfolgungs- und Vernichtungspolitik und zur Gedenkstättenpädagogik, Münster 2006, S. 187–201; Haug, Verena / Thimm, Barbara: »Aus der Geschichte lernen?«, www.fritz-bauer-institut.de/texte.htm (1. 5. 2008), S. 13 ff.

4 Informationen zu den regionalen Initiativen sind erreichbar über die Website des Künstlers Gunter Demnig: www.stolpersteine.com (9. 5. 2008).

neller Kontinuitäten ebenso eine Rolle spielen wie die Übernahme von Verantwortung für die Gestaltung von Gedenkorten oder -zeremonien.

Die großen Gedenkstätten haben mit ihrem vielfältigen Angebot an Themen und dokumentarischem Material einen völlig anderen Charakter als regionale Gedenkorte. In den KZ- und Euthanasie-Gedenkstätten wird spezialisiertes Wissen für die Vermittlung aufbereitet. Zumeist ist ein Besuch mit einer Führung durch die Gedenkstätte, oft auch durch die historische Ausstellung verbunden. Dabei wird eine Erzählung über diesen Ort vermittelt, durch die »Wissen in Verbindung mit einem Wertehorizont«[5] gesetzt wird. Die Art und Weise, wie die Gedenkstättenpädagogen über die Geschichte des Lagers und über den Umgang mit den Verbrechen in der Nachkriegszeit erzählen, vermittelt eine Haltung zur Geschichte, die eine klare moralische Wertung und hohe Verbindlichkeit als Vorbild zeigt. Ein daran anschließendes pädagogisches Angebot kann eine Vertiefung dieser Erzählung durch die Arbeit mit Quellen oder eine auf die politische Bildung orientierte Auseinandersetzung mit Fragen der Demokratie und der Menschenrechte zum Gegenstand haben.

Die Erwartung, dass Gedenkstätten heute vor allem Orte der historischen und politischen Bildung seien, wird von den vielfältigen kulturellen Funktionen, die sie durch die Geschichte und Nachgeschichte des Holocaust haben, durchkreuzt: Sie sind eben nicht nur Lernorte, sondern gleichzeitig Orte eines historischen Reliktes, Friedhöfe, Denkmale und Museen. Jonathan Webber schreibt über Auschwitz, es sei Friedhof, touristischer Zielort, Museum, und all dies sei es zugleich auch nicht. Auf jeder dieser Ebenen entstehen unterschiedliche Formen der Repräsentation von Geschichte. »Es ist genau das Nichtvorhandensein einer inneren Übereinstimmung der Teilaspekte, die Existenz einer derartigen inneren Widersprüchlichkeit, die es so schwierig macht, das heutige Auschwitz zu begreifen.«[6]

5 Knigge: Statt eines Nachworts, S. 430.

6 Webber, Jonathan: Die Zukunft von Auschwitz. Materialien Nr. 6, Frankfurt a. M.: Fritz Bauer Institut, o. J., S. 6.

Literatur

Eschebach, Insa: Öffentliches Gedenken. Deutsche Erinnerungskulturen seit der Weimarer Republik, Frankfurt a. M. 2005.

Gedenkstättenrundbrief 100 (2001).

Knigge, Volkhard, Statt eines Nachworts: Abschied von der Erinnerung. Anmerkungen zum notwendigen Wandel der Gedenkkultur in Deutschland, in: Ders. / Norbert Frei (Hg.), Verbrechen erinnern. Die Auseinandersetzung mit Holocaust und Völkermord, München 2000, S. 423–440.

Puvogel, Ulrike / Stankowski, Martin, unter Mitarbeit von Ursula Graf: Gedenkstätten für die Opfer des Nationalsozialismus. Eine Dokumentation, Bd. 1 und 2, überarbeitete und erweiterte Auflage Bonn 1995 / 1999.

Reichel, Peter: Politik mit der Erinnerung. Gedächtnisorte im Streit um die nationalsozialistische Vergangenheit, München / Wien 1995.

www.gedenkstaetten-uebersicht.de/WebObjects/ITF.woa/wa/europa.

www.gedenkstaettenforum.de.

Tillmann Bendikowski

Geschichte erzählen – Geschichte verkaufen

Freiberufliche Historiker auf dem »Markt für Geschichte«

»Selbst wenn die Geschichte zu nichts anderem zu gebrauchen wäre«, so formulierte es Marc Bloch vor über sechs Jahrzehnten in seiner atemberaubenden *Apologie der Geschichtswissenschaft*, »müsste man ihr zugute halten, dass sie unterhaltsam ist.«[1] An dieser Stelle sei es angesichts des gestellten Themas erlaubt, dieses Zitat ein wenig abzuwandeln. Ein freiberuflicher Historiker unserer Tage könnte nämlich formulieren: »Selbst wenn die Geschichte zu nichts anderem zu gebrauchen wäre – so darf ich ihr zumindest zugute halten, dass man mit ihr tadellos Geld verdienen kann.«

Für die meisten Vertreter der Geschichtswissenschaft und Teile des historisch interessierten Publikums ist es wohl noch immer anrüchig, wenn Geschichte als »Ware« betrachtet und allzu offensichtlich ihr ökonomischer Wert taxiert wird. Dabei wird allerdings in der Regel übersehen, dass es längst einen lukrativen »Markt für Geschichte« gibt, auf dem freiberufliche Historiker als vergleichsweise neue Erscheinung zu den wichtigen Akteuren zählen. Sie bieten bekannte und neue Waren feil, versuchen die etablierte Kundschaft von den traditionellen Anbietern abzuwerben oder durch neue Produkte und Strategien neue Käuferschichten zu gewinnen. Die Etablierung dieses Marktes hat die Geschichtskultur im Land verändert und wird sie weiter verändern – mit bislang noch nicht absehbaren Folgen.

Der Markt für Geschichte

Die Entstehung eines Marktes für Geschichte vollzog sich analog zum tiefgreifenden Wandel, der den gesamten Kultursektor und den Kulturarbeitsmarkt in Deutschland in den vergangenen Jahren ergriffen hat. Einsparungen der öffentlichen Hand und die zunehmende Bedeutung der privaten Kulturwirtschaft haben einen neuen Typus von Anbietern auf dem Kultursektor hervorgebracht, der unlängst zutreffend als »neuer Kulturunternehmer« bezeichnet wurde.[2] Er wird in aller Regel verstanden als Kleinst- und Kleinunternehmer, der sich auf diesem Markt

1 Bloch, Marc: Apologie der Geschichtswissenschaft, oder: Der Beruf des Historikers, Stuttgart 2002, S. 8.
2 Mandel, S. 7.

nicht selbst als Künstler versteht, sondern vielmehr als Dienstleister auftritt. Als solcher agiert er zumeist in interdisziplinären Zusammenhängen und an Schnittstellen zwischen Kunst und anderen Bereichen wie Wissenschaft oder Wirtschaft.[3]

Die zahlreichen freiberuflichen Historiker, die sich seit einigen Jahren in Deutschland – mit recht unterschiedlichem ökonomischen Erfolg – etablieren, lassen sich durchaus zu dieser Gruppe der neuen Kulturunternehmer rechnen. Die Bedingungen für ihre Existenz verdanken sie dabei in erster Linie keineswegs nur der eigenen Innovation (wobei diese letztlich maßgeblich über den Erfolg auf dem Markt entscheidet). Vielmehr zogen sich die etablierten Geschichtsinstitutionen in den vergangenen Jahren als Ansprechpartner in Sachen Vergangenheit immer mehr zurück: Finanzielle und personelle Einschränkungen prägen inzwischen geradezu selbstverständlich den Alltag vor allem in den Museen (einzelne Prestigeprojekte seien hier einmal außer Acht gelassen), in Forschungsinstituten oder Universitäten. In vielen Museen – vor allem kleineren und mittleren – waren und sind die wissenschaftlichen Mitarbeiter mit dem Bestandschutz des Magazins oder der Betreuung bestehender Dauerausstellungen weitgehend ausgelastet.

Freiberufliche Historiker sind angesichts dieser Rahmenbedingungen aus zweierlei Gründen hoch willkommen: Einerseits erscheint das Outsourcing für die etablierten Kultureinrichtungen als eine Möglichkeit, die notwendigen oder vermeintlich notwendigen Einsparungen im Personalbereich nach außen weiterzugeben – Freiberufler erscheinen einfach billiger (dass dieser Entwicklung hinsichtlich der gelieferten Qualität und Professionalität einer Kooperation Grenzen gesetzt sind, registrierten viele dieser Institutionen indes erst nach zuweilen schmerzhaften Erfahrungen). Andererseits sind viele dieser Einrichtungen inzwischen personell nicht mehr in der Lage, zusätzliche Projekte wie Sonderausstellungen oder Forschungsvorhaben vergleichsweise kurzfristig zu bewältigen – die Kooperation mit externen Anbietern wird so schlichtweg unverzichtbar.

Gleichzeitig mit dem finanziellen Rückzug der öffentlichen Hand verstärkt sich das Engagement privatwirtschaftlich finanzierter Projekte. Die Unternehmensgeschichtsschreibung hat längst den engen Rahmen universitärer Forschungsprojekte verlassen. Unter dem Schlagwort »History Marketing« haben sich keineswegs nur große Konzerne, sondern inzwischen auch mittelständische und kleine Unternehmen diesem Aspekt von Geschichtsvermittlung zugewendet. Sie haben eine kreative Unternehmensgeschichte als Gelegenheit für ihre Image-Pflege entdeckt, von ihr erhoffen sie sich eine willkommene Unterstützung bei der Herstellung von Vertrauen, Glaubwürdigkeit und Sympathie.[4]

3 Ebd., S. 7 f.

4 Schug, Alexander: History Marketing. Ein Leitfaden zum Umgang mit Geschichte in Unternehmen, Bielefeld 2003.

Chancen für junge Historiker

Die Etablierung des Marktes für Geschichte bietet jungen Historikerinnen und Historikern zunächst zahlreiche Vorteile. Hier eröffnet sich ein neues Berufsfeld, das viele von ihnen bei Studienbeginn noch gar nicht als aussichtsreiche Chance für eine fachbezogene Beschäftigung wahrnahmen – hinzu kommt, dass auch ihre akademischen Lehrer aufgrund ihres mangelnden Wissens über dieses Berufsfeld kaum brauchbare Hinweise auf diese möglichen Perspektiven geben können. Während für den Berufseinstieg im akademischen Betrieb (und erst recht beim Einstieg in die Lehrerlaufbahn) enge Voraussetzungen bestehen, bietet der Markt für Geschichte jungen Historikerinnen und Historikern einen ausgesprochen niedrigschwelligen und unkonventionellen Berufseinstieg. Hier können sie nach erfolgreichem Studienabschluss auch ohne die üblichen Qualifizierungsnachweise (Promotion oder Habilitation) relativ schnell eigenverantwortlich historisch arbeiten.

Wie bei jeder Selbständigkeit, so eröffnen sich auch bei freien Anbietern auf dem Markt für Geschichte rasch Möglichkeiten für Projekte, die für die meisten Studierenden des Faches einige Jahre zuvor noch undenkbar waren: Neben vergleichsweise traditionellen Aufträgen wie der Konzeption von Ausstellungen, dem Verfassen von Büchern oder der Recherche von historischen Informationen für Medien oder Forschungseinrichtungen hält der Markt inzwischen zahlreiche neuartige Projekte bereit. Dazu zählt das erwähnte »History Marketing«, die Erforschung und Dokumentation von Familiengeschichten (die zuweilen gar nicht im eigentlichen Sinne »veröffentlicht« werden, sondern nur in begrenzter Auflage im Besitz der jeweiligen Familie bleiben) oder auch die Inszenierung von Kulturveranstaltungen, die anlässlich eines historischen Ereignisses oder Jahrestags ausgerichtet werden. Die Vielfalt solcher Projekte ermöglicht jungen Historikerinnen und Historikern auch die Chance, in oft unbekanntem Ausmaß interdisziplinär zu arbeiten. Dazu müssen sie allerdings auch bereit und in der Lage sein: Eine funktionierende Kommunikation mit Museumspädagogen oder Marketingexperten, mit Designern oder Archivaren, mit Lokaljournalisten oder Fotografen ist dafür unverzichtbar.

Doch den Möglichkeiten zum Berufseinstieg und der Etablierung auf dem Markt für Geschichte stehen auch Nachteile gegenüber. An erster Stelle die eventuelle prekäre Einkommenssituation: Die wenigsten Berufsanfänger steigen auf einem finanziellen Niveau ein, das ihnen eine Bezahlung adäquat zu einer universitären Laufbahn ermöglicht. Weil es anfangs den Freiberuflern an Erfahrung bei der Kalkulation eines Projektes und der nötigen Durchsetzungsfähigkeit bei den Vertragsverhandlungen mit den in der Regel erfahreneren Partnern (etwa Museen mit langjähriger Routine in der Kalkulation von Personalkosten) fehlt, arbeiten viele zunächst unter ihren finanziellen Möglichkeiten. Zugleich geben sie diese prekäre Einkommenslage oft weiter: Wenn sie in den ersten Jahren schon Mitarbeiter beschäftigen, so in der Regel in Form freier Mitarbeiterschaft. Hierbei werden angemessene Löhne ebenso umgangen wie eine Verantwortung für die Sozialversicherung. Auch bei inzwischen etablierten Geschichtsagenturen hat sich übrigens die Unsitte unbezahlter oder schlecht bezahlter, dafür aber langer Praktika etabliert. Wer diesen Weg als Berufseinstieg einschlagen möchte, ist deshalb gut beraten, vorher seinen fachlichen Wert als potenzielle Arbeitskraft genau einzuschätzen.

Wenn die ersten Hürden überwunden sind, bieten sich den freiberuflichen Historikerinnen und Historikern allerdings durchaus günstige Bedingungen, eine gute oder sehr gute Bezahlung für ihre Arbeit zu erzielen. Die Chance dazu bietet sich vor allem jenen, die auch im Studium bereits das Fach in seiner ganzen Breite studiert und sich anschließend thematisch breit fortgebildet haben. Der Markt für Geschichte verlangt gerade nach solchen Generalisten: Ein Neuzeithistoriker muss auch in der Lage sein, bei ausreichender Vorbereitung das Leben und Werk des antiken Geschichtsschreibers Tacitus adäquat darzustellen oder verlässlich über die Schifffahrt im Mittelalter zu referieren. Statt zunehmender Spezialisierung verlangen Käufer und Publikum von den freiberuflichen Historikern in viel höherem Maße epochen- und fächerübergreifende Fähigkeiten als von Historikern an den Universitäten. Diese gelten gemeinhin als Experten für bestimmte Segmente der Geschichte, werden in Interviews gerne zu diesen Bereichen befragt – doch ihre Kompetenz für andere Epochen und Fragen der Geschichte wird oft genug bezweifelt. Der freiberufliche Historiker kann sich hier als Generalist etablieren, der ja keineswegs alles wissen muss, der sich aber im Sinne seiner Auftraggeber schnell und zuverlässig in neue Themen einarbeiten kann.

Folgen für die Geschichtskultur

Die Etablierung dieses Marktes für Geschichte bleibt für die Geschichtskultur nicht ohne Folgen: Neben den etablierten Institutionen der Geschichtserforschung und Geschichtserzählung versorgen bereits jetzt freie Anbieter die Öffentlichkeit mit Erzählungen über die Vergangenheit; gemeinsam tragen sie inzwischen zum öffentlichen Reden über die Vergangenheit bei. Ihr Verhältnis ist dabei gleichermaßen von Kooperation wie Konkurrenz geprägt, wobei es durchaus Mischformen gibt.

Eine Kooperation zwischen beiden Seiten ist sicherlich immer dann gegeben und von allen gewünscht, wenn freie Anbieter gerade bei der Präsentation wissenschaftlicher Inhalte zu Hilfe kommen. Sie verfügen über eigene Kenntnisse zur zeitgemäßen Inszenierung von Geschichtserzählungen oder eben über ein funktionsfähiges Netzwerk, mit dem sie andere Professionen sinnvoll einbinden können.

Eine intime Kenntnis der Marktmechanismen ermöglicht ihnen auch die Refinanzierung eines Projekts oder eventuell sogar die Erwirtschaftung eines finanziellen Gewinns. Von einer solchen Kooperation profitieren die etablierten Geschichtsanbieter. Diese wiederum werden inzwischen immer wieder von selbständigen Geschichtsagenturen angefragt, um ihr Expertenwissen für einzelne Projekte zur Verfügung zu stellen. Freiberufliche Historiker erhalten so unmittelbaren Zugang zu aktuellen Forschungserkenntnissen - im Gegenzug stellen sie eine finanzielle Entschädigung in Aussicht, die angesichts der Sparmaßnahmen an den Universitäten immer willkommener werden.

Zugleich sind und bleiben universitäre und freiberufliche Historikerinnen und Historiker immer auch Konkurrenten. Der Markt für Geschichte bietet zwar viele Möglichkeiten - doch er ist nicht unbegrenzt. Die Freiberufler müssen immer bemüht sein, auch in jene Bereiche einzubrechen, in dem sich universitäre Historikerinnen und Historiker bislang selbstverständlich als die einzigen Experten verstanden. Die Beratung von großen Fernsehproduktionen oder die Konzeption einer Firmengeschichte - hier agieren freie Anbieter heute längst flexibler und schneller als Universitäten. Es ist ein Zeichen der Zeit, dass für eine 90-minütige historische Fernsehproduktion der ARD, die zweimal im Jahr zur besten Sendezeit um 20.15 Uhr ausgestrahlt wird, in den Jahren 2007 und 2008 eine freie Geschichtsagentur mit der historischen Beratung betraut wurde.[5] Hier entschied sich die zuständige Produktionsfirma nach ersten Kontakten mit universitären Einrichtungen schließlich für eine solche Agentur, weil diese sich sowohl zeitlich flexibler zeigte, Erfahrungen mit den Bedürfnissen und Bedingungen einer Fernsehproduktion besaß und sich zudem bereiterklärte, den gesamten Zeitraum der Weltgeschichte vom antiken Ägypten bis zur Geschichte der DDR mit dem benötigten Fachwissen abzudecken.

Folgenreich für die Geschichtskultur sind die unterschiedlichen Motive von freien Anbietern wie universitären Historikern (wobei an dieser Stelle darauf hingewiesen sei, dass es längst Mischformen der Existenzen gibt: Manch ein Historiker sichert seine freiberufliche Tätigkeit noch durch eine Teilanstellung ab). Die historischen Lehrstühle dienen einerseits der Ausbildung des akademischen Nachwuchses, andererseits müssen sie sich der Forschung widmen, sind also in einem traditionellem Sinn mit der Produktion und Bewahrung des historischen Wissens beschäftigt. Ihre Alimentation war lange Zeit unabhängig von aktuellen Arbeiten gesichert, inzwischen ist die Einwerbung von Drittmitteln für Lehrstuhlinhaber zu einer wichtigen Sicherung der eigenen Arbeitsmöglichkeiten geworden.

Bei den freiberuflichen Historikerinnen und Historikern ist die Motivlage eindeutiger. Abgesehen davon, dass sie Freude an der Beschäftigung mit Geschichte

5 Die Sendung »Pilawas großes Geschichtsquiz« lockte bei ihren Start im März 2007 über sechs Millionen Zuschauer an die Fernseher, der Verfasser dieses Textes übernahm mit seiner »Medienagentur Geschichte« die fachliche Beratung.

haben, wollen sie in erster Linie Geld verdienen: Sie verkaufen Geschichte. Sie erzählen jene Geschichte und Geschichten, die auf dem freien Markt nachgefragt werden. Von ihrem kaufmännischen und strategischen Geschick hängt es ab, ob sie es darüber hinaus auch schaffen, eine Nachfrage für ein von ihnen geschätztes, aber dem Publikum wenig zugänglichen Thema zu schaffen. In aller Regel ist es für sie zweitrangig, ob der Erwerb gerade dieses von ihnen zur Verfügung gestellten Wissens nun gesellschaftlich sinnvoll oder wünschenswert ist (im Idealfall mag das so sein). Doch entscheidend ist für den selbstständigen Historiker, ob sich diese Geschichte auch verkauft.

Gern verdrängt wird in diesem Zusammenhang allerdings die Frage, inwieweit sich freie Anbieter auch in inhaltlicher Hinsicht von ihrem Auftraggeber abhängig machen. Gerade eine freie Unternehmensgeschichtsschreibung – aber keineswegs nur sie – steht immer wieder im Verdacht, von den Interessen und historischen Urteilen der Kunden beeinflusst zu werden. Und ohne Frage: Solche Situationen der versuchten (oft wohl auch ungewollten) Einflussnahme gehören zum Geschäft der freien Anbieter. Ihrem Geschäftsethos bleibt es überlassen, auf solche Begehrlichkeiten zu reagieren. An dieser Stelle darf allerdings nicht der Eindruck entstehen, der universitären Beschäftigung mit Geschichte seien solche tatsächlichen oder versuchten Einflussnahmen fremd. Für Museen oder andere Kulturinstitutionen gilt dies ebenso: Vom Hauptsponsor bis zum Provinzpolitiker vor Ort gehören solche Begehrlichkeiten auch hier zum täglichen Geschäft – und nicht immer können sich die Historikerinnen und Historiker in ihrer praktischen Arbeit vollständig gegen solche Versuche zur Wehr setzen.

Ohne Frage bedeutet die Etablierung eines Marktes für Geschichte deshalb eine Kommerzialisierung der Geschichte – das klingt allerdings dramatischer, als es ist: Auch Universitäten waren und sind mit ihren Forschungen oft genug von gesellschaftspolitischer Nachfrage und den Geldern einer keineswegs immer unabhängigen Forschungsförderung abhängig. Positiv gewendet, könnte man bis zu einem gewissen Grad vielmehr von einer Demokratisierung von Geschichte sprechen: Die ausschließliche Verfügungsgewalt der etablierten Institutionen wird aufgebrochen, neue Möglichkeiten der Teilhabe an und des Konsums von Geschichte werden erschlossen.

Wozu Geschichte zu gebrauchen ist

Wohin diese neue Entwicklung letztlich führt, ist noch offen. Ohne Frage ist zunächst eine bessere Kommunikation zwischen den freien Anbietern und der Wissenschaft notwendig – hier ist vor allem die Geschichtsdidaktik gefragt, die noch immer oft genug in einem übergroßen Maß mit den Aspekten der Lehrerausbildung beschäftigt ist. Die Kommunikation zwischen der universitären Geschichtsdidaktik und der alltäglich stattfindenden Geschichtsvermittlung durch freie Anbieter ist derzeit nicht ausreichend. Dabei könnten beide Seiten davon zweifellos profitieren. Besonderes Interesse an einer funktionierenden Kommunikation dürften allen voran die Studierenden haben: Sie könnten die Einsicht erhalten, dass es nach Abwägung der individuellen Voraussetzungen gute Gründe für ein freiberufliches Engagement gibt - und gute Gründe dagegen.

Alle Beteiligten einer solchen Debatte könnten sich zugleich lustvoll mit der Frage auseinandersetzen, wozu Geschichte eigentlich zu gebrauchen ist. Dass sie unterhaltsam ist, daran erinnert das eingangs angeführte Zitat von Marc Bloch. Dass sich damit Geld verdienen lässt, das erfahren immer mehr freiberufliche Historiker. Dass Geschichte Sinnstiftung bietet, als gesellschaftliches Kapital unverzichtbar und im Kern immer mehr als eine Ware ist - darüber sollten sich alle Besucher auf dem Markt für Geschichte immer wieder verständigen.

Literatur

Mandel, Birgit: Die neuen Kulturunternehmer. Ihre Motive, Visionen und Erfolgsstrategien, Bielefeld 2007.

Beate Schreiber

Think History! Facts & Files Historisches Forschungsinstitut Berlin

Neben den Universitäten und den etablierten akademischen Forschungseinrichtungen wie der Max-Planck-Gesellschaft oder der Leibniz-Gemeinschaft haben sich in der Geschichtswissenschaft vor allem im letzten Jahrzehnt zahlreiche andere Institutionen etabliert, die sich der historischen Forschung zuwenden. Es ist das Phänomen zu beobachten, dass zunehmend Historiker und Archivare freiberuflich arbeiten und Unternehmen gründen, die sich der historischen Forschung bzw. Aufbereitung von historischen Quellen widmen.

In diesem Beitrag möchte ich eines dieser neuen Unternehmen vorstellen: Das Historische Forschungsinstitut Berlin Facts & Files. Facts & Files wurde 1999 von Frank Drauschke, mir und einem inzwischen ausgeschiedenen Historiker als Partnerschaftsgesellschaft, einer Rechtsform der freien Berufe, gegründet. Das Büro von Facts & Files befindet sich in Berlin. Wir arbeiten im Moment mit zwölf Mitarbeiterinnen und Mitarbeitern zusammen, die zumeist Geschichtswissenschaften studiert haben. In den letzten Jahren haben wir insgesamt mit einigen hundert freien Mitarbeitern kooperiert. Seit der Gründung unseres Unternehmens gab es ein für uns überraschend starkes Medieninteresse an unserer Arbeit. Facts & Files wurde häufig als eines der Unternehmen porträtiert, die sich erfolgreich in der neuen Branche der so genannten »Geschichtsagenturen« positioniert hatten. Nicht zuletzt dieses starke öffentliche Interesse macht deutlich, wie ungewöhnlich es in Deutschland immer noch ist, wenn Geisteswissenschaftler den Schritt von der universitären Forschung hinein in die Selbstständigkeit »wagen«. Allerdings verwundert es in der Regel niemand, wenn Historiker in vollkommen fachfremden Bereichen arbeiten. In der Bundesrepublik gibt es heute etwa 35 kleinere Unternehmen und selbstständige Historiker, die in die Branche der Geschichtsagenturen einzuordnen wären. Die überwiegende Mehrzahl von ihnen ist erst in den letzten Jahren gegründet worden. Weltweit ist die Lage nicht ganz überschaubar, allein in den USA gibt es aber mindestens drei größere Firmen, die teilweise schon über 25 Jahre existieren.

Neben der Unabhängigkeit von staatlicher Subvention unterscheiden sich Geschichtsagenturen von der akademischen Forschung vor allem dadurch, dass sie Dienstleistungen anbieten, deren Grundlage wissenschaftliche Kompetenzen sind. Man könnte das Verhältnis von Geschichtsagenturen zur akademischen Welt etwa mit dem Verhältnis von Rechtsanwälten zu den Juristischen Fakultäten der Universitäten vergleichen. So wie Anwälte sich den praktischen Aspekten der Rechtswissenschaft widmen, betreiben Geschichtsagenturen angewandte Geschichtswissenschaft.

Während es bei einem Rechtsanwalt selbstverständlich ist, dass er seine akademische Ausbildung gegen Bezahlung im Auftrag eines Mandanten »einsetzt«, wird die Dienstleistung eines Historikers oft noch skeptisch beurteilt. Aus der scheinbaren »Kluft« zwischen akademischer Forschung und Markt ergeben sich für die Skeptiker mannigfaltige Probleme, vor allem hinsichtlich der Ansprüche auf Unabhängigkeit und Objektivität der erbrachten Leistungen.

Dabei wird jedoch aus den Augen verloren, dass es in den letzten 15 Jahren in Deutschland eine Entwicklung gegeben hat, bei der – meist im Zusammenhang mit den Klagen gegen deutsche Banken und Versicherungen in den Vereinigten Staaten wegen ihrer unaufgearbeiteten NS-Vergangenheit – Unternehmen Aufträge an universitäre Institute vergeben haben. Vor allem unter dem starken Sparzwang haben sich nach den Naturwissenschaften zunehmend auch die geisteswissenschaftlichen Fakultäten in der Pflicht gesehen, u.a. über die Wirtschaft so genannte »Drittmittel« zu beschaffen. Nicht selten war diese »Praxisorientierung« eines Lehrstuhles ausschlaggebend für dessen Erhalt – trotz sonst rigider Sparmaßnahmen.

Auf diese Weise wurden akademische Forscher praktisch durch Druck von außen angehalten, eine Dienstleistung gegenüber einem Auftraggeber zu erbringen. Und immer wieder war und ist bei den öffentlichen Präsentationen dieser »Auftragsforschungen« zu bemerken, dass gerade von den beauftragten Historikern ständig betont wird, dass die Forschungsergebnisse vollkommen unbeeinflusst und unabhängig vom Auftraggeber erbracht wurden.

Wir haben die »Ausgliederung« dieser Dienstleistungen aus dem oft schwerfällig anmutenden akademischen Betrieb einer Universität als Chance betrachtet und so kam einer unserer ersten selbständigen Forschungsaufträge auch von einem Drittmittelprojekt am Lehrstuhl für Zeitgeschichte der Humboldt-Universität zu Berlin. In den folgenden Jahren haben wir für uns – wie andere Geschichtsagenturen auch – im Grunde den »Markt« für historische Expertise weiter erschlossen und kontinuierlich das Spektrum der von uns angebotenen Dienstleistungen erweitert.

Mittlerweile gibt es zwischen den einzelnen Agenturen hinsichtlich der angebotenen Leistungen und auch der Art der Präsentation der Ergebnisse von Untersuchungen einige Unterschiede. Während wir immer darauf bedacht waren, möglichst eine breite Palette von historischen Dienstleistungen anzubieten, haben sich andere auf bestimmte Themen oder Kundengruppen spezialisiert. So gibt es heute Agenturen, die ausschließlich Unternehmensgeschichten verfassen. Gemeinsam bleibt den Geschichtsdienstleistern eines: Wie Facts & Files bieten sie Dienstleistungen an, die in dieser Art und Weise von Universitäten oder anderen akademischen Einrichtungen nicht erbracht werden können bzw. nicht erbracht werden wollen.

Anders als akademische Institutionen mussten wir unsere eigenen Strukturen und Abläufe selbst entwickeln, was oft im laufenden Arbeitsprozess geschah und nur selten durch die Lektüre von Management-Beratungsbüchern. Damit sind wir in der Organisation von Prozessen deutlich unabhängiger als die akademischen Institutionen. Gleichzeitig sind wir mit unseren Projekten von den Strukturen unserer Auftraggeber abhängig, worauf man sich einstellen und was man im Honorar ein kalkulieren muss.

Was sind nun aber die Hauptkriterien, die uns als Anbieter von den »Auftragsforschungen« der akademischen Forschungseinrichtungen unterscheiden? Wir definieren Projekte nicht über Personalstellen, sondern über die Ziele. Daraus leitet sich die Planung der Ressourcen ab. Wir haben meist feste Termine zur Abgabe der Ergebnisse und müssen damit auch alle Schwierigkeiten und Probleme allein kompensieren. Obwohl dies eher wie ein Nachteil anmutet, gibt es auch Vorteile: Wir können unabhängig von Haushaltsordnungen Recherchen planen und auch umsetzen. Unsere Rahmenbedingungen bestimmen wir selbst und sind damit flexibler als Universitäten.

Der inhaltliche und methodische Anspruch der Arbeit von Facts & Files unterscheidet sich dagegen nicht von dem der akademischen Landschaft. Das höchste Gut eines Geschichtsdienstleisters wie Facts & Files ist natürlich die wissenschaftliche Reputation. Anders als Wissenschaftler an Universitäten haben wir uns praktisch täglich einer Evaluierung zu stellen. Ein schlampig abgeschlossenes Forschungsprojekt oder eine oberflächlich durchgeführte Recherche haben für uns schnell auch finanzielle Konsequenzen: Wir würden so das Vertrauen unserer Kunden verlieren und nicht weiter empfohlen werden. Das Interesse unserer Auftraggeber ist es in der Regel, eine Dokumentation zu erhalten, auf eine Analyse hin zu recherchieren oder Darstellungen zu bekommen, die auf »harten« und damit nachprüfbaren Fakten beruhen. Und gerade diese Nachprüfbarkeit erfordert eine wissenschaftlich einwandfreie Arbeitsweise.

Während Zweifel an der Qualität unserer Arbeit bisher nicht laut wurden, sah sich Facts & Files, wie auch praktisch alle anderen Geschichtsdienstleister, schon seit der Gründung mit der kritischen Frage konfrontiert, wie wir, angesichts der Tatsache, dass unsere Forschungen bezahlt werden, die Unabhängigkeit unserer Arbeit gewährleisten können. Die Bewahrung unserer Unabhängigkeit als Forscher rangiert für uns auf einer Ebene mit dem wissenschaftlichen Anspruch an unsere Arbeit. Dass wir in erster Linie gegen Honorar arbeiten, bedeutet für uns, dass wir unabhängig bleiben können und eine Leistung und Expertise anbieten, die dann entweder angenommen wird oder nicht.

Seit dem Bestehen von Facts & Files haben wir wenige in unseren Augen unseriöse Anfragen, bekommen, in denen es u. a. um Recherchen ging, deren Ergebnisse eindeutig zur Denunziation von Privatpersonen verwendet werden sollten. Wir haben diese potentiellen Aufträge nicht angenommen, bewahrten dafür strikt unsere Unabhängigkeit und hatten noch nie den Fall, dass unsere Auftraggeber gegen unsere wissenschaftliche Meinung Studien oder andere Ergebnisse geändert hätten.

Es ist auch bisher auch noch kein Auftraggeber mit der Bitte um Erarbeitung etwa eines tendenziösen Gutachtens oder einer bewusst verfälschenden Firmengeschichte auf uns zugekommen. Möglicherweise basiert die Aufregung um die durch die Auftragsforschung bedrohte wissenschaftliche Unabhängigkeit daher auch nur auf einem Vorurteil.

Trotz der angeführten Unterschiede zwischen akademischer Forschung und der Arbeit der Geschichtsdienstleister ist die Kooperation zwischen diesen beiden »Polen« besonders fruchtbar, gerade angesichts der enormen Vielfalt an historischen Themen. Wie reibungslos diese Zusammenarbeit funktionieren kann, zeigt sich immer wieder bei vielen Konferenzen oder Veröffentlichungen, die wir in den letzten Jahren zusammen mit universitären Einrichtungen organisiert haben. Diese Zusammenarbeit ermöglicht einen regen Austausch, von dem letztlich beide Seiten – und auch die Öffentlichkeit – profitieren.

Unsere Auftraggeber konfrontierten uns mit mannigfaltigen Themen, die uns eine breite Auswahl an Aufgaben eröffneten. Dies wäre sicher bei einer Arbeit an einem Lehrstuhl nicht der Fall. Das Spektrum unserer Arbeit reicht von den obligatorischen Archiv- und Literaturrecherchen über die Erstellung von Datenbanken, Archivierungen bis hin zu Publikationen, Ausstellungen, wissenschaftlichen Studien und Gutachten. Unsere Spezialleistungen sind die historische Kommunikation für Unternehmen und andere Institutionen, die Provenienzrecherchen zu Kunstgütern, das Drehbuchlektorat für Film- und Fernsehproduktionen, Bild- und Zeitzeugenrecherchen, die Erstellung von historischen Multimediaproduktionen, History Marketing und Fact Checking.

Eine formale Beschränkung auf eine historische Epoche gibt es bei Facts & Files nicht – unsere Projekte reichen von der Mitarbeit an einer Ausstellung über den ägyptischen Pharao Tutanchamun bis zur redaktionellen Erstellung einer Website über politische Opposition von Jugendlichen in der DDR. Trotzdem sind wir natürlich auf einige bestimmte Felder spezialisiert: so sind zeithistorische Projekte, wirtschaftshistorische Themen und die didaktische Aufbereitung von historischen Informationen für Schulen einige unserer Schwerpunkte.

Wir arbeiten im Auftrag von Rechtsanwälten, Bundesbehörden, Museen, internationalen Kommissionen, Archiven, Filmproduktionen, Universitäten, Journalisten, Stiftungen und Privatleuten. Nur selten können wir mit einem Jahr für ein Projekt planen, mitunter handelt es sich um Recherchen über gerade einmal sechs Stunden. In vielen Fällen steht uns für die Bearbeitung unserer Aufträge nur eine kurze Zeitspanne von mehreren Tagen oder ein bis zwei Wochen zur Verfügung. Dies erfordert neben der inhaltlichen Kompetenz vor allem auch eine gute Büroorganisation und ein verlässliches Netzwerk an Mitarbeitern und Experten.

Projektbeispiele

Als »Grundlagenforschung« können alle Projekte bezeichnet werden, die sich auf die Basis aller historischer Forschung beziehen: auf die Quelle. Bearbeitung und Erschließung von Quellen, meist in Form von Akten, konnten wir bereits sehr intensiv betreiben. So haben wir in Archiven auf der ganzen Welt zu Lebensversicherungsansprüchen von NS-Verfolgten recherchiert. Die *International Commission on Holocaust Era Insurance Claims* (ICHEIC) initiierte ein Verfahren zur Entschädigung von Lebensversicherungsansprüchen, die aufgrund der Verfolgung durch den Nationalsozialismus nicht ausgezahlt wurden. Da viele Anspruchsteller heute keine Dokumente über diese Policen besitzen, wurde ein ergänzendes Rechercheprojekt gestartet. Von 2000 bis 2003 recherchierten wir im Auftrag der ICHEIC und ab Herbst 2002 auch im Auftrag der Stiftung »Erinnerung, Verantwortung und Zukunft« mit lokalen Teams in zahlreichen europäischen Archiven. Dabei wurden Akten analysiert, die den Vermögensentzug und die Verfolgung der jüdischen Bevölkerung durch die Nationalsozialisten dokumentieren.

Dokumente, die Angaben zu Lebensversicherungspolicen von Verfolgten enthalten, wurden gescannt und in einer Datenbank erfasst. Insgesamt sind mehr als 600.000 personenbezogene Akten in über fünfzig Archiven aus elf Ländern nach Relevanz durchgesehen und Angaben zu ca. 75.000 Policen von ca. 55.000 Policeninhabern zusammengetragen worden. Die gescannten Dokumente dienen zur Verifikation und als Beweismittel für die Anspruchsbearbeitung. Viele Ansprüche konnten nur durch die Rechercheergebnisse belegt und dadurch entschädigt werden.

Außerdem inventarisieren wir im Auftrag des *United States Holocaust Memorial Museums*, Washington D.C., seit über fünf Jahren deutsche Akten, die sich auf den Nationalsozialismus beziehen. Das USHMM *International Acquisition Program* dient der Sammlung von Akten in europäischen Archiven, die die Verfolgung und Ermordung der jüdischen Bevölkerung in Europa dokumentieren. Im Bundesarchiv Berlin hat Facts & Files zunächst Akten ausgewertet, die sich als »NS-Archiv« des DDR-Ministeriums für Staatssicherheit im Zwischenarchiv Dahlwitz-Hoppegarten befanden. Zu Beginn der 1950er-Jahre hatte das Ministerium für Staatssicherheit begonnen, in Berlin-Hohenschönhausen eine zentrale Sammlung personenbezogener Unterlagen für »operative« Zwecke aus vielfältigen Quellen zusammenzutragen. Seit drei Jahren werten wir die Akten der Justizbehörden aus den Jahren 1933 bis 1945 aus. In diesen Akten spiegelt sich die Verfolgung von Kommunisten und Sozialdemokraten durch die Nationalsozialisten wider. Ebenso beinhalten die Bestände Dokumente zu Verfahren gegen Juden, die wegen Devisenvergehens, »Rassenschande« oder »Volksverhetzung« durch die nationalsozialistische Justiz angeklagt wurden. Außerdem haben wir im Rahmen dieses Projekts Akten verfilmen lassen, die aus Opferverbänden wie der *Vereinigung der Verfolgten des Naziregimes* stammen. Diese Akten enthalten detaillierte Informationen über Konzentrations- und Vernichtungslager.

Diese beiden vorgestellten Projekte zeigen auch, dass neben der Konzeption die Verwendung von moderner Technik bei der Digitalisierung von Dokumenten und den von uns erstellten Datenbanken ganz zentral für die Bewältigung der Aufgaben ist.

Ein mit viel eigenem Engagement von uns seit 2004 bearbeitetes Projekt thematisiert die Biographien von 927 Deutschen, die zwischen 1950 und 1953 von Sowjetischen Militärtribunalen in der DDR zum Tode verurteilt und in Moskau erschossen wurden. Dieses Projekt wurde von der Stiftung zur Aufarbeitung der SED-Diktatur initiiert und von ihr finanziert. In russischen und deutschen Archiven konnten bisher völlig unbekannte bzw. verschlossene Akten erstmals eingesehen und ausgewertet werden. Bei den Recherchen arbeiteten wir mit der russischen Menschenrechtsorganisation Memorial in Moskau zusammen, die in den russischen Geheimdienstarchiven forschte. Die Ergebnisse dieser Arbeiten veröffentlichten Memorial und wir in einer Wanderausstellung und einem Buch mit dem Titel »Erschossen in Moskau …«. Dabei kooperierten wir mit vielen Museen, Gedenkstätten und Kommunen. Viele Familienmitglieder der in Moskau Erschossenen hatten kaum Kenntnisse über das Schicksal ihrer Verwandten und haben erst durch unser Buch und die Ausstellung davon erfahren.

Neben diesen in der Zeitgeschichte angesiedelten Projekten haben wir aktuell für eine Ausstellung über den Grabschatz des ägyptischen Pharao Tutanchamun Fotos, Karten und Filmmaterial recherchiert. Zusätzlich erarbeiteten wir für die Ausstellung Arbeitsmaterial für den Schulunterricht. Unsere Idee, historische Informationen über das alte Ägypten in einem Quartettkartenspiel unterzubringen, griffen die Ausstellungsmacher auf und so bekommt jedes Kind, das die Ausstellung besucht, ein Kartenspiel.

Die Anforderungen solcher Ausstellungsprojekte kennt wahrscheinlich jeder, der schon einmal in einem Museum gearbeitet hat. Wesentlich sind Koordination, Sprachkompetenz, Phantasie und natürlich fachliche Kompetenz – in unserem Fall von ägyptischer Geschichte. So haben wir eigens für dieses Projekt eine Ägyptologin in unser Team aufgenommen.

Ein weiterer Arbeitsbereich von Facts & Files ist die Erstellung von Gutachten, z. B. zur »Arisierung« jüdischen Vermögens, zu Zwangsarbeit zwischen 1933 und 1945 und zur Aktenüberlieferung von Unternehmen. Diese Gutachten sind ein streng wissenschaftlicher Service, jedoch auf die spezifischen Fragestellungen der Auftraggeber ausgerichtet. Hier sind es meist juristische Probleme, zu denen wir recherchieren, die Informationslage prüfen und dann schlüssig darstellen. Wir markieren dabei deutlich, wie die Quellenlage ist und welche Dokumente gefunden und ausgewertet werden konnten.

So haben wir z. B. für die Entschädigung von Zwangsarbeitern für die Stiftung

Erinnerung, Verantwortung und Zukunft Gutachten zur Verfolgung der jüdischen Bevölkerung in Bulgarien, Rumänien und Serbien geschrieben, die dabei ganz spezifisch die Regelungen des Zwangsarbeitergesetzes im Blick hatten. Dezidiert haben wir nach Zeugenaussagen recherchiert, die über die Arbeits- und Haftbedingungen Auskunft gaben, weil dies die wesentlichen Kriterien für die Entscheidung über eine Entschädigung waren.

Die Faktenüberprüfung (»Fact Checking«) ist ein Service, den wir für Werbe- oder PR-Agenturen und Filmproduktionen anbieten. Damit reagieren wir auf die Informationsflut des Internets, die sich mitunter aus bewusst oder unbewusst verfälschten, verkürzten, verzerrten oder unklaren Fakten speist. Wir haben ein Schema entworfen, nach dem wir Texte prüfen: Wir zerlegen diese in Cluster, kommentieren jeden einzelnen davon und hinterlegen dies mit Nachweisen, vorrangig aus der wissenschaftlicher Literatur oder aus Archiven.

Anders als die Faktenüberprüfung ist die Beratung für Drehbücher für Filmproduktionen eine sehr spezifische Aufgabe, die sich zudem danach richtet, ob es sich um einen Dokumentar- oder ein Spielfilm handelt. Wir prüfen u. a. bei Spielfilmen die Authentizität von Situationsbeschreibungen und die Glaubwürdigkeit der Szenarien. Für Dokumentarfilme recherchieren wir Dokumente, Bildmaterial und Zeitzeugen.

Im Laufe der fast neun Jahre, die es Facts & Files gibt, konnten wir unser Tätigkeitsspektrum und damit auch unseren Service immer wieder erweitern und genauer anpassen. Wir haben über 400 Projekte bearbeitet. Um gleichzeitig an verschiedenen Themen arbeiten zu können, entwickelten wir unser eigenes Projektmanagement. Recherchen in Archiven sind mitunter sehr langwierig und es kann durchaus sein, dass man vier Monate auf die Kopien wartet. Das heißt eben auch, dass wir uns darauf einstellen und dies entsprechend kompensieren müssen – dazu gehört u. a., dass alle Recherchen bereits im Archiv genauestens dokumentiert werden.

Wir konnten durch unsere großen Projekte Kompetenzen im IT-Bereich entwickeln, die für Historiker eher ungewöhnlich sind. Die Nutzung der elektronischen Hilfsmittel erleichtert die Dokumentation und hilft zudem, unseren Mandanten die Ergebnisse maßgeschneidert zu übergeben. Vor allem in den ersten Jahren der Existenz von Facts & Files sind wir häufig auf Skepsis bei deutschen Archiven gestoßen. Mittlerweile ist es uns aber gelungen, diese Skepsis abzubauen und wir kooperieren inzwischen sehr erfolgreich mit Staats- und Wirtschaftsarchiven und auch dem Bundesarchiv. Jedermann, der auf gesichertes Wissen angewiesen ist, wird auf die Kompetenzen und Dienstleistungen von Historikern zurückgreifen wollen, wenn diese überzeugend vermittelt werden. Die Attraktivität von richtigen Informationen beschert uns allen damit eine äußerst interessante Aufgabe.

Rulf Jürgen Treidel

Historische Erfahrungen im Urlaub
Vom Tagesausflug zur Studienreise

Den regelmäßig von der Welttourismusorganisation in Madrid veröffentlichen Daten zufolge handelt es sich beim Tourismus um einen der weltweit bedeutendsten Wirtschaftszweige. Zu den wichtigsten Reisemotiven gehören wirtschaftliche und religiöse Gründe sowie die persönliche bzw. berufliche Bildung. Der Erholungstourismus gewann erst im späten 19. Jahrhundert quantitativ an Bedeutung.

Menschen auf Reisen begegnen Geschichte mit heterogenen Erfahrungen, in vielgestaltigen Formen und mit unterschiedlicher Intensität. In diesem Zusammenhang ist der Ausflüge in die Umgebung des Urlaubsortes unternehmende Erholungsreisende genauso als Geschichtstourist zu betrachten wie der hervorragend vorbereitete klassische Bildungsreisende.

Geschichtstourismus als Erscheinungsform des Kulturtourismus

Die Kategorie *Kulturtourismus* ist in der Tourismuswissenschaft nicht abschließend definiert. Ein gemeinsamer Nenner vieler Autoren findet sich im Verständnis des Kulturtourismus als touristische Nutzung baulicher Relikte, Gebäude und Kultureinrichtungen genauso wie von historischen Schauplätzen und Kulturveranstaltungen. Kulturtouristische Aktivitäten umfassen etwa folgende Bereiche:

- Besichtigungen von Museen
- Rundgänge in historischen Ortskernen
- Besuche historischer Schlachtfelder und anderer nationaler Gedenkstätten
- Besuche von Monumenten des UNESCO-Weltkulturerbes
- Besuche musikalischer Veranstaltungen
- Städtereisen.

Bei den meisten dieser Aktivitäten findet eine Begegnung mit Geschichte statt, die sich u. a. auf folgenden individuellen Grundlagen ereignet:

- Der Tourist besucht das Objekt mit einem gezielt historischen Interesse.
- Der Reisende möchte sich an schönen und beeindruckenden alten Gebäuden erbauen.

- Der Reisende möchte eine Stadt oder Landschaft in allen Facetten kennenlernen.
- Der Reisende sucht die Begegnung mit der »Größe« oder dem »Versagen« der eigenen Identitätsgemeinschaft.

Bei der Abgrenzung des Geschichtstourismus vom Kulturtourismus spielt die historische Herrichtung des jeweils besuchten geographischen Raumes oder einzelner Objekte eine wichtige Rolle. Kulturtouristische Objekte sind nicht aus sich heraus historische Gegenstände, sondern werden vielmehr aktiv mit Geschichte aufgeladen. Dabei liegen dem Geschichtstourismus etwa folgende Aspekte zugrunde:

- Das Objekt wird einem historisch bedeutsamen Bildungskanon zugerechnet.
- Die Destination macht durch ein erfolgreiches Geschichtsmarketing von sich reden.
- Der Reisende beschafft sich seine historische Neugierde anregende Informationen.

Geschichtstourismus unterliegt immer der Gefahr einer »Erfindung von Traditionen« oder der häufig verfälschenden Folklorisierung. Im Folgenden werden einige Reiseformen aufgeführt, bei denen Geschichtstourismus eine Rolle spielt. Es handelt sich dabei keineswegs nur um den Typ der klassischen Bildungs- oder Studienreise. Um die Möglichkeiten des Geschichtstourismus vollständig auszuloten, ist ein breiterer Ansatz erforderlich, der die unterschiedlichen touristisch-logistischen Konstanten der jeweiligen Reiseformen einzubeziehen hat.

Der Ausflug zu den historischen Sehenswürdigkeiten einer Urlaubsregion

Regelmäßig unternehmen mehr als zwei Drittel der deutschen Bevölkerung eine oder mehrere Urlaubsreisen pro Jahr, wobei das Reisemotiv der *Erholung* an erster Stelle steht. Trotzdem handelt es sich bei der Urlaubsreise um das neben der Städtereise quantitativ bedeutendste Feld für den Geschichtstourismus. Menschen im Urlaub betreiben Sport, interessieren sich für kulinarische Genüsse und Einkaufen, halten sich am Wasser auf und unternehmen Ausflüge in der Urlaubsregion. Dabei gilt es landschaftliche Schönheiten zu entdecken, in historischen Städten zu wandeln und Museen oder historisch bedeutsame Bauwerke zu besuchen. In diesen Zusammenhängen betreiben die Menschen Geschichtstourismus, weil sie Geschichte in der einen oder anderen Form suchen oder ihnen Geschichte eher zufällig begegnet.

Die generelle Attraktivität eines bestimmten Reiseziels bestimmt sich für den Urlauber u. a. aufgrund folgender Kriterien:

- Klima einer Reiseregion
- Kosten des touristischen Angebots
- Individuelle Interessenlage (Strand, Berge oder Geschichte?)
- Hinweise durch Destinationsmarketing (z. B. Fremdenverkehrsämter) und Reiseveranstalter

Meistens liegt eine Mischung vieler Faktoren einer Reiseentscheidung zugrunde. Einer Vielzahl von Menschen wird es zunehmend wichtiger, die besuchte Region vollständiger kennen zu lernen. Zu einem Urlaub an der spanischen Costa del Sol gehört entsprechend der Besuch der Alhambra in Granada oder der Mezquita in Córdoba. Beim Besuch dieser Monumente ist der Gast tatsächlich Teil einer geschichtstouristischen Massenbewegung.

Für die eigentliche Ausflugsgestaltung gibt es unterschiedliche Varianten. In Urlaubsorten existiert eine allgemeine Nachfrage nach organisierten Busfahrten zu den regionalen Sehenswürdigkeiten. Wer an der Costa del Sol seinen Urlaub verbringt, findet etwa viele Angebote für Fahrten nach Granada. In den Kurorten des Teutoburger Waldes werden regelmäßig Ausflüge zum mutmaßlichen Schauplatz der Varusschlacht in Kalkriese angeboten. Die Fahrten werden von Reiseleitern mit technischen Aufgaben begleitet. Die Führungen im Objekt müssen in der Regel offiziell legitimiert sein und von Personen durchgeführt werden, die dem regionalen Qualifikationsprofil entsprechen. In vielen europäischen Ländern ist ein abgeschlossenes Touristikstudium Voraussetzung für die Tätigkeit als Fremdenführer. Geschichte, Fremdsprachen sowie Didaktik und Methodik bilden die wesentlichen Aspekte der meisten derartigen Ausbildungsgänge.

Viele Urlauber entdecken die nähere Umgebung des Urlaubsortes individuell. Reisen innerhalb Deutschlands werden meistens mit dem eigenen Fahrzeug durchgeführt. Bei Flugreisen wird immer häufiger ein Mietwagen dazu gebucht, mit dem sich die Urlaubsregion erkunden lässt. Die meisten Urlauber informieren sich in diesen Fällen über Reiseführer, Materialien der Fremdenverkehrsämter, Broschüren im Hotel oder im Internet über die Attraktionen der Ferienregion. Besichtigungen werden dann häufig im Alleingang durchgeführt. Führungen nehmen die Urlauber in einzelnen Objekten (wo sie auch häufig obligatorisch sind) in Anspruch oder bedienen sich immer mehr der vor Ort zur Verfügung gestellten Audio-Guides.

Eine erfolgreiche Vermittlung von Geschichte hängt vom Marketing des Objekts und der Informationsgestaltung vor, während und nach der Reise ab. Hier sollten sich Historiker umfassend einbringen.

Städtereisen

Städtereisen mit wenigen Tagen Dauer bilden eines der größten Wachstumssegmente im touristischen Markt. Zum Kennenlernen von Städten gehören neben dem Besuch besonderer Ausstellungen oder musikalischer Ereignisse fast immer geschichtstouristische Aktivitäten. Am Anfang steht die Besichtigung der Stadt und ihrer Attraktionen. Spätestens bei diesen Objekten stößt der Besucher auf Geschichte. Informationsquellen sind hier wieder Reiseführer, die der Besucher vor oder während der Besichtigung konsultiert, Materialien der Fremdenverkehrsämter oder auch Stadtführungen.

Auf dem Markt agieren erfolgreiche Reiseveranstalter wie z.B. die im Forum *Neue Städtetouren* zusammengeschlossenen zwanzig *Stattreisen*-Teams. *Stattreisen* hat sich auf die historisch und didaktisch anspruchsvolle Durchführung von Stadtbesichtigungen spezialisiert und nimmt damit eine Sonderstellung unter deutschen Veranstaltern ein. In diesem Bereich sind auch viele lokale Agenturen oder engagierte Einzelanbieter tätig, die allerdings nur selten über ein geschlossenes historisch-didaktisches Konzept verfügen.

Die Studienreise

Bei der Studienreise handelt es sich um eine klassische Form des Geschichtstourismus. Bereits in der Antike oder der *Grand Tour* der frühen Neuzeit spielten historische Objekte eine große Rolle. Die meisten Studienreisen sind inhaltlich nach wie vor durch die Begegnung mit Geschichte geprägt. Bei den von kommerziellen Reiseveranstaltern organisierten Fahrten steht zwar in der Regel eine vertiefte, mit Erlebniselementen angereicherte Landeskunde im Mittelpunkt. Meistens ergibt sich automatisch durch die Auswahl der Besichtigungsobjekte der historische Bezug, da die Streckenführungen entlang der als *Sehenswürdigkeiten* charakterisierten Objekte verlaufen. Besucht werden Denkmäler, historische Städte, Museen, sakrale Bauwerke und vieles mehr.

Der deutsche Markt für die Studienreisen kommerzieller Reiseveranstalter bewegt sich seit etwa zehn Jahren vergleichsweise konstant bei ca. 250.000 Kunden pro Jahr[1]. Studienreisende haben in der Regel höhere Schulabschlüsse als der Durchschnitt aller Reisenden und verfügen über ein höheres Einkommen. Marktführer auf diesem Gebiet sind die Firmen *Studiosus* und *Gebeco* mit den Marken *Dr. Tigges* bzw. *Gebeco Länder erleben*. Als Studienreise werden darüber hinaus die Exkursionen gemeinnütziger Organisationen bezeichnet, die sich häufig mit

1 Vgl. Steinecke, S. 277–283.

politischer Bildung oder einem speziellen Thema beschäftigen. Dazu sind etwa die von Parteien, Volkshochschulen, Stiftungen und Kirchengemeinden organisierten Reisen zu rechnen. Bei diesen Fahrten ist der inhaltliche Anspruch in der Regel intensiver ausgeprägt als bei der allgemein länderkundlichen Studienreise der kommerziellen Veranstalter, die immer auch den Urlaubscharakter bewahren muss.

In der Studienreise kumulieren die bisher genannten Aspekte des Geschichtstourismus. Es liegen keine detaillierten Marktuntersuchungen über das Geschichtsbild von Studienreisenden vor. Die auf diesem Gebiet tätigen Reiseveranstalter schließen aus dem Verkaufserfolg und der Erfahrung, dass die meisten Studienreisenden ein vertieftes Interesse an der Auseinandersetzung mit dem jeweiligen Zielgebiet haben, bei der Geschichte eine bedeutende, aber keinesfalls die alleinige Rolle spielt.

Den Reisenden werden sowohl einzelne Städte, Museen, kulturelle Einrichtungen, religiöse Stätten und auch historische Orte präsentiert. In den Händen der Organisatoren und vor allem der Reiseleitung liegt das zusammenhängende dramaturgische Gesamtkonzept der Reise. Es gilt das Bildungsinteresse anzusprechen und dabei die heterogenen Lernerfahrungen der Teilnehmer zu berücksichtigen. Gleichzeitig darf die touristische Infrastruktur (Beförderung und Unterkunft) nicht außer Acht gelassen werden, da sich die Reise auf einem hart umkämpften Markt verkaufen lassen muss. Hier greift die generelle Dynamik touristischer Betriebswirtschaftslehre und des Marketings. Insbesondere sind die kalkulatorischen Besonderheiten einer geführten Gruppenreise zu betrachten. Durch eine geschickte Auslastungssteuerung können Umsatzrenditen erwirtschaftet werden, die die der einfachen Flugpauschalreise weit übersteigen. Die Studienreise ist daher ein interessantes Feld für mittelständische Spezialveranstalter, die sich immer wieder attraktive Reiseideen ausdenken. Auch für innovative historische Reiseideen finden sich regelmäßig Marktnischen.

Grundsätzlich geht der Trend in Richtung einer erlebnisorientierten Landeskunde. Die Reisen werden stärker von den klassischen Besichtigungsobjekten entlastet, um mehr Freiräume für die Begegnung mit den sozialen Gegebenheiten zu schaffen. Dabei spielt die Industriearchäologie (z. B. Textilmuseen) genauso eine Rolle wie die regionale Landwirtschaft (z. B. Besuch einer Orangenplantage) und die Kultur. Diese Veränderungen halten sich jedoch in Grenzen und sind v. a. durch die Nachfrage der Kunden getrieben. Von Ausnahmen abgesehen (z. B. *Stattreisen*) verfügen Reiseveranstalter nicht über eine explizit historische Motivation bei der Programmentwicklung. Für den Verkauf zählen in erster Linie Marktgesichtspunkte.

Viele Studienreiseleiter verfügen über eine Ausbildung als Historiker und sind entsprechend zu einer inhaltlich hochwertigen Durchführung der Reise qualifiziert. Für den Reiseveranstalter ist der Studienreiseleiter ein wesentliches Produktmerkmal. Fehlt die entsprechende Qualifikation und Vermittlungskompetenz, stehen den Kunden hohe Entschädigungen zu.

Der Studienreiseleiter ist vor Ort für die inhaltliche Gestaltung der Reise auf Grundlage des ausgeschriebenen Programms verantwortlich. Die akademische Qualifikation ist in der Regel Basis einer Zusammenarbeit mit den einschlägigen Veranstaltern. Fortbildungsmaßnahmen werden von den Unternehmen v. a. in den Bereichen der Didaktik, Methodik, Servicekompetenz und Reiserecht durchgeführt. Einen formalen Ausbildungsgang wie in vielen anderen Ländern gibt es in Deutschland nicht. Der Einstieg in den meistens freiberuflich ausgeübten Beruf hängt von der aktuellen zielgebietsorientierten Nachfrage der Reiseveranstalter ab[2].

Ohne Angebot keine Nachfrage: Das Destinationsmanagement

Die Grundlage jeder touristischen Aktivität ist die Bekanntheit und Attraktivität des Zielgebiets, der so genannten *Destination*. Im Badetourismus wird etwa für die sicheren Klimabedingungen geworben. Auch bei Zielgebieten, in deren Mittelpunkt religiöse Aktivitäten (Mekka oder Rom) oder historische Erlebnisse (Maya-Kulturen in Mexiko oder die Varusschlacht am Rande des Teutoburger Waldes) stehen: Wenn die Destination nicht bekannt ist, wird dorthin keine Reise stattfinden. So ist es etwa als marketingstrategischer Erfolg anzusehen, dass aus einem unscheinbaren Felde am Rande des Teutoburger Waldes die erfolgreiche Touristenattraktion Kalkriese stilisiert werden konnte.

Die Wertigkeit von Geschichte ist in den Augen der Kunden hoch, weil sie im traditionellen Bildungskanon eine große Rolle spielt. Für das lokale Destinationsmanagement ergibt sich die herausfordernde Aufgabe Geschichte in einer für Besucher attraktiven Form aufzubereiten. Für das erfolgreiche Marketing einer Destination sind u. a. folgende Akteure von Bedeutung: Kulturträger (Museen, Theater, Geschichtsvereine etc.), politische Entscheidungsträger, Marketingverantwortliche.

Kulturträger gestalten Objekte für den Geschichtstourismus. Dabei kann es sich um attraktive Ausstellungen, architektonische Maßnahmen zur Erhaltung des kulturellen Erbes oder auch um die Anlage historischer Routen handeln (z. B. die Straße der Romanik oder die Route des Kalifats in Andalusien).

Auf der politischen Ebene ist der Bedeutung von Geschichtstourismus Rechnung zu tragen und gleichzeitig ein touristischer Gesamtplan zu entwickeln. In Sachsen-Anhalt beispielsweise ist ausdrücklich die Förderung des Geschichtstou-

2 Zum Berufsbild des Studienreiseleiters vgl. Nonnemann.

rismus als Landesaufgabe anerkannt und wird vom Landtagsausschuss für Bildung, Wissenschaft und Kultur zielstrebig vorangebracht. Spanien hat sich seit 1898 zu einem der weltweit führenden Zielgebiete nur aufgrund sehr früher strategischer Weichenstellungen auf der politischen Ebene entwickelt. Auch dort wurde regelmäßig nicht nur das gute Klima, sondern eben auch die Kultur und die Geschichte beworben.

Das Destinationsmanagement ist Voraussetzung der touristischen Wertschöpfung, die mit den Leistungsträgern im Zielgebiet beginnt und bei der Kaufentscheidung des Kunden endet. In diesem Kontext sind innovative Angebote zu entwickeln und marktfähig zu gestalten. So wurde z. B. die Entdeckung des industriearchäologischen Erbes vieler englischer Städte zunächst von den jeweiligen Gebietskörperschaften eingeleitet. Für die Erschließung und Aufarbeitung war in der Folge historisches Fachwissen gefragt. Erst nach Schaffung dieser Grundlagen konnten Reiseveranstalter neue Produkte in ihr Portfolio aufnehmen und vermarkten.

Historische Kompetenz im Tourismus

Die erfolgreiche Vermarktung des kulturellen Erbes durch Geschichtstourismus hängt von den historische Inhalte visualisierenden Objekten ab. Diese Objekte werden von Historikern durch den allgemeinen Bildungskanon mit definiert oder konkret am Objekt mit gestaltet. Historiker arbeiten etwa im Museum oder an anderen historischen Stätten, wobei letztlich schon durch die Tätigkeit in der Schule Grundlagen für Geschichtstourismus gelegt werden. Im Unterricht werden historische Orte als wichtig definiert, die durch schulische Exkursionen nur zum Teil besucht werden können.

Eine klassische historische Vermittlungsebene im Tourismus ist die Gäste- oder die Reiseführung. Bei Gästeführern handelt es sich um die Akteure auf lokaler Ebene, die entweder ein einzelnes Objekt oder ein zusammenhängendes Ensemble vorstellen. Reiseleiter sind für die Gesamtgestaltung einer Studienreise verantwortlich. Beiden ist gemein, dass sie in der Regel auf eine heterogen vorgebildete Gruppe treffen und deren individuelle Bedürfnisse bei der Führung aufgreifen müssen. Sie haben gegenüber dem Lehrer den Vorteil einer außerschulischen Bildungssituation. Das Publikum nimmt freiwillig und ohne jeden Zensurendruck an der Veranstaltung teil. Gleichzeitig hat der Reiseleiter auf dem Markt erfolgreiche Ergebnisse zu erzielen.

Historische Kompetenz ist entsprechend bei der Ausbildung von Gästeführern und Reiseleitern, bei der Gestaltung von Informationsmaterial und der Beratung des Marketing gefragt. Im Rahmen der Planung touristischer Produkte für Reiseveranstalter sind einige Historiker auf beratender Ebene tätig. Grundlage hierfür ist ihre Arbeit als Reiseleiter. Die im Zielgebiet gemachten Erfahrungen hinsichtlich der inhaltlichen Ausgestaltung im Verhältnis zum Kundeninteresse und der Veränderung regionaler Gegebenheiten spielen eine wichtige Rolle für die Programmentwicklung. Nur die Reiseleiter haben regelmäßigen Kundenkontakt und liefern so dem Veranstalter wesentliche Informationen über das Kundeninteresse und die Nachfrage nach historisch ausgestalteten Programmen.

Fazit

Die Darstellung verschiedener Reiseformen im Geschichtstourismus hat gezeigt, dass die meisten Menschen auf Reisen Geschichte in irgendeiner Form erleben. Viele touristische Produkte auch im Massenbereich werden von dem Thema mit berührt. Historisches Know-how spielt eine wichtige Rolle insbesondere bei der Erschließung und Bewerbung geschichtstouristischer Objekte. Wesentlich ist dabei das Zusammenspiel mit dem Destinationsmanagement und den wirtschaftlich Verantwortlichen im Reiseveranstalterbereich. Wirtschaftliche und inhaltliche Aspekte müssen sich in diesem Kontext gegenseitig befruchten. Darüber hinausgehend stellen sich bei der Gästeführung und Reiseleitung geschichtsdidaktische Problemfelder, die im Bereich der kommerziellen Reiseveranstalter anders zu lösen sind als im Rahmen gemeinnütziger Vereine. Letztlich geht es um die Abwägung zwischen professionell umgesetzter Inszenierung historischer Objekte und dem Authentizitätsanspruch des jeweiligen Reisepublikums.

Für Historiker ergeben sich interessante Tätigkeitsfelder außerhalb der klassischen öffentlich-rechtlich geprägten Anstellungsverhältnisse. Hier ist Eigeninitiative gefordert und die Fähigkeit zum Aufbau interdisziplinärer Netzwerke. So agieren mittlerweile etwa Agenturen erfolgreich am Markt, die Gebietskörperschaften eine komplette Marktpositionierung ihres kulturtouristischen Potentials anbieten. Voraussetzung ist die vorurteilsfreie Zusammenarbeit von Historikern und Marketingexperten sowie das Gespür für neue Geschäftsideen. Hilfreich ist darüber hinaus die Einbeziehung betriebswirtschaftlicher und marketingstrategischer Aspekte in die individuelle Studienplanung.

Literatur

Landgrebe, Silke / Schnell, Peter (Hg.): Städtetourismus, München 2005.
Nonnemann, Almut: Faszination Studienreiseleitung. Eine kultur- und sozialwissenschaftliche Untersuchung zur Tätigkeit von Studienreiseleitern, Norderstedt 2004 (zugl. Diss. Tübingen).
Rudolphi, Paul: Studienreisen in der Erlebnisgesellschaft. Eine Untersuchung zu den Implikationen der Erlebnisorientierung in der Touristik, Paderborn 2007 (Paderborner Geographische Studien zu Tourismusforschung und Destinationsmanagement 20).
Steinecke, Albrecht: Kulturtourismus. Marktstudien – Fallstudien – Perspektiven, München 2007.
Steckenbauer, G. Christian: Kulturtourismus und kulturelles Kapital. Die feinen Unterschiede des Reiseverhaltens, in: TRANS. Internet-Zeitschrift für Kulturwissenschaften 15 (2003), www.inst.at/trans/15Nr/09_1/steckenbauer15.htm.

Maren Büttner

»Wer das Gestern versteht – kann das Morgen verändern!«

Deutsche Geschichtswerkstätten gestern und heute

»Metaprozesse bekommen vor Ort ein anderes Gesicht. Menschen, ihr Handeln und ihre Erfahrungen werden ›sichtbar‹. Sichtbar werden dann auch Kontinuitäten, Widersprüche wie Brüche, die TrägerInnen sozialer Lasten treten aus dem Schatten der vermeintlich ›Großen‹ und ›Mächtigen‹. Leer- und Blindstellen in der Geschichte der Stadt und der Region werden sichtbar. Der Widerstand Einzelner und kleinerer Gruppen, aber auch das Hinnehmen und Mitmachen der Vielen werden sichtbar. (...) Unser Verständnis von historischer Forschung und historischer Bildung zwingt zur Benennung des gesellschaftlichen Kontextes und zeigt aktuelle politische Optionen auf. Denn: Die Aufgabe der Geschichtswissenschaft besteht mehr denn je darin, den historischen kritischen Blick auf Herrschaftsverhältnisse mit der Frage nach den Bedingungen für soziale Veränderungen zu verbinden.«[1]

So hinterfragt die Geschichtswerkstatt Göttingen e. V. die unterschiedlichsten Bereiche der Lokalgeschichte: Fand die Arisierung im Deutschen Faschismus auch in Göttingen statt? Wer waren die Göttinger Jüdinnen und Juden und was ist aus ihnen geworden? Lässt sich das Arbeiterleben am Beispiel des Göttinger Lokomotivausbesserungswerks veranschaulichen? Wieweit waren die regionalen Arbeits- und Konzentrationslager wie das Frauen- und Jugend-Konzentrationslager Moringen und das Konzentrationslager Mittelbau-Dora den Menschen und ihrer Wahrnehmung entzogen? Wie verlief die Integration der »Flüchtlinge« und »Vertriebenen« durch die besondere Nähe zum Grenzlandlager Friedland in der Göttinger Nachkriegszeit?

Das »Extrablatt für Göttingen und Umgebung zum Tag der Befreiung zum 8. Mai 1945/95«[2] und die seit 1997 jährlich in einem städtischen Bündnis stattfindende Veranstaltungsreihe zum 27. Januar als »Gedenktag für die Opfer des Nationalsozialismus« stehen exemplarisch für die besondere lokal- und alltagsgeschichtliche Arbeit der Geschichtswerkstatt Göttingen e. V.[3] Auch das überregio-

1 Dies schriebt die Geschichtswerkstatt Göttingen e. V. zu ihrem theoretischen und methodologischen Selbstverständnis, nach: www.goest.de/gwgoe.

2 www.goest.de/gwgoe/extrablatt/index.htm.

3 Weitere Projekte der Geschichtswerkstatt Göttingen waren unter anderem: »Göttingen ohne Gänseliesel. Texte und Bilder zur Stadtgeschichte«; »Der Müll verlässt die Stadt. Die Stadt Göttingen und ihre Abfälle vom Mittelalter bis heute.«; »Angeworben – Eingewandert – Abgeschoben. Ein anderer Blick auf die Einwanderungsgesellschaft Bundesrepublik Deutschland«; Aufbau eines

nale Zeitzeugenprojekt »Die anderen Soldaten: Verfolgung – Verweigerung – Widerstand in der deutschen Wehrmacht 1939–1945« wurde im Auftrag der Göttinger Geschichtswerkstatt e. V. realisiert. Ausgangspunkt und zentraler Bezugsrahmen war die Projektarbeit mit ehemaligen Deserteuren der Wehrmacht, die im Rahmen der so genannten »Wehrmachtsausstellung« des Hamburger Instituts für Sozialforschung Eingang in einen starken öffentlichen Diskurs gefunden hatte. Konstitutiv für die politische und wissenschaftliche Auseinandersetzung mit dem Thema war das Verständnis des Zweiten Weltkrieges als Vernichtungskrieg. Durchgeführt wurden fast 20 Zeitzeugeninterviews mit anschließender Archivierung und der Analyse in einer Publikation.[4]

Entstehung

Geschichtswerkstätten sind Gruppen, Vereine oder Initiativen, die sich der Erforschung und Darstellung der regionalen *Geschichte von unten* verpflichtet fühlen. In Skandinavien entstand in den 1970er Jahren nach Sven Lindquist das Motto »*Grabe-wo-du-stehst*«[5]: Jeder und jede sollte über und durch die gemeinsame historische Arbeit in die Lage versetzt werden, die eigene Geschichte vor Ort zu entdecken. Parallel dazu breitete sich in den angelsächsischen Ländern die *History-Workshop-Bewegung* aus. In Deutschland entstanden die ersten Geschichtswerkstätten im Rahmen der »*Neuen Sozialen Bewegungen*« Anfang der 1980er Jahre. Nach den Anfängen in Berlin gab es im Jahr 1988 bereits rund siebzig regionale und lokale Geschichtswerkstätten sowie Initiativen und Projekte in Deutschland, die sich der neuen Geschichtsbewegung verpflichtet fühlten.[6]

Ausgangspunkt der Geschichtswerkstätten ist die Konzentration auf die Lokalgeschichte und das Verbinden der historischen Dimensionen mit dem gegenwärtigen Alltag. Historische Forschung soll dabei dem alleinigen Zugriff von akademischen Experten entzogen werden. Die Wissenschaftskritik war zunächst eine entscheidende Motivation für die Arbeit der Geschichtswerkstätten. Viele der häufig als eingetragene Vereine konstituierten Geschichtswerkstätten wollten sich mit ihrem politischen und theoretischen Anspruch auch von den bereits seit Mitte des

Regionalarchivs der »Neuen Sozialen Bewegungen; Orte des Alltags als Orte des Anstoßes; Frauenleben in Göttingen im 18. und 19. Jahrhundert. Stadtrundgang Frauengeschichte: »Von Dienstbesen, Hökerweibern und gelehrten Frauenzimmern.«

4 Büttner, Maren / Koch, Magnus (Hg.): »Zwischen Gehorsam und Desertion«. Handeln, Erinnern und Deuten im Kontext des Zweiten Weltkrieges, Köln 2003.

5 Lindquist.

6 Saldern, S. 14 f.

19. Jahrhunderts gegründeten regionalen Geschichtsvereinen abgrenzen.[7] Geschichtswerkstätten setzten sich von Anfang an inhaltlich gegen eine zunehmend in der Analyse sozialer Strukturen und Prozesse erstarrende Sozialgeschichte ein und intensivierten den Blick auf das historische Ereignis mit Hilfe der Alltags- und Erfahrungsgeschichte: In der Alltagsgeschichte geht es nicht um große politische Ereignisse oder Jahreszahlen, sondern um die Frage, wie Menschen im Alltag lebten und ihr Leben und die Geschichte erlebten. Mit der Begründung der Bewegung wurde ein Abschied vom *grand narrative* eingeleitet; die Erfahrungen von Menschen, ihre Sicht auf die vermeintlich großen Prozesse, ihre Teilhabe an Macht, Herrschaft und historischen Ereignissen sollten im lokalen Raum sichtbar und hörbar gemacht werden. Alltägliches Leben bedeutet zugleich auch *»konstruktives Hervorbringen einer neuen Welt«*.[8]

Theorie und Praxis

Der deutsche Zweig der Alltagsgeschichte entstand in der Mitte der 1980er Jahre. Ihre Vertreter wandten sich in der frühen Zeit insbesondere gegen die von der »Bielefelder Schule« geprägte Sozialgeschichte und deren Betonung von unpersönlichen Strukturen, die das Handeln der Einzelnen fast völlig bestimmen. Es sollte nun gerade das Handeln derer rekonstruiert und verstehbar gemacht werden, deren Existenz bis dahin außer im Rahmen der sozialgeschichtlichen Strukturen nicht als geschichtsmächtig gegolten hatte. Im Gegensatz zur Strukturgeschichte werden nach Lüdtke die »großen Prozesse der Geschichte nicht hinter den Rücken der Akteure verlegt, sondern die soziale Praxis, die diese Phänomene hervorbringt, steht im Mittelpunkt. Im Mittelpunkt stehen die Formen, in denen Menschen sich ›ihre‹ Welt ›angeeignet‹ und dabei auch stets verändert haben. Handlungsbedingungen sind dabei gleichzeitig gegeben und werden produziert. In den Aneignungen werden sie nuanciert, verändert, variiert«.[9] Die Alltagsgeschichte geht von der Idee eines sinnhaften Aufbaus der Lebenswelt aus, setzt intersubjektive Konstruktion von Wirklichkeit voraus und will die Bedeutung der gesellschaftlichen

7 Zu den Unterschieden zwischen der neuen sozialen Bewegung der Geschichtswerkstätten und den historischen Geschichtsvereinen siehe z. B. den Beitrag von Zimmermann, Michael: Haben Geschichtswerkstätten Zukunft?, in: Geschichtswerkstätten gestern – heute – morgen. Bewegung! Stillstand. Aufbruch? Herausgegeben von der Forschungsstelle für Zeitgeschichte in Hamburg und der Galerie Morgenland / Geschichtswerkstatt Eimsbüttel, Hamburg 2004, S. 79 f.

8 Grathoff, Richard: Milieu und Lebenswelt. Eine Einführung in die phänomenologische Soziologie und die sozialphänomenologische Forschung, Frankfurt a. M. 1989, S. 94.

9 Lüdtke, S. 12.

Praxis als Erzeugerin gesellschaftlicher Strukturen untersuchen.[10] Sie zeigt die Bedeutung der einfachen Dinge des alltäglichen Lebens und verweist auf die Notwendigkeit verborgenen Widerstandspotentialen nachzuspüren.[11] Mit Hilfe der Alltagsgeschichte arbeiteten die Geschichtswerkstätten kritisch zunächst Themen der Industrialisierungs-, Arbeiter-, Sozial-, Alltags-, Kultur- und Frauengeschichte auf. Die Historiker der Geschichtswerkstätten verstanden ihre alltagsgeschichtlichen Forschungen auch als eine politische Arbeit, die sich gegen eine etablierte, nationalkonservative Geschichtswissenschaft wenden sollte. Laut Präambel der Bewegung sollte eine basisdemokratische und auf die direkten Lebensumwelten der Menschen und ihre Erfahrungen konzentrierte Geschichtsarbeit praktiziert werden. Der alltagsgeschichtliche Umgang mit lokalen historischen Ereignissen und Biographien sollte unter anderem die Möglichkeit eröffnen, geschichtliches Handeln aus seiner eigenen Logik zu begreifen und zu hinterfragen, in welchem Verhältnis die Einzelnen und kleinen Kollektive zu den »Strukturen« standen, von denen sie geprägt wurden und die sie ihrerseits prägten. Aspekte der Alltagsgeschichte waren von Anbeginn: Elternhaus, Schulzeit, Ausbildung, Arbeit, Ernährung, Bekleidung, medizinische und hygienische Situation, Religion, Sport, Handwerkstechniken und Kriegserfahrungen.

Dementsprechend bestand das Anliegen auch insbesondere darin nicht-akademische Laien in die historische Arbeit einzubeziehen. Dieses neue Verständnis von Wissenschaftlichkeit, einer »öffentlichen Wissenschaft« führte zu neuen Darstellungsformen der Geschichtsvermittlung, wie Theater, Stadtführungen, Ausstellungen, Videos und verschiedensten Arten von Publikationen. Es sollte eine alternative Öffentlichkeit geschaffen werden, die sich zunächst stark mit der Aufarbeitung lokaler NS-Vergangenheiten auseinandersetzte.[12] Namenlos gebliebene Schicksale von noch lebenden Zeitzeugen des Nationalsozialismus sollten mit Hilfe der *Oral-History*-Methode eine Öffentlichkeit finden.

In der Auseinandersetzung mit neuen Methoden der Biographieforschung, die in den späten 80er Jahren besonders für die Erforschung der Verfolgungsgeschichten von Opfern des Nationalsozialismus entwickelt wurden und in Gedenkstätten, Geschichtswerkstätten oder Initiativen mit unterschiedlichsten Zeitzeugenprojekten Anwendung fanden, gab es die verschiedensten Ansätze. Nach Gabriele Rosenthal, die sich seit den 90er Jahren intensiv mit der Biografieforschung beschäftigt, bot die dialektische Beziehung von lebensgeschichtlichen Erlebnissen und Erfahrungen und gesellschaftlichen Mustern die Chance dem Verhältnis von Individuum und Gesellschaft näher zu kommen. Biografieforschung ist für

10 Berliner Geschichtswerkstatt (Hg.): Alltagskultur, Subjektivität und Geschichte. Zur Theorie und Praxis von Alltagsgeschichte, Münster 1994, Einleitung S. 12.

11 Niethammer, Lutz: Anmerkungen zur Alltagsgeschichte. In: Geschichtsdidaktik 5 (1980), S. 231–242.

12 Von Saldern, S. 13.

Rosenthal gleichzeitig eine theoretische Konzeption des Verstehens und Erklärens sozialer Wirklichkeiten, die über die Theorien der verstehenden Soziologie hinausgeht und damit der Prozesshaftigkeit sozialer Handlungssysteme theoretisch und methodisch gerecht zu werden versucht.[13] Den Gedenkstätteninitiativen ging es darum, Zeitzeuginnen und Zeitzeugen nicht nur auf ihre Eigenschaft als Opfer und ihre Verfolgungsgeschichte zu reduzieren. Denn dieser Umgang blendet ihre Handlungsmöglichkeiten und eine subjektive (Anders)Wahrnehmung aus und macht sie im Vorfeld zu *Objekten* der Forschung. Anderen geht es in der Biographieforschung vor allem um den Entwurf der Persönlichkeit der Biographen; dabei hat die Bedeutung der biographischen Selbstdeutung im Hier und Jetzt den zentralen Stellenwert.[14] Mit dem Erinnerungsgespräch will man zu einem methodologisch kontrollierten Fremdverstehen gelangen, das andere Quellenmaterialien ergänzt. Lebensgeschichtliche Interviews oder Erinnerungsgespräche sind sowohl mikrosoziologische als auch mikrohistorische Projekte, bei denen Lebensweisen, Bewusstseinsformen, Alltagsrituale, Emotionen und gelebte Realität zur Sprache kommen. Die Ergebnisse lassen sich in Verbindung mit anderen Materialien nutzen und können trotz zeitlicher Distanz zur Rekonstruktion von gelebter Wirklichkeit führen.[15]

Peter Schöttler schrieb in diesem Kontext bereits im Jahr 1983: »Inzwischen ist nun von einer neuen Geschichtsbewegung die Rede.[16] ›Alltag und Region‹ sind dabei keineswegs Selbstzweck, sondern nur besonders geeignete Zugänge für eine andersartige Geschichtsanalyse. Ähnliches gilt für die Methode der Oral History, deren Grenzen, Probleme und Risiken von den Meisten auf diesem Terrain arbeitenden professionellen und ›Barfußhistorikern‹ durchaus gesehen werden. Das Stichwort ›Geschichte von unten‹ scheint demgegenüber noch am besten anzuzeigen, worum es geht: *Erstens* um die Geschichte derjenigen, die ›unten‹ waren und sind, wobei die dialektische Berücksichtigung auch der ›anderen Seite‹, also der jeweils widersprüchlichen Zusammenhänge von Herrschaft und Anpassung, von Unterdrückung und Resistenz durchaus das Ziel ist. *Zweitens* aber ist mit dem Blickwinkel ›von unten‹ auch eine ausdrückliche Sympathie gegenüber den Nöten jener ›Unterschichten‹ verbunden, die zum Forschungsgegenstand werden.«[17]

13 Rosenthal, Gabriele: Die erzählte Lebensgeschichte als historisch-soziale Realität. Methodologische Implikationen für die Analyse biographische Texte, in: Berliner Geschichtswerkstatt (Hg.): Alltagskultur, Subjektivität und Geschichte. Zur Theorie und Praxis von Alltagsgeschichte, Münster 1994, S. 125–139.

14 Zu der biographischen Konstruktion siehe u. a.: Jureit, Ulrike: Erinnerungsmuster. Zur Methodik lebensgeschichtlicher Interviews mit Überlebenden der Konzentrations- und Vernichtungslager, Hamburg 1999.

15 Stöckle, Frieder: Zum praktischen Umgang mit Oral History, in: Herwart Vorländer: Oral History. Mündlich erfragte Geschichte, Göttingen 1990, S. 131 ff.

16 Bezugnehmend auf einen Artikel, in: Der Spiegel Nr. 23, 1983.

17 Schöttler, Peter: Die Geschichtswerkstatt e. V. Zu einem Versuch, basisdemokratische Geschichtsinitiativen und -forschungen zu vernetzen, in: Geschichte und Gesellschaft 3 (1984), S. 421.

Die historischen Forschungsschwerpunkte der Geschichtswerkstätten liegen bis heute im 19. und 20. Jahrhundert, vor allem bei der Arbeiterbewegung, der Geschichte des Nationalsozialismus und dem damit verbundenen Vernichtungskrieg: In den ersten Jahren war der Widerstand gegen das NS-Regime vor allem mit Blick auf die Arbeiterbewegung, die Judenverfolgung und den Holocaust dominant, in den letzten Jahren trat immer stärker die lokale Aufarbeitung der Zwangsarbeit, Geschichte von Minderheiten und die Aufarbeitung der Geschichte der DDR in den Vordergrund. Als Quellen wurden und werden in der Regel Archivmaterialien aus den lokalen Archiven, wie Prozessakten, Zeitungsartikel, Fotos, Gemälde, Tagebücher und Briefe, sowie Zeitzeugeninterviews verwendet. Die Aktivitäten der Geschichtswerkstätten beschränken sich dabei nicht nur auf eine häufig enge Zusammenarbeit mit Schulen und Volkshochschulen, sondern äußern sich auch durch öffentliche Werkstattgespräche, Dia- und Filmvorträge, Zeitzeugengespräche, Erstellen von Ausstellungen, Historische Stadtrundgänge, Herausgabe von Büchern oder Zeitschriften und das Betreiben von eigenen Archiven oder kleinen Museen. Aus vielen intensiv betriebenen Forschungen sind auch zahlreiche hochqualifizierte Dissertationen entstanden.

Die eigentlichen Aktivitäten der Geschichtswerkstätten sind aber meist praktischer Natur: Die Geschichte vor Ort soll einer breiten lokalen und überregionalen Öffentlichkeit erfahrbar gemacht werden. Die Zeitzeugenarbeit ist auch immer die Sammlung der Erfahrung der erlebten Geschichte vor Ort. Es überwiegt nach wie vor der Anspruch eines demokratischen Umgangs mit Geschichte: Doch der Versuch den Gegensatz zwischen professionellen Historikerinnen und interessierten Laien zu überbrücken ist häufig schwierig. Offensichtlich ist der hohe theoretische und methodologische Anspruch der Bewegung trotz des Bemühens um Verständlichkeit der Sprache dem Laien schwer zu vermitteln. Es stellte sich die Frage, ob dieser wissenschaftliche Umgang mit der Geschichte langfristig eine Isolierung der Alltagsgeschichte im akademischen Elfenbeinturm bedeuten könnte oder gerade eine besondere Chance bietet Geschichte einem größeren Forum der Öffentlichkeit durch Ausstellungen, Publikationen und Führungen vermitteln zu können.[18]

Geschichtswerkstätten sind laut Eley eine notwendige Ergänzung in der öffentlichen Geschichtslandschaft: Ihr engagiertes Einmischen vor Ort stellt sie in eine andere, neue soziale Beziehung. Sie machen die Rückwirkungen historischer Gedächtnis-Ausgrabungen und die Verhältnisse, in denen sie verschüttet waren, für Forschende und Erinnernde sichtbar. Sie entlasten aber auch von jenen institutionellen Zusammenhängen, ohne deren Berücksichtigung keine akademische Forschung betrieben werden kann. Der Ansatz der Geschichtswerkstätten macht eine historische Dimension unausweichlich, auf die auch jede Oral-History-Arbeit

18 Berliner Geschichtswerkstatt (Hg.), S. 12.

stößt: die Weiterwirkung geschichtlicher Erfahrung in immer neue gesellschaftliche Interpretationen, das Schweigen und Vergessen als eine Herrschaftsressource und einen Verlust an Zukunft.[19] Die Ansätze der Alltagsgeschichte gehen von der Idee eines sinnhaften Aufbaus der Lebenswelt aus, setzen intersubjektive Konstruktion von Wirklichkeit voraus und untersuchen die Bedeutung der gesellschaftlichen Praxis als Erzeugerin gesellschaftlicher Strukturen. Diese Herangehensweise bedeutet eine Akzentuierung des Subjekts und seiner Bedeutung in historischen Prozessen. Die Entdeckung psychoanalytischer Kriterien vor allem in der Frauenforschung, die Schriften Foucaults über Macht und Herrschaft sowie Ansätze zur populären Kultur in den Kulturwissenschaften sind wichtige Strömungen, die die Alltagsgeschichte und somit auch einen Großteil der heute noch arbeitenden Geschichtswerkstätten beeinflusst haben.[20]

Resümee

Heute begreifen sich viele der Geschichtswerkstätten nicht mehr als lokale Einzelkämpfer, sondern setzen laut Gerhard Fürmetz, Vorsitzender der Augsburger Geschichtswerkstatt e. V., auf Bündnisse mit anderen progressiven Geschichtsinitiativen und mit Institutionen wie Stadtarchiven, Universitäten, Museen und anderen historisch arbeitenden Einrichtungen.[21] Auch die Vernetzung mit anderen Geschichtswerkstätten hat sich verbessert. Die Schwierigkeiten der inneren Entwicklung der Geschichtswerkstätten nach der Wende und die Probleme von Neugründungen scheinen teilweise behoben worden zu sein, wenn man sich die aufwändigen von städtischen und überregionalen Stiftungen geförderten Projekte und ebenso die regelmäßig erscheinenden Zeitschriften vieler in allen Bundesländern vorhandenen Geschichtswerkstätten anschaut.[22] Das vorrangige Ziel

19 Niethammer, Lutz: Lebenserfahrung und kollektives Gedächtnis: Die Praxis der »Oral history«, Frankfurt a. M. 1985.

20 Eley, Geoff: Wie denken wir über Politik? Alltagsgeschichte und die Kategorie des Politischen, in: Berliner Geschichtswerkstatt (Hg.), S. 17–36.

21 Interview mit Gerhard Fürmetz, Vorsitzender der Geschichtswerkstatt Augsburg e. V., mit der Augsburger Zeitung am 6. April 2008. Die Geschichtswerkstatt Augsburg e. V. feiert 2008 ihr 20-jähriges Bestehen. Die Augsburger Geschichtswerkstatt forscht seither zu Industrialisierung / Arbeitergeschichte / Erster Weltkrieg / Weimarer Republik, Nationalsozialismus / Zweiter Weltkrieg, Nachkriegszeit, Frauengeschichte in Augsburg bis ins Spätmittelalter. Sie bietet thematische Stadtführungen an, gestaltet Ausstellungen und leistet aktive Erinnerungsarbeit. Daneben forscht sie zur Stadtgeschichte, z. B. zu Kasernen und Amerikanern in Augsburg. Im aktuellen Projekt »Häusergeschichte(n)« geht es um Alltagsleben und Architektur in ausgewählten Augsburger Wohngebäuden. Siehe auch http://www.geschichtswerkstatt-augsburg.de.

22 Ein Beispiel hierfür ist die seit 1992 unregelmäßig erscheinende Zeitschrift Geschichte quer. Diese Zeitschrift veröffentlicht Ergebnisse unabhängiger, lokaler Geschichtsforschung. Thematisiert wer-

für die zukünftige Arbeit der Geschichtswerkstätten sollte grundsätzlich eine Umgestaltung der historisch-politischen Bezugssysteme – auch über die lokalen Grenzen hinaus – sein. Es wäre sicher erstrebenswert weniger selbstzentriert, sondern insgesamt globaler zu arbeiten und unterschiedliche überregionale, aber auch internationale Projekte miteinander zu verknüpfen. Michael Zimmermann bemerkt zurecht, dass sich Geschichtswerkstätten gewöhnlich an festen, z. B. an markanten, symbolträchtigen Bauwerken aller Art und an den Lebensgeschichten lange ansässiger Personengruppen orientieren. Doch »angesichts wachsender Mobilität und erheblicher sozialer Veränderungen auf und unter der Oberfläche der Städte dürfte dieses Sich-Festklammern am Dauerhaften und an Dauerthemen zum Problem werden. Die Beschäftigung mit dem Fluiden in Stadt und Stadtteil anstelle der Fixierung auf das Feste, das ja oft auch (scheinbare) Sicherheit vermitteln soll, könnte Abhilfe schaffen.«[23] Als Resümee lässt sich sagen, dass die »Geschichte von unten«, die »Geschichte der kleinen Leute« und die »Geschichte für alle« bis heute erfolgreich und mittlerweile auch in der großen lokalen und überregionalen Öffentlichkeit etabliert umgesetzt werden konnte. Es warten jedoch noch zahlreiche Themenkomplexe auf eine alltagsgeschichtliche Bearbeitung.

Literatur

Böge, Volker (Hg.): Geschichtswerkstätten gestern – heute – morgen. Bewegung! Stillstand. Aufbruch? München, Hamburg 2004.

Eley, Geoff: Wie denken wir über Politik? Alltagsgeschichte und die Kategorie des Politischen. In: Berliner Geschichtswerkstatt (Hg.): Alltagskultur, Subjektivität und Geschichte. Zur Theorie und Praxis von Alltagsgeschichte, Münster 1994, S. 17–36.

Heer, Hannes / Ulrich, Volker: Geschichte entdecken. Erfahrungen und Projekte der neuen Geschichtsbewegung, Reinbek 1985.

Lindqvist, Sven: Grabe wo du stehst. Handbuch zur Erforschung der eigenen Geschichte, Bonn 1989.

Lüdtke, Alf: Alltagsgeschichte. Zur Rekonstruktion historischer Erfahrungen und Lebensweisen, Frankfurt a. M. / New York 1989.

Saldern, Adelheid von: »Schwere Geburten« Neue Forschungsrichtungen der bundesrepublikanischen Geschichtswissenschaft (1960–2000), in: WerkstattGeschichte 40, Alltagsgeschichte transnational, 2 / 2005.

den Ereignisse und Entwicklungen, die von der akademischen oder offiziösen Geschichtsschreibung oft übersehen werden: Schicksale von Oppositionellen und gesellschaftlichen Randgruppen, eine Alltags- und Sozialgeschichte der »kleinen Leute«.

23 Zimmermann, Michael: Haben Geschichtswerkstätten Zukunft?, in: Geschichtswerkstätten gestern – heute – morgen. Bewegung! Stillstand. Aufbruch? Herausgegebenen von der Forschungsstelle für Zeitgeschichte in Hamburg und der Galerie Morgenland / Geschichtswerkstatt Eimsbüttel, Hamburg 2004, S. 89 f.

Zeitschriften

Werkstatt*Geschichte*. Historische Fachzeitschrift für Alltags- und Kulturgeschichte. Herausgegeben vom Verein für kritische Geschichtsschreibung e. V. (ab 1991).

Geschichte quer. Herausgegebenen von den bayerischen Geschichtswerkstätten http://www.geschichte-quer.de/.

Zeitgeschichte regional. Mitteilungen aus Mecklenburg-Vorpommern. Herausgegeben durch die Geschichtswerkstatt Rostock e. V. (ab 1996).

Medien

Geschichte im Spielfilm

Der Regisseur Wolfgang Becker interviewt von Sabine Horn

SH: Der History-Boom im Film ist unübersehbar. Wie betrachten Sie diesen Trend?

WB: Es ist festzustellen, dass das Geschichtsbild, das uns heute in fiktionalen Filmen und TV-Serien vermittelt wird, oftmals nur anknüpft an bereits Gesehenes in historischen Filmen früherer Zeiten. Gerade Hollywood hat sich ja in den 50er Jahren stark mit der römischen Geschichte beschäftigt, in den so genannten Sandalen-Filmen. Ebenso gab es einen Fokus auf das Mittelalter in Form von Ritterfilmen, siehe »Ivanhoe«, »Robin Hood« etc. Die moralischen Bewertungen und Implikationen, mit denen diese Filme erzählt wurden, stammen jedoch aus der Zeit nach der Aufklärung, besser noch, nach der industriellen Revolution, die in unserer Gesellschaft ja ein massiver Einschnitt war und durch die die bürgerliche Familie, wie wir sie heute kennen, überhaupt erst entstanden ist. Und mit diesem Wahrnehmungsbild, diesem Werte- und Moralsystem, wird ein Blick auf eine Zeit geworfen, der dieser historischen Epoche gar nicht gerecht werden kann. Man versucht Moralvorstellungen der heutigen Zeit, und die oft von der sentimentalen Sorte, einer Zeit überzustülpen, die solche Ideen noch gar nicht gekannt hat. Es geht dabei selten um bewusste Geschichtsklitterung, sondern mehr um Fehler, die aus einer mangelnden sinnlichen Durchdringung vergangener Zeiten heraus unterlaufen. Die Minne z.B., wie wir sie aus hehren Ritterfilmen kennen, hat mit der wirklichen Bedeutung der Minne wenig zu tun. Das krasse Ständewesen und -denken dieser Zeit, das noch weit über die Barockzeit hinaus seine Gültigkeit behielt, würde uns heute schockieren. Wie weit die Menschen dem Ständewesen verpflichtet waren, wie sie mit den Domestiken umgingen, was für ein harscher Ton in der Sprache herrschte, wie tief das Oben-Unten-Denken in den Köpfen verwurzelt war, würde uns heute in seiner menschlichen Konsequenz abstoßen.

SH: Die Punkte, die Sie gerade ansprechen, Sozial- und Mentalitätsgeschichte, Historische Anthropologie, inwiefern spielen diese Aspekte für Sie eine Rolle, wenn Sie einen Film konzipieren? Wie recherchieren Sie in diesem Zusammenhang auch diese »Softfacts«?

WB: Was Sie Softfacts nennen und ich als Geschichtlichkeit bezeichnen würde, ist für meine Arbeit sehr wichtig. Ich finde, man wird einer Zeit erst gerecht, wenn man sich fragt, wie die Menschen zu den existentiellen Bereichen des Lebens gestanden haben, faktisch und gefühlsmäßig. Der französische Historiker Philippe Ariès untersucht z.B., wie Menschen in verschiedenen Epochen und Kulturkreisen dem Phänomen der Kindheit oder des Todes gegenüber gestanden haben, und kommt zu verblüffenden Ergebnissen. Dagegen ist der durch Hollywood-Filme geprägte Blick auf vergangene Zeiten manchmal geradezu lachhaft. Ein Beispiel: Man geht heute in Rom ins Kolosseum und hat es mit Fremdenführern zu tun, die als Gladiatoren verkleidet sind – eher in einem operettenhaften Sinne als historisch genau – und ein Bild der Gladiatoren vermitteln, das mehr aus dem Film »The Gladiator«[1] herrührt als aus der wirklichen römischen Geschichte.

Hier, wie an vielen anderen Stellen, greift das historische Bild, das durch Filme vermittelt wird, faktisch in die zeitgenössische Geschichtsvermittlung ein. Da werden auch schnell mal 300 Jahre durcheinander gebracht. Durch dieses Konglomerat aus Fakten, Legenden und Fiktion entsteht in der Wahrnehmung des historischen Laien ein faktisches Bild von Historie, wie sie nie existiert hat. Es ist z.B. völliger Quatsch, dass bei jedem Kampf einer der Gladiatoren getötet wurde. Warum sollte man diese Männer über Jahre zu spezialisierten Kämpfern ausbilden, damit sie dann bei einem einzigen Kampf draufgehen? Wie hätte man den Bedarf an immer neuen Kämpfern je decken können? Gladiatorenkämpfe fanden nicht nach dem K.O.-System statt. Aber im amerikanischen Film muss es das eben geben, diesen Kampf auf Leben und Tod.

Es ist natürlich leichter, zu beweisen, wie es nicht war, als wie es war. Aber man kann sich Geschichte auf jeden Fall wahrhaftiger nähern, was ja auch bereits in einigen Filmen versucht wurde.

SH: Wie erklären Sie sich den derzeitigen History-Boom? Was reizt Regisseure historische Themen zu behandeln?

WB: Ich kann nicht für alle Regisseure sprechen. Mich hat Geschichte eigentlich immer interessiert. Unabhängig davon, dass ich Filme mache. Schon in der Schulzeit hat mich Geschichte interessiert. Auseinandersetzung mit Geschichte heißt ja auch, sich damit zu beschäftigen: Was war vor einem? Was hat unsere Welt geprägt? Was ist sozusagen die Voraussetzung, aus der wir uns entwickelt haben? Aus der unsere heutige Welt entstanden ist? Aber die Frage, wie es für einen Menschen wirklich war, in einer anderen Zeitepoche zu leben, wird eigentlich nicht beantwortet.

1 2000 (USA), Regie: Ridley Scott.

Vielleicht ist das genau die Lücke, die der historische Film füllen kann, wenn er einfach behauptet, wir zeigen euch jetzt mal mit visueller oder sinnlicher Opulenz, wie es war, in dieser oder jener Zeit zu leben. Das ist ein bisschen so, als würde der Zuschauer in eine Zeitmaschine steigen und in die Vergangenheit fliegen. Im Film kann man vergangene Zeiten miterleben. Allerdings mit der großen Einschränkung, dass vieles, was die historischen Unterschiede im menschlichen Verhalten, im Weltbild oder in der Weltanschauung betrifft, von den Autoren und Regisseuren oft sträflich außer Acht gelassen wird. Ganz besonders wenn es um die Ästhetik des Alltags geht. Da wird immer massiv geschönt.

SH: Können Sie ein paar Beispiele aus einem Film nennen, von dem Sie sagen, dass diese Aspekte dort gut umgesetzt sind?

WB: »Barry Lyndon«[2] ist für mich ein Film, der als Historienfilm in vielerlei Beziehung geradezu Vorbildcharakter hat. Ein Beispiel ist die Lichtgebung des Films. Der Film spielt in einer Zeit, in der es nur Kerzenlicht gab, und Kubrick findet dann auch eine adäquate Möglichkeit, um die Szenen nur mit Kerzenlicht zu drehen. Das hatte es bis dahin nicht gegeben. Da wird das Kerzenlicht auch nicht durch einen Scheinwerfer verstärkt, wie man das oft sieht, wenn das Kerzenlicht große falsche Schatten nach hinten wirft. Der Film ist überhaupt im Ikonografischen sehr stark. Fast jedes Bild erinnert an ein Gemälde aus der barocken Zeit. Menzels »Flötenkonzert Friedrichs des Großen in Sanssouci«[3] ist erkennbar, ebenso englische Maler. Der Film ist ganz bewusst nicht im Scope-Format gedreht, sondern im klassischen Academy-Format, was das Prinzip des goldenen Schnittes eher berücksichtigt. Auch die Bildaufteilung, die Positionierung der Schauspieler innerhalb des Bildes folgt klassischen Regeln. Das wirkt oft fürchterlich künstlich. Wie auch die Posen: Ryan O'Neill tritt auf eine Terrasse und bleibt mit nach vorne gestelltem Bein und erhobener Hacke stehen. Das ist genau die Position, wie man sie auf vielen zeitgenössischen Gemälden sehen kann.

Jede Zeit hat ja ihre eigenen Posen. Das lässt sich auch sehr schön z. B. an Tänzerinnen beobachten. Vergleicht man Tänzerinnen der 20er Jahre mit Tänzerinnen der 50er Jahre, sieht man, wie unterschiedlich die Posen der Frauen sind. Und weil diese Posen auf zeitgeschichtlichen Bildern festgehalten wurden, konnte Kubrick darauf zurückgreifen und hat das auf eine sehr artifizielle, dann aber doch sehr stimmige Art und Weise in seinem Film eingefangen.

SH: Gibt es in Ihren Augen Regisseure im deutschsprachigen Raum, von denen Sie sagen: der oder die hat das Thema historisch sehr gut umgesetzt?

2 1973–75 (GB), Regie: Stanley Kubrick.
3 Gemälde von Adolph Menzel 1850–1852.

WB: Tom Tykwers »Parfum«[4] z.B. ist eine Phantasiegeschichte mit rein fiktiven Figuren, die im Frankreich, speziell Paris, des 18. Jahrhunderts spielt. Da ging es darum, diese Welt visuell wieder auferstehen zu lassen. Das Budget des Films war nicht groß genug, um alles im Studio nachzubauen. Also ist zum Beispiel diese große Straße, die wir am Anfang des Films sehen, eine Straße in der Altstadt von Barcelona, die für einen Drehtag umgebaut worden ist. Ab dem ersten Stockwerk stimmte eigentlich alles noch, nur im Parterre verschandelten die üblichen Designergeschäfte und Starbucks' das historische Ensemble. Also mussten diese ganzen Läden mit den großen Schaufenstern überbaut werden. Die Straßen waren damals auch nicht alle gepflastert, es lag überall Müll und Kot herum, weil es keine Kanalisation gab. Die Leute haben einfach alles auf die Straße gekippt. Um den ganzen Dreck dieser Zeit wieder herzustellen, hatte Tom Tykwer ein eigenes Schmutz-Department, das waren Leute, die jedes Motiv eingesaut und nach den Dreharbeiten natürlich auch wieder gesäubert haben.

SH: Können sie weitere Beispiele für die Schwierigkeiten in der Umsetzung der historischen Genauigkeit nennen?

WB: Die Zähne von Menschen. Oder die Hände. An Händen und Zähnen kann man immer sehr viel erkennen über den sozialen Stand, die Arbeit, Ernährung, usw. eines Menschen. Wir sind heute alle eher gut genährte Menschen, aber damals waren die Leute in der Regel unterernährt. Das heißt, die Leute waren für unsere Verhältnisse nicht nur ausgemergelt, sie waren überhaupt auch viel kleiner. Das lässt sich ja gut an den Bettengrößen der damaligen Zeit belegen.

SH: Stichwort Nationalsozialismus im Film. Was fällt Ihnen dazu ein?

WB: Gerade meine Generation steht, was den Nationalsozialismus anbetrifft, für eine gewisse Bekennerhaftigkeit. Wir sind mit dieser Schuld aufgewachsen und haben gelernt, dass wir dafür nach wie vor sühnen müssen. Es gibt heute mehr und mehr TV-Produktionen, wie zum Beispiel »Die Flucht«[5] oder »Die Gustloff«[6], die die Leiden der deutschen Zivilbevölkerung ins Zentrum stellen. Das wäre in den 60er oder 70er Jahren so nicht denkbar gewesen. Da wurden z.B. Geschichten von Massenvergewaltigungen durch russische Rotarmisten nur hinter hervorgehaltener Hand erzählt. Ein offener Diskurs hätte zu heftigen Protesten aus der linken Ecke geführt. Man hätte kritisiert, dass die Täter jetzt ihre Opfersituation in den Vordergrund stellen und damit das Leid der eigentlichen Opfer schmälern, ja verhöhnen. Aber nachdem die eigentlichen Opfer, die Juden und die europäischen

4 »Das Parfum – die Geschichte eines Mörders« 2006 (D), Regie: Tom Tykwer.
5 ARD 2007, Regie: Kai Wessel.
6 ZDF 2007, Regie Joseph Vilsmaier.

Kriegsopfer, in Filmen und anderen Medien wiederholt thematisiert wurden, arbeitet man heute auch die fragwürdigen und mit viel Leid verbundenen Kriegshandlungen der Siegerseite ab. Der unglaubliche Blutzoll unter der Zivilbevölkerung in Dresden etwa wird in unseren Geschichtsbüchern nur am Rande erwähnt. Das war im Tiefkühlfach der Geschichte zwischengelagert. Erst jetzt, nach einer bestimmten Karenzzeit, einer Schamfrist oder wie man das nennen will, sagen Leute, da müssen wir auch einen Blick drauf werfen.

SH: Der Film »Das Boot«[7], wie schätzen Sie die filmische Umsetzung ein?

WB: Der Film ist in verschiedenen Bereichen gut gelungen, z. B. macht er die klaustrophobischen Umstände, unter denen die U-Bootbesatzung lebt und leidet, für den Zuschauer hautnah nachvollziehbar. Man spürt einfach die Angst, die die Matrosen haben, wenn sie immer weiter nach unten sinken und nach und nach die Nieten platzen, diese Angst lebendig begraben zu werden, die Todesangst. Mein Onkel, den ich nie kennen gelernt habe, fuhr auch auf einem U-Boot zur See, und wurde mit siebzehn angeblich vor den Balearen im Mittelmeer abgeschossen. Ich hab mir als Kind immer vorgestellt, wie grausam das gewesen sein muss, in so einem Schiff zu ersaufen.

SH: Wie sehen Sie als Kontrast dazu den Film »Das Leben ist schön«[8]?

WB: Na ja, ich habe den Film damals schon gemocht, aber er liegt für mich auf einer anderen historischen Ebene als zum Beispiel »Das Boot«. Nicht nur, weil er ein anderes Genre, nämlich das Genre der Komödie wählt. Würde man den Film als einen realistischen Film ansehen, dann würde dieses Konstrukt, dass ein Vater es schafft, seinem Sohn vorzuspielen, dass das Leben im KZ quasi ein großer Wettbewerb ist, bei dem am Schluss der Preis einer Panzerfahrt winkt, nicht funktionieren. Es ist schwer vorstellbar, dass das Kind nach Wochen im KZ weiterhin so naiv wäre, diese Lügengeschichte zu glauben. Der Film ist zwar eine komplette Fiktion, kann aber in seiner Fiktion sehr Wahrhaftiges zeigen und kommt zum Beispiel in der Figur, die Horst Buchholz spielt, dieser Unfassbarkeit nationalsozialistischer Figuren doch sehr nah. Es geht um die alte Frage, wie es sein kann, dass Menschen von großem ästhetischen Empfinden, Kunstsammler, Musikliebhaber, Menschen, die gute italienische Küche zu schätzen wissen, auf der anderen Seite als Ärzte menschenverachtende Experimente an denen durchführen, die gerade noch für sie gekocht haben.

7 1981 (D), Regie: Wolfgang Petersen.
8 1997 (I), Regie: Roberto Benigni.

SH: Wird Geschichte heute anders im Film umgesetzt als vor ein paar Jahrzehnten?

WB: Ja, allein durch die digitale Filmtechnik ist man heute in der Lage, für einen Film ganze Welten wieder auferstehen zu lassen, was in den Jahren davor überhaupt nicht möglich war. Gerade was Massenszenen oder Monumentalbauten – und oft auch deren Zerstörung – anbetrifft. Das war vor Jahren nur mit unglaublichen Kosten herzustellen. Wenn man heute einen der damals teuersten Hollywood-Filme wie »Cleopatra«[9] sieht, hat man immer nur die Befürchtung, dass die Schauspieler jeden Moment durch die Pappmaschee-Dekoration brechen könnten. Man sieht das Pappmaschee überall, alles klingt nach Pappmaschee. Heute sehen die aufwändig produzierten Filme wesentlich echter aus. Man hat nicht mehr so sehr das Gefühl, alles sei nur Filmkulisse. Ich weiß nicht, wie es den Kinobesuchern gegangen ist, die »Cleopatra« in den 60er Jahren gesehen haben. Vielleicht war das für diese Generation von Kinogängern auch visuell erfahrbare Geschichte und so glaubwürdig, wie einst die fürchterlichen Rückprojektionen bei Autofahrten, die mir immer noch jeden Hitchcock-Film vermiesen. Und wenn man die Filme im Original sieht, stellt man fest, dass die Schauspieler zudem noch ungeniert mit texanischem oder New Yorker Akzent sprechen, was genauso wenig zur historischen Glaubwürdigkeit beiträgt wie Synchron-Deutsch.

SH: Wie definieren Sie für sich selbst das Verhältnis von historischer Genauigkeit und filmischer Freiheit?

WB: Die filmische Freiheit sollte in einem Film, der einem realistischen Genre verpflichtet ist, nicht so weit gehen, dass Personendetails oder Momente der Zeitgeschichte gegen besseres Wissen dazu erfunden werden. Bei Personen der Zeitgeschichte sind bestimmte Momente und entscheidende Schnittstellen bekannt, der Alltag dagegen voll weißer Flecken. Hier genau liegt der fiktionale Rahmen, um Fleisch und Blut für das historische Gerippe zu erfinden. Ich fühle mich da immer einer inneren Wahrheit verpflichtet. Also, hätte jemand so handeln können oder müssen? Hätte X zum Beispiel den Mut gehabt Y zu tun? Oder wäre das für seinen Charakter undenkbar gewesen? Problematisch wird es, wenn man einer Person der Zeitgeschichte etwas Positives – oder auch Negatives – andichtet, was einfach nicht zu der Figur gehört. Da gerät man ganz schnell in die Nähe der Geschichtsschreiber, wie sie sich Alexander der Große und andere Despoten gehalten haben.

SH: Also Sie recherchieren viel selber durch Lektüre?

9 1963 (USA), Regie: Joseph L. Mankiewicz.

WB: Ja, natürlich. Das kann ich ja nur selbst machen. Wer sollte das denn sonst für mich machen?

SH: Naja, es gibt ja vielleicht Regisseure, die sich lieber beraten lassen.

WB: Bei einem historischen Film würde ich immer mit Beratern arbeiten. Aber ein empfohlenes Buch muss ich schon selbst lesen. Wenn ich in eine Zeit oder eine Welt eintauche, die ich selbst nicht erlebt habe, dann muss ich schon viel darüber wissen, um diese mir fremde Welt sinnlich durchdringen zu können. Dazu gehört ganz viel: Ich muss z. B. wissen, was die Leute primär beschäftigt hat, was sie gemacht haben, um sich zu vergnügen. Ich rede übrigens gerade von einem geplanten Projekt: Was waren die Moden der Zeit? Worauf sind die Leute »abgefahren«? Für alles, was Müßiggang und Zeitvertreib anbetrifft, brauche ich detailliertes Hintergrundwissen. Jede Gesellschaft entwickelt ihre eigenen spezifischen kulturellen Codes. Bei »Good bye, Lenin!« war das Wiedererkennen der typischen DDR-Kulturcodes enorm wichtig.

SH: Gut, Sie haben nun selber Geschichte studiert und haben da auch einen speziellen Zugang.

WB: Ja, aber den Zugang habe ich nicht, weil ich Geschichte studiert habe. Das hilft mir vielleicht bei der Recherche, weil ich ein wenig darüber weiß, wie man recherchiert. Aber ich fühle mich wesentlich sicherer, wenn ich über eine Zeit erzähle, die ich nicht erlebt habe, wenn mir der Ohrwurm der damaligen Zeit im Ohr ist oder wenn ich am Feierabend das gleiche Getränk trinke, das damals getrunken wurde. Oder wenn ich etwas über den Sprachgebrauch der Zeit weiß, der wiederum viel darüber erzählt, wie die Menschen gedacht haben und miteinander umgegangen sind. Früher gab es viel mehr Zurückhaltung und formalisierten Respekt im zwischenmenschlichen Alltag, was sich auch sprachlich niederschlägt. Wir sind heute oft wesentlich direkter und respektloser.

SH: Ich würde gerne konkret auf Ihren Film »Good bye, Lenin!« zu sprechen kommen, weil sich vieles, was wir jetzt angeschnitten haben, ja auch auf diesen Film übertragen lässt. Wie war das? Haben Sie da recherchiert?

WB: Ja, enorm viel. In »Good bye, Lenin!« geht es ja um jüngste Zeitgeschichte, für die es noch Millionen Zeitzeugen gab und gibt. Die vielen DDR-Bürger wissen natürlich sehr genau Bescheid, wie das Leben in diesem Land konkret gewesen ist, was mir als Wessi fremd war. Es ging allein schon darum, vor einem Team, das zur Hälfte aus Ossis bestand, nicht als ignoranter Idiot dazustehen.

SH: Und wie sind Sie da vorgegangen?

WB: Durch meine frühere Regieassistentin Connie Walter, die gerade den Film »Feuer und Flamme«[10] über DDR-Punks gedreht hatte, bekam ich Kontakt zu jungen Männern, die zum Zeitpunkt des Mauerfalls Anfang 20, also in dem Alter des Protagonisten Alex, waren. Zusammen mit dem Autor Bernd Lichtenberg trafen wir uns wöchentlich in einer Prenzlauer Berg Kneipe namens »Wohnzimmer«. Beim ersten Mal kamen drei oder vier Jungs. Meistens reichten zwei Fragen und das Gespräch lief von alleine. Wir hörten einfach nur zu, wie unterschiedliche Erlebnisse und Erfahrungen untereinander erzählt wurden. Es stellte sich ganz schnell heraus, dass es kein einheitliches Lebensgefühl, keine identischen Strömungen unter den jungen Männern zu der Zeit gegeben hat. Wir haben dieses Treffen dann jede Woche gemacht und es kamen immer wieder neue Leute dazu und wir haben dadurch unglaublich viele Geschichten gehört. Da war die ganze Bandbreite dabei, von denen, die die DDR nur als reines Gefängnis empfanden, aus dem man mit allen Mitteln so schnell wie möglich raus wollte, bis hin zu denen, und das war die deutliche Mehrheit, die das Land zwar kritisch sahen, aber irgendwie damit klar kamen. Die meisten hatten sich auf unterschiedliche Art und Weise mit den Verhältnissen arrangiert. Es gab so viele verschiedene Lebensentwürfe, die gar nicht auf einen Prototyp zu verdichten waren. Ich bin ohnehin ein erklärter Feind von Prototypisierung in Filmen. Dafür bin ich erklärter Freund der ganz speziellen und auch widersprüchlichen Figurencharakterisierung. Mich interessieren Figuren, die in Verhältnissen einheitlicher Strömungen gegen den Strom schwimmen, besser noch, schwimmen müssen. Solche Figuren tragen einfach viel mehr Wahrheit in sich als die Prototypen, die anhand einer Checkliste bestimmter querschnittlicher Eigenschaften, Verhaltensweisen, Weltanschauungen und so weiter quasi als Homunkuli geschaffen sind. Man merkt auch immer, dass diese Figuren ausgedacht sind und kein wirkliches Leben haben, daher auch zu keinem irrationalen Verhalten fähig sind.

Obwohl unser Alex eine komplett ausgedachte, aber auch komplett durchcharakterisierte Figur ist, die ganz viele Seiten eines jungen Mannes der Wendezeit in sich trägt, steht er aber nicht – und soll es auch nicht – prototypisch für diese ganze Generation. Wenn der Zuschauer Nähe zu dieser Figur findet, sich andockt und mit ihr geht, hat es nichts mit einer Weltanschauung oder politischen Sichtweise zu tun. Es geht nicht um die DDR, sondern das universell Menschliche. Dass ein Sohn für seine Mutter aus Liebe ein verhasstes System wieder auferstehen lässt und es dann auch noch im Sinne der Mutter verändert und transformiert, wird in jedem Land, wo Mütter ihre Söhne und Söhne ihre Mütter lieben, verstanden. In Italien zum Beispiel.

10 2001 (D), Regie: Connie Walter.

SH: Kommt der Film in Italien besonders gut an?

WB: Ja, genau wegen dieser Muter-Sohn-Beziehung. Auf diesen Aspekt zielt auch die italienische Synchronfassung. »Mamaaaaa ...«

SH: Und die Mutter? Wie sind Sie bei den Recherchen vorgegangen, um die Mutter zu charakterisieren?

WB: Ich habe für die Figurenzeichnung letztendlich keine Recherche gemacht. Das ist nur schwer möglich. In der Figur der Mutter ist auch ein Teil von Katrin Sass, die ja die DDR konkret erlebt hat und da eine bekannte Schauspielerin war, letztendlich auch eine Galionsfigur dieses Systems. Aber auch eine Schauspielerin, die darunter gelitten hat, also eine dieser merkwürdigen, schwierigen DDR-Biografien, die einfachgestrickte westdeutsche Kleingeister mit ihrer plump-ideologischen Wertung nicht verstehen können. Was soll man tun, wenn man in so einem Land lebt? Wenn man nicht den Mut hat, durch die Spree zu schwimmen oder für ein Leben in Freiheit erschossen zu werden? Dann lebt man irgendwie in diesem System. Man arrangiert sich und versucht eben, in den bestehenden Verhältnissen seine Freiheit zu finden. Und man versucht darin Mensch zu bleiben und seine Würde zu behalten. Und das haben viele geschafft. Es gab so viele würdelose Typen im westlichen System, die einfach nur das Glück hatten, sich den moralischen Herausforderungen eines Lebens in der DDR nicht stellen zu müssen. Und die halten sich im »Systemvergleich« oft noch für was Besseres.

SH: Was hat Sie denn besonders gereizt, jetzt gerade dieses DDR-Wende-Thema zu nehmen?

WB: Das hat etwas damit zu tun, wie dieser Stoff zu mir kam. Der mir damals unbekannte Autor Bernd Lichtenberg hatte mir einen Brief geschrieben, in dem er auf wenigen Seiten die Geschichte mit diversen Nebengeschichten skizziert hatte. Ich fand unmittelbar den Aspekt interessant, dass jemand aus dem Koma erwacht und die ganze Welt hat sich verändert, aber dieser Mensch darf eben genau das nicht erfahren, weil es ihn das Leben kosten könnte. Deswegen muss das Vergangene, über das ja alle froh sind, dass es vergangen ist, wieder hergestellt werden. Und im Wiederherstellen entdeckt man doch einige Facetten des Liebgewonnenen und des Abhandengekommenen. Und man entdeckt auch viele Widersprüche ... Wie schwer es z. B. ist, sich von heute auf morgen an ein neues, aufgezwungenes Leben zu gewöhnen. Wie sehr das Alte noch internalisiert ist. Aber am interessantesten fand ich den Aspekt, wie diese Welt erschaffen wird. Alex, der Sohn, rekonstruiert die alte Welt, aber nicht so, wie sie war, sondern wie sie von der Mutter idealtypisch erträumt wurde. Die ja eher eine Reformkommunistin ist, eine, die wirklich an

Gorbatschow, Glasnost und Perestroika glaubt und die eine fundamentale Erneuerung der Partei und eine Demokratisierung des real existierenden Kommunismus fordert.

Ich fand es eben interessant, dies alles über eine ganz einfache Familiengeschichte, die auch noch familieninterne Lügen und Geheimnisse birgt, zu erzählen. Der Vater hat rübergemacht und die offizielle Geschichte der Mutter stimmt nicht mit der Wahrheit überein. Die Mutter hat ihre Kinder also eigentlich um die Liebe zu ihrem Vater betrogen, was ja ziemlich schwerwiegend ist. Dieser Aspekt ist in der Medienrezeption fast immer untergegangen. Dafür wurde der Aspekt in den Vordergrund gerückt, wie die DDR im Film dargestellt wird. Aber das, was den Zuschauer wirklich berührt und bewegt, ist eigentlich: Mein Gott, wie verhält Alex sich jetzt, nachdem die Mutter ihm in der Datsche erzählt hat, wie es eigentlich wirklich gewesen ist? Und da rennt er ja auch weg. Er weiß gar nicht, wie er sich verhalten soll. Das halte ich für einen ganz wichtigen Aspekt des Films. Und die DDR läuft als Hintergrund mit und wird im Prinzip ebenfalls als Täuschung bzw. als Fälschung erzählt. Da wird ganz bewusst eine DDR gebaut, die es so nie gegeben hat. Insofern verwahre ich mich gegen Vorwürfe, der Film würde die DDR idealisieren und ein Unrechtsregime verharmlosen.

Die Szenen des Films, die in der DDR spielen, zeigen deutlich, wie rabiat dieses System gegen die Opposition vorgegangen ist und wie die Menschen bei dieser Demonstration zusammengeknüppelt wurden. Aber der größte Teil des Films spielt eben nach der Wiedervereinigung bzw. nach der Währungsunion. In dieser merkwürdigen Zeitspanne zwischen Mauerfall und offizieller Wiedervereinigung.

Bernd Lichtenberg und mir ging es darum, zu zeigen, wie ein naiver junger Mann mit Hilfe eines Taxifahrers, der Siegmund Jähn zufällig ähnlich sieht, mit einer letztendlich kitschigen Rede, die aber mit ihrem merkwürdigen Pathos doch die Leute berührt, versucht, diese DDR idealtypisch wiederauferstehen zu lassen. Dadurch soll die DDR nun nicht trivialisiert werden. Der Film ist kein Film über die reale DDR, sondern ein Film darüber, wie die DDR, ganz naiv gedacht, hätte sein können.

Den Film über die DDR wird's auch nie geben. Auch »Das Leben der Anderen«[11] ist nicht *der* Film über die DDR. Das ist ein Film über das Gift, das solche Geheimdienste wie die Stasi hervorbringen und das mit zerstörerischer Kraft bis in die letzte Ritze persönlicher Verhältnisse eindringt. Wie grauenhaft das ist und wie lange das noch nachwirkt. Bei Henckel von Donnersmarck hatte ich immer das Gefühl, dass er eigentlich gar nicht so genau verstanden hat, worum es in seinem Film eigentlich geht, wenn er wirklich glaubt und postuliert, er hätte *den* Film über die DDR gemacht. Er hat einen sehr präzisen Film darüber gemacht, was mit Menschen passiert, die in einem solchen Spitzelsystem leben müssen. Das Gift, das

11 2006 (D), Regie: Florian Henckel von Donnersmarck.

alles durchdringt. Dieser Aspekt ist sehr gut erfasst, aber es ist kein Schlüsselfilm über die DDR. Mir wurde des öfteren vorgeworfen, ich hätte die DDR idealisiert, sogar romantisiert, während Donnersmarck die wahre DDR zeige. Das ist Unsinn, weil »Good bye, Lenin!« wie gesagt kein Film über die DDR ist, sondern eine Familiengeschichte, die sich vor dem Hintergrund einer erfundenen, idealtypischen DDR abspielt, die es so ja nie gab.

SH: Es gibt ja noch einen anderen »DDR-Film«: »Die Sonnenallee«. Was halten Sie davon?

WB: »Sonnenallee« ist für mich der Versuch, einen Film wie Fellinis »Amarcord«[12] zu machen. Jemand erinnert sich, wie der Titel schon sagt, an seine Jugend, bei »Amarcord« im Faschismus, bei »Sonnenallee« im DDR-Sozialismus. Leider finde ich den Film nicht wirklich gelungen. Diese Art von Slapstick-Humor ist für mich zu wenig subtil. Aber ich habe kein Problem damit, dass jemand von einer glücklichen Jugend in der DDR erzählt. Ich habe mich da das erste Mal verliebt und ich wollte dieses Mädchen unbedingt ins Bett kriegen und so weiter. Warum soll das in der DDR nicht möglich sein, genauso wie im Nationalsozialismus? Manche Bedenkenträger scheinen zu erwarten, dass man diesen Bereich des privaten Glücks aussparen müsse, wenn der Film in einem Unrechtsregime spielt. Als wenn man vom privaten Glück in Diktaturen nicht erzählen dürfe. Das ist ja so, als würde man den DDR-Bürgern sagen, ihr habt dummerweise im falschen System gelebt, insofern sind eure privaten Erinnerungen auch wenig wert, weil sie leider unter den falschen Vorzeichen eines Unrechtsregimes erlebt wurden. Das ist doch völliger Quatsch.

SH: Wurde an Sie in der Öffentlichkeit der Vorwurf herangetragen, Sie würden die DDR verharmlosen?

WB: Ja klar. Ich hab das nicht verstanden und den Kritikern nur immer wieder sagen können, schaut euch den Film bitte einfach genau an. Erstens mache ich gerade keine Filme, die den Zuschauer in Geiselhaft nehmen, das heißt, ihm keine Zeit lassen, Luft zu holen und sich eine Meinung zu bilden. In meinen Filmen können die Zuschauer quasi frei herumwandern. Sie werden nicht gezwungen, zentrale Aspekte so oder so zu sehen. Und zweitens spielt der Film, bis auf die finstere Demonstrationsszene zu Beginn, überhaupt nicht mehr zu DDR-Zeiten. Deswegen verstehe ich diese Vorwürfe nicht. Es geht im Zentrum einfach darum, dass ein junger Mann, um das Leben seiner Mutter zu retten, die gerade gestürzte Welt wieder auferstehen lässt.

12 1973 (I), Regie: Federico Fellini.

SH: Glauben Sie, dass Ihr Film oder andere Filme über die DDR die historischen Vorstellungen der Zuschauer nachhaltig prägen?

WB: Ja, was mich auch nervt. Filme können eine enorme normative Kraft haben. »Good bye, Lenin!« wurde zum Beispiel sehr häufig im Schulunterricht eingesetzt und, das ist zu befürchten, mit ganz anderen Zielen als den meinen. Und dann noch didaktisch, obwohl der Film alles andere als didaktisch ist.

Ich warte schon mit Entsetzen auf diesen Walküre-Film[13], der bald über uns hereinbrechen wird. Mit Tom Cruise als Stauffenberg. Ich ahne jetzt schon, wie dieser Hollywoodfilm das Phänomen Stauffenberg mit den typischen Mitteln der klassischen amerikanischen Heroengeschichte aufbereitet hat. Stauffenberg ist ja in seinen Anfängen eine äußerst fragwürdige Figur, preußischer Junker und begeisterter Anhänger Hitlers, der sich zu einem Widerständler entwickelt, dessen Beweggründe sich meines Erachtens deutlich von den ihm in Schulbüchern zugeschriebenen unterscheiden. Man müsste ihn als gebrochene, wenig heldentaugliche Figur zeichnen, die aus der Verzweiflung heraus handelt, dass der Rest der Wehrmacht verheizt und der letzte Rest von Deutschland zerstört werden könnte. Heiliges Deutschland, sei's drum. Es ist zu befürchten, dass wieder ganze Schulklassen in diesen Film geschickt werden und Stauffenberg dann ein konkretes Gesicht bekommt, nämlich das von Tom Cruise. Und Geschichte wieder normiert wird.

13 Valkyrie, 2008 (USA), Regie: Bryan Singer.

Hilde Hoffmann

Geschichte und Film – Film und Geschichte

Durch historische Filme und Filme mit historischen Themen wird ein Großteil unserer Geschichtsvorstellungen gespeist. Filmbilder, ob in dokumentarischem oder in fiktionalem Kontext produziert, organisieren nicht nur unser Geschichtswissen, sie stellen eine Gegenwart von Vergangenheit bereit, die mehr Menschen erreicht als die Darstellungen von Historikern.

Mit dem Film hat sich eine neue Art der historischen Überlieferung und der Erinnerung gebildet. Filme werden einerseits als »*Archive* benutzt, können andererseits aber auch als Träger von Diskursen über Gegenwart, Geschichte und Zukunft« fungieren«[1]. Sie lassen sich also als *Speichermedien* und als *Verbreitungsmedien* auffassen. Aus dieser Doppelfunktion heraus bestimmt sich ihr enormer Stellenwert für die Konstruktion und Vermittlung von Geschichte sowie ihr Anteil an der Herausbildung eines kulturellen Gedächtnisses einer Gesellschaft.

Inzwischen füllen aktuelle Filme mit historischen Themen die Kinos, und Filmproduktionen der letzten 100 Jahre sind Teil des täglichen Fernsehprogramms. Der Geschichtsfilm hat einen festen Platz in den Klassenzimmern, Vorträge zum Verhältnis von Film und Geschichte gehören inzwischen zur Routine akademischer Konferenzen. Seit einigen Jahren beschäftigen sich auch Historiker vermehrt und auf vielfältige Art mit Film. Eine veränderte Situation wurde hierfür zum Anlass: Kino- und Fernsehfilme mit historischen Themen werden in der Regel nicht durch Historiker produziert; damit haben Historiker kein Monopol mehr über historisches Material. Ihre Aufgabe ist nicht mehr schwer zugängliches Material zusammenzustellen, zu deuten und der Öffentlichkeit zugänglich zu machen. Historiker müssen nun mit Material arbeiten, das der Öffentlichkeit bereits zugänglich und von Nicht-Historikern bearbeitet worden ist. Diese Veränderungen haben in der Geschichtswissenschaft zu verstärkter Aufmerksamkeit für Methoden der Einordnung und der Analyse filmischer Historiografie sowie für den Wert filmischer Geschichtsschreibung generell geführt.

1 Koch, Gertrud: Film, Fernsehen und neue Medien. In: Knigge, Volkhardt / Frei, Norbert (Hg.): Verbrechen erinnern. Die Auseinandersetzung mit Holocaust und Völkermord. München 2002, S. 413–422, hier S. 413.

Film und Geschichte: Ein weites Feld

Das Feld von filmischer Historiografie ist nicht nur weit, es ist auch heterogen. Der spektakuläre Teil des Korpus, dem besondere Aufmerksamkeit entgegengebracht wird, besteht aus aufwändigen Filmproduktionen, die historische Epochen, Ereignisse oder Figuren in den Mittelpunkt stellen und mit gewaltigem Budget über Kostüme, ›historisch authentische‹ Szeneaufbauten sowie über Komparsenzahlen und Stars einen enormen Schauwert aufbauen. Solche *Historien-* und *Monumentalfilme* orientieren sich in der Regel an den Epochen der Geschichtswissenschaft: von »Sandalen-« oder *Antikenfilmen* (»Alexander«, D/USA/N/F 2004) über Ritter- und *Mittelalterfilme* (»Kingdom of Heaven«, UK/E/USA/D 2005), Ancien regime (»Das Parfüm«, D/F/E/USA 2006) bis hin zu Filmen mit zeithistorischem Hintergrund, z.B. dem Nationalsozialismus (»Der Untergang«, D 2004) oder der deutschen Wiedervereinigung (»Good bye Lenin«, D 2003). Filme mit historischem Setting bedienen dabei die unterschiedlichsten Genres[2]: Melodramen, Kriegs- oder Abenteuerfilme, Fantasy, Western, Heimatfilme oder Biopics[3] sind Teil filmischer Historiografie, in der Bildmotive, Figuren und Narration entsprechend den jeweiligen Genrekonventionen organisiert werden. Darüber hinaus findet filmische Geschichtsschreibung in den unterschiedlichsten Gattungen[4] statt – vom Experimentalfilm bis zur Animation. Sind Filme als Genrefilme allgemein vor allem im Kontext der Filmgeschichte zu situieren, so zeichnen sich Filme mit historischen Themen dadurch aus, dass sie zwei Bezugspunkte haben: die Formensprache des Films sowie das System historischer Wissensproduktion, an dem sie sich orientieren.

In das Feld filmischer Historiografie sind neben den konventionellen Historienfilmen auch Filme einzuordnen, die Gegenwart explizit auf Vergangenheit beziehen (»Die innere Sicherheit«, D 2002), nach Spuren der Vergangenheit in der Gegenwart suchen (»Vaterland«, D 2002), oder historische Schauplätze filmisch befragen (»Die Mauer«, D 1989/90). Darüber hinaus gibt es Filme, die Brüche im Verhältnis zwischen privater und offizieller Geschichte offen legen (»Die Unberührbare«, D 2000) oder herkömmliche historische Deutungsmuster in Frage stellen (»Das deutsche Kettensägenmassaker«, D 1990). Es finden sich auch historische Reflexionen, die ganz auf kinematischen Realismus verzichten, wie Hans Jürgen

2 Unter einem (Film)Genre wird eine Gruppe von Filmen mit Gemeinsamkeiten z.B. in einer bestimmten Erzählform oder Grundstimmung, hinsichtlich des Themas, der Handlung oder in historischen oder räumlichen Bezügen verstanden. Dieses Repertoire konventionalisierter Formen geht mit einem stabilen Verständnis sowohl seitens der Produzenten als auch beim Publikum einher und kann auch als Marketingkommunikation verstanden werden.

3 *Biopics* (Kurzform für *Biographical Picture*) dramatisieren das Leben historischer Personen.

4 Gattungen unterscheiden große formale oder strukturale Zusammenhänge, wie Spielfilm, Dokumentarfilm, Industriefilm, Animation. Sie sind jedoch nicht als unveränderliche »natürliche« Systeme zu sehen.

Syberberg »Hitler, ein Film aus Deutschland« (D 1977). Und es gibt Filme, die Überlegungen anstellen, wie Geschichte in die Gegenwart hinein ragt (»Geschichtsunterricht«, D 1972), oder die Geschichtsschreibung selbst reflektieren (»Die Patriotin«, D 1979).

Schließlich können alle Filme, die in den letzten Jahrzehnten produziert wurden, unabhängig davon, ob sie Vergangenheit oder Gegenwart thematisieren, als historisches Quellenmaterial fungieren. *Jeder Film kann als historische Quelle genutzt werden.*

Geschichtswissenschaft und Film

Im Umgang mit Film und Geschichte lassen sich grob drei Herangehensweisen unterscheiden, die sich in den vergangenen Jahren in unterschiedlichem Maß in der Geschichtswissenschaft etabliert haben. Allen drei Ansätzen gemeinsam ist der Versuch, die Beschäftigung mit Film dem auf Schrift basierten Kanon der Geschichtswissenschaft unterzuordnen.

Ein erster inzwischen etablierter Zugriff ist der Umgang mit *Film im Sinne einer historischen Quelle*, die über alle Gattungen und Genres hinweg Auskunft über ihre Entstehungszeit und eine vergangene Epoche geben kann. Hier wird Film unabhängig davon, ob er historische oder zeitgenössische Themen bearbeitet, als historiographisches Material aufgefasst. Ausgangspunkt für diese Beschäftigung mit Film war die 1947 veröffentlichte Studie *From Caligari to Hitler*, in der Siegfried Kracauer anhand deutscher Filmproduktionen der 1920er Jahre Kollektivdispositionen nachspürte, die nach seiner Einschätzung zum Nationalsozialismus führten.[5] In dieser Tradition stehen Forschungsansätze, die (Spiel)Filme als (Re)Produktionen zeitgenössischer diskursiver Anordnungen, naturalisierter Deutungen und ästhetischer Formen verstehen – selbst wenn sie sich längst anderer Methoden als Kracauer bedienen.[6]

Ein zweiter Modus konzentriert sich auf die *Darstellung von Geschichte im Film.* Filme werden hierbei als Historiografie in bewegten Bildern verstanden. Sie können Auskunft über den Stand der Historiografie zu ihrer Entstehungszeit geben – indem sie daraufhin befragt werden, wie ein historisches Ereignis zu einer bestimmten Zeit diskursiviert und welche Formen der Darstellung gewählt wurden.

Ein dritter Modus ist die *Beschäftigung mit Filmgeschichte.* Indem länder-, genre- oder zeitbezogen Produktionsdaten und Beschreibungen von Filmen zu-

5 Kracauer, Siegfried: Von Caligari zu Hitler. Eine psychologische Geschichte des deutschen Films, Frankfurt a. M. 1984 (1947).

6 Auch Filmaufnahmen historischer Ereignisse, die als Quellen in der historischen Forschung eingesetzt werden, können hier eingeordnet werden.

sammengestellt werden, thematisiert die Filmgeschichte das Verhältnis von Film und Gesellschaft aus der Perspektive des Films und betrachtet die Geschichte des Films als fortschreitende Entwicklung seiner Formen und technischen Möglichkeiten.

Die Schwierigkeiten einer Klassifikation

Die Klassifikation von Filmen mit historischem Inhalt gestaltet sich schwierig und ist umstritten. Oftmals vorgeschlagene kleingliedrige Unterteilungen erweisen sich in theoretischer Perspektive oft als nicht haltbar und in der Praxis als unbrauchbar. Häufig zitiert von Historikern und von Filmwissenschaftlern wird jedoch die Einteilung des amerikanischen Historikers Robert A. Rosenstone, einer der zentralen Figuren im Bereich der Forschung zu Film und Geschichte. Er schlägt zur Klassifizierung von Filmen mit historischem Inhalt eine Dreiteilung in Geschichte als Drama, als Dokument und als Experiment vor.[7] Spielfilme ordnet er der Kategorie Drama zu, unterschiedliche dokumentarische Formen der Kategorie Dokument. Die dritte Kategorie, das Experiment, verwendet Rosenstone zur Abgrenzung unterschiedlicher Filme von konventionellen Historienfilmen. Rosenstone gibt selbst zu bedenken, dass im *Drama* wie im *Dokument* nach den gleichen erzählerischen Mustern Geschichte konstruiert wird. Spätestens bei der Montage schaffen Dokumentarfilme eine Fiktion, indem sie in der Realität unverbundene Ereignisse selektieren, ordnen und in einen Zusammenhang bringen. Auch dokumentarisches Material wird in eine dramatische Struktur gebracht, die auf *continuity editing* und einer aus dem Spielfilm bekannten Gestaltung von Figuren beruht.

Werden einerseits im Dokumentarfilm Spielszenen mit Zeugeninterviews und historischen Dokumenten zu einem Narrativ verwoben, so arbeiten fiktionale Produktionen andererseits mit formalen Merkmalen, die dokumentarisch konnotiert sind. Häufig werden sie durch vielfältige paratextuelle oder intermediale Verweise und Bezüge als authentisch markiert und auf die Realität bezogen. Fiktionale Produktionen machen dabei oft zutreffende Feststellungen über historische Orte, Personen oder Ereignisse, ohne dass ihr grundlegender Charakter als Fiktion dadurch eingeschränkt würde. Es gibt keine Kriterien, die eine Definition fiktionalen und dokumentarischen filmischen Erzählens per se ermöglichen.

Auch in der Geschichtswissenschaft wird die Unterscheidung zwischen fiktionalen und dokumentarischen Erzählungen im Hinblick auf die Klärung des Status der Geschichtsschreibung als irreführend betrachtet. So sieht der Historiker

7 Rosenstone, Robert A.: The Historical Film: Looking at the Past in a Postliterate Age, in: Landy, Marcia (Hg.): The Historical Film. History and Memory in Media, New Brunswick 2001, S. 50–66.

Hayden White eine substantielle Gleichheit der Erzählstrategien, bezüglich der Ziele von fiktionalem Erzählen und narrativer Historiografie. Er unterstreicht die konstruktiven Elemente in der Verarbeitung von historischen Fakten zu historiografischen Erzählungen und deutet sie als Fiktionalisierung.[8]

Die Kategorisierung auf der Ebene gattungsspezifischer filmischer Historiografie ist also problematisch. Die Unterscheidung Dokument / Fiktion lässt sich nicht ohne weiteres aufrechterhalten. Auch der Begriff des *Experiments* ist nicht hilfreich, da mit ihm sehr unterschiedliche Filme zusammengefasst werden, und zwar aufgrund ihrer Abweichung vom Historiendrama. Ein weiteres Problem ist, dass Film hier nur als neutraler Träger gedacht und nicht in seiner spezifischen Medialität, die für die Darstellung von Geschichte bestimmend ist, thematisiert wird.[9]

Demzufolge bietet sich ein nicht an starren Klassifikationen orientiertes, sondern eher ein den Spezifika von Filmen allgemein angemessenes analytisches Vorgehen an.

Der Realismus des Historienfilms

Die meisten Historienfilme setzen auf einen filmischen Realismus, durch den eine scheinbar natürliche Welt gebaut werden kann. Die Gegenwart der Vergangenheit, die die Leinwand erschafft, und die dem Film eigene »Vollständigkeit« – die sinnliche Wahrnehmung des Flusses von Ton und Bildern – insistiert in besonderem Maß auf ihre historische Realität. Beim historischen Film wird uns fortlaufend vermittelt, es läge kein filmischer Code vor, der Geschichte nach Bild- und Erzählkonventionen gestaltet, sondern die Leinwand böte uns ein Fenster, durch das wir auf die Vergangenheit blicken könnten. Diese Vorstellung ist nicht nur mit der *filmischen* Historiografie verbunden. Auch geschriebene Geschichte führt oft scheinbar unvermittelt in die Welt der Vergangenheit, sie ist jedoch ebenfalls durch Konventionen der Sprache und der Gattung geformt.

In konventionellen Historienfilmen wird Geschichte zur *geschlossenen Erzählung* mit Anfang, Mitte und Schluss und einer moralischen Botschaft, die in der Regel von einer Veränderung zum Besseren und von menschlichem Fortschritt erzählt. Diese Narrative bauen auf der Vorstellung von Abfolge und Entwicklung auf. Sie können als Repräsentationen der Welt verstanden werden, die nicht verbunde-

8 White, Hayden: Tropics of Discourse. Essays in Cultural Criticism. Baltimore / London 1978, S. 121 (in deutscher Übersetzung 1986, 145 ff.).

9 Vergleiche zu dieser Kritik: Berg, Olaf: Benjamin und Deleuze: Ansätze für eine kritische Geschichtswissenschaft in Filmbildern. http://www.olafberg.net/forschung/dokumente/zfkt-v2.2a.pdf (1.6.2008).

ne Teile zu einem Ganzen kombinieren. Solche Filme geben vor, Realität lediglich zu zeigen, wo sie diese doch selbst erst komponieren. Häufig bieten Historienfilme eine Geschichte, die nicht nur linear und kausal, sondern *unilinear* und *monokausal* ist. Der kinematische Realismus erlaubt keinen Zweifel, historische Alternativen zu der erzählten Version gibt es nicht.

Filmische Geschichtsschreibung stellt sich häufig als Geschichte von Individuen dar (z. B. »Luther«, USA / D / GB 2003). Individuen stehen im Vordergrund des historischen Prozesses. Damit geht einher, dass persönliche Probleme für historische Problemlagen stehen und die Lösung der persönlichen Probleme auch als Lösung der historischen Konflikte erscheint. Mit dieser *Personalisierung* geht eine Vermeidung der Reflexion sozialer oder struktureller Fragen einher.

Film *emotionalisiert* und *dramatisiert* Geschichte durch Ausrichtung auf filmische Figuren, durch deren Augen wir dem Film folgen, durch Zuspitzungen auf persönliche Dilemmata und durch die Konzentration auf Schauspieler, historische Zeugen oder durch close ups auf menschliche Gesichter. Geschichte scheint oft nur zu geschehen, um emotionale Spannung intensiv zu halten, um komplexe Zusammenhänge zu vereinfachen und in eine plausible narrative Struktur zu überführen. Historische Spielfilme geben uns einen »spezifischen *look der Vergangenheit*«.[10] Gerade die Kostüme, Waffen, Gebäude etc. unterstützen den Mythos der Faktizität. Das führt dazu, das der *look* selbst zur Geschichte wird und Figuren oder Geschehnisse hierüber authentifiziert werden können.

Auf die Darstellung von Geschichte zielende Filme sind – auch wenn sie keine offensichtlichen historiografischen »Fehler« enthalten – immer Konstrukte. Alle historischen Filme schließen erfundene Figuren mit ein oder erfinden Elemente von Charakteren. Der mit Realismus operierende Geschichtsfilm legt sich auf Dinge fest, die nicht überliefert sind: wie jemand ausgesehen hat, sich bewegt und angehört hat. Historienfilme müssen das Schweigen und die Lücken der Quellen aus- und auffüllen, weil sie ein vollständig sichtbares Bild von Geschichte konstruieren. Sie fokussieren die *psychologischen Motivationen* der Figuren, die nicht zu rekonstruieren sind (ein gutes Beispiel hierfür sind die verschiedenen Motivierungen der Titelfigur in den vielen unterschiedlichen Jeanne-d'Arc-Verfilmungen.). Filme *erfinden* die Texte, über die es keine Quellen gibt: den direkten gesprochenen Dialog der historischen Akteure. Sie wollen zeigen, wie es tatsächlich gewesen ist, und produzieren hiermit Ideologie im Sinne von fest gefügten eindimensionalen Deutungsmustern und Weltbildern. Nicht nur dokumentarische Filmbilder, auch fiktionale Bilder können, nachdem sie Teil unseres Bildgedächtnisses geworden sind, in immer neue Kontexte eingelassen und im Rahmen neuer Interpretationen als ›historische Bilder‹ zitiert werden und damit als Legitimierungen und Plausibilisierungen unterschiedlichster Geschichtsdeutungen dienen.

10 Rosenstone 2001, S. 56.

Der formal konventionelle realistische Historienfilm neigt zur Reproduktion herrschender Deutungen von Vergangenheit und zur Verfestigung hegemonialer Gesellschaftsbilder. In filmischer Historiografie konkretisiert sich die Deutungsmacht über Vergangenheit, aus der sich auf besondere Weise Handlungsaufträge für die Zukunft ableiten lassen. Jeder Blick auf die Vergangenheit findet aus der Sicht des Heute statt und verfolgt ein Anliegen für die Gegenwart und die Zukunft. Doch es gibt auch Filme, die die beschriebene konventionalisierte Praxis filmischen Realismus verweigern und ihren Charakter als Konstrukt nicht leugnen. Dies kann auf formal sehr unterschiedliche Weise und mit unterschiedlichen Effekten erfolgen. *Eine* Strategie zur Brechung des Illusionscharakters besteht darin, dass die Ereignisse und Vorgänge in einer zumindest teilweise bewusst unglaubwürdigen Vergangenheit spielen (»Geschichtsunterricht«, D 1973). Historisierendes Dekor kann durch Elemente einer anderen Epoche gebrochen werden (»Caravaggio«, GB 1986), auch können narrative Kontinuität sowie die historische Chronologie verweigert werden. Filme, die konventionelle historische Repräsentationsmuster durchbrechen, verzichten häufig auf Psychologisierung und Einfühlung (»Der Kontrakt des Zeichners«, GB 1982) oder stellen ihren Konstruktcharakter durch inszenatorisch ausgestellte filmgestalterische Mittel aus (»Die Ehe der Maria Braun«, D 1979).

Die Arbeit am und mit Film als Teil historischer Forschung

Wenn über den Wert eines Films für die Geschichtswissenschaft geurteilt werden soll, so wird immer wieder die zu hinterfragende »sachliche Richtigkeit« desselben angeführt. Dieses Kriterium ist angebracht, aber auch unbefriedigend. Denn es kann sich eigentlich nur auf zwei Aspekte beziehen: überlieferte Fakten und eine getreue optische Ausstattung. Fragen an filmische Geschichtsschreibung können sich jedoch nicht darauf beschränken, ob ein Film historische Details entsprechend herkömmlicher Historiografie ›richtig‹ wiedergegeben hat. Bei der Auswertung von filmischer Geschichtsproduktion kann es nicht darum gehen, jenseits der filmischen Deutung ›historische Fakten‹ freizulegen; vielmehr kommt es darauf an, die Formen der Bedeutungszuweisungen offen zu legen.

Um einen Film historisch und historiografisch einordnen zu können, gilt es die *Herkunft* des Films und den *gesellschaftlichen Zusammenhang* zu erfassen: Produktionszeit und -ort, Auftraggeber, Produzent usw. Film ist sowohl auf der Produktionsseite als auch auf der Rezeptionsseite gesellschaftlich bedingt und angelegt, auch daher erscheint es wenig sinnvoll, geschichtswissenschaftliche Filmanalyse lediglich als Werkanalyse zu betreiben. Film wird von einem *Team* gemacht: Es müssen Finanziers gefunden werden, Schauspieler, Techniker und Cutter sind involviert. Treatments, Romanvorlagen oder vorgängige Fernsehberichterstattung sind Teil *verschiedener Produktionsphasen*. Auch ist die *gesellschaftliche Diskursivierung* eines Films von Interesse. Alle historischen Darstellungen und Deutungen, egal ob schriftlich, filmisch oder Oral History, beziehen sich auf *vorhandenes historisches Wissen*. So steht auch jeder Film in einem Verhältnis zu anderen Einschätzungen, Deutungen und Visualisierungen historischer Vorgänge oder Figuren. Auch diese Positionierungen sind für die historische Beschäftigung aufschlussreich. Filme verbinden in der Regel verschiedene Formen des Wissens, Elemente schon vorhandener Bedeutungsproduktion sowie Elemente, die neu und noch nicht kanonisiert sind. Auch wie diese verschiedenen Elemente miteinander agieren, ist für die analytische Arbeit mit filmischer Historiographie von Bedeutung.[11]

Die Ästhetik der Filme ist von der Produktion abhängig, also vom ökonomischen und institutionellen System, innerhalb dessen sie entstehen. Dieses ist wiederum in ein *politisches, ökonomisches* und *institutionelles* Gesamtumfeld eingebunden. Zudem wird die ästhetische Form von den *technologischen Veränderungen* bestimmt.

Zur Beschäftigung mit historiographischem Film sind filmanalytische Methoden notwendig. Für die Analyse entscheidend sind die Fragen, die an das filmische Material gestellt werden. Sollen die Form, in der Geschichte im Film erscheint, und die damit verbundenen Möglichkeiten und Probleme untersucht werden, kann die Frage nach der Form der Produktion historischer Welt einen Anfang bieten. Werden zeitgenössische Requisiten, Kleidung, Möbel, Kunst, Architektur und zeitgenössische Musik herangezogen? Welche Körperbilder, Gesten und Mimiken werden eingesetzt, auf welche Symbole wird gesetzt und welche ›historischen Orte‹ werden aufgesucht, um einen *look* entstehen zu lassen?

Hier bietet sich auch die Frage nach filmischen Authentifizierungsstrategien an. Die Verwendung von alten Fotos oder von Archivmaterial indiziert schon aufgrund der spezifischen Materialität Historizität und beharrt auf einem ›so-ist-es-gewesen‹. Häufig wird die vorgängige Geschichte, die die filmische Diegese[12] oder die ›Gewordenheit‹ einer filmischen Figur plausibel macht, über Super8-Film oder Video Inserts aus ›alten‹ Amateuraufnahmen eingeführt (»The Game«, 1997). Verwackelte Bilder einer Handkamera verweisen ebenfalls darauf, zu einer anderen Zeit entstanden zu sein (»Mr. And Mrs. Bridge«, 1990). Auch Daten- und Ortseinblendungen oder Schrifttafeln, die informieren, was nach der Geschichte mit den Figuren geschah, sind Teil filmischer Authentifizierungsstrategien und regen zu einer dokumentarisierenden Lesart an.

11 Sorlin, Pierre: How to look at an »Historical« Film, in: Landy, S. 45.

12 Die Diegese ist die erzählte innerfilmische Welt.

Für den filmischen Blick auf die Vergangenheit innerhalb einer filmischen Erzählung haben sich ästhetische Formen etabliert. Eine zurückliegende Zeit wird oft durch markierte Rückblenden (»My Own Private Idaho«, USA 1992) dargestellt. Visuelle Konventionen wie Schleier, Vorhänge oder Nebel visualisieren häufig die Übergänge in eine andere historische Zeit (»Die Zeitmaschine«, USA 1960). Die visuelle Verschwommenheit wird hier häufig gleichgesetzt mit einer ›Verschwommenheit der Erinnerung‹, die dann wieder in eine klar fokussierte zurückliegende historische Situation führt (»Grüne Tomaten«, USA 1991). Standbilder und Fotografien stehen im historiographischen Film generell für Bilder einer vorgängigen Zeit und die Erinnerung an sie. Oft sind diese in schwarz-weiß oder in sepia gehaltenen Bilder ein zusätzlicher Verweis auf ihre Zeitlichkeit (»Jacquot«, F 1991). Häufig werden auch Amateurmaterial oder Familienfilme zur Repräsentation vergangener Zeit genutzt (»Paris, Texas«, D / F 1984).

Auch die Frage, auf welche Subjekt-Perspektive der Zuschauer durch die filmische Narration ausgerichtet wird, ist von Bedeutung. Welche Figurenkonstellationen sind für die Narration relevant? Welche Prinzipien, Figuren oder Gruppen werden gegeneinander gesetzt, um Vergangenheit zu erzählen? Und welche Diskursformationen und welche Kollektivsymbole finden Verwendung? Auch solche Fragen können auf der Suche nach der politischen und historischen Logik, die sich durch den Film hindurch erschließt, hilfreich sein.

Historiker benötigen nicht nur ein komplexes Instrumentarium, um das Potential filmischer Geschichtsschreibung zu erfassen. Filmische Historiografie ernst zu nehmen, heißt auch zu akzeptieren, dass textuelle Historiografie nur ein Weg ist, über die Bedeutung von Vergangenheit nachzudenken.

Weiterführende Literatur

Landy, Marcia (Hg.): The historical Film. History and Memory in Media. New Brunswick 2001.

Meier, Mischa / Slanicka, Simona (Hg.): Antike und Mittelalter im Film. Konstruktion – Dokumentation – Projektion. Köln / Weimar / Wien 2007.

Elsaesser, Thomas / Buckland, Warren: Studying Contemporary American Film. A Guide to Movie Analysis. London 2002.

Gunning, Tom: The Work of Film Analysis: Systems, Fragments, Alternation, in: Semiotica 144–1 / 4 (2003), S. 343–357.

Thomas Balzer

Die Fernsehdokumentation – ein Werkstattbericht

Historiker und Journalisten, die historische Fernsehdokumentationen erstellen, haben unterschiedliche Zielsetzungen. Der Historiker will seine Forschungsergebnisse in allen Einzelheiten darstellen, es geht ihm um die Komplexität seiner Deutungen. Der Journalist unterliegt den Zwängen des Sendeformats. Er will sein Publikum erreichen. Dafür muss er die Bedürfnisse und Interessen der Zuschauer kennen, die Fernsehdokumentation im Programmumfeld danach ausrichten und methodische Überlegungen zur Präsentation anstellen. Neben der Vermittlung von historischen Fakten heißt das vor allem: Das Thema muss einen Gesprächswert haben und sich emotional für eine Fernsehdokumentation aufladen lassen. So werden die Abläufe historischer Ereignisse personalisiert und nachvollziehbar erläutert. Komplexe Zusammenhänge müssen vereinfacht werden.

Die Filmidee

Wie entsteht eine Fernsehdokumentation zu einem historischen Thema? Häufig bilden Gedenk- oder Feiertage den Anlass dafür. Als Beispiel sei hier über eine Fernsehdokumentation über den *Alten Garten* in Schwerin aus dem Jahre 2008 berichtet. Die Bilder sind faszinierend. Inmitten des historischen Ensembles zwischen dem Schweriner Schloss, dem Mecklenburgischen Staatstheater und dem Staatlichen Museum liegt dieser *Alte Garten*. Hier haben sich zu allen Zeiten die präsentiert, die die Macht in Mecklenburg ausgeübt haben. Nicht nur Regionalgeschichte, auch markante Linien der deutschen Geschichte des 20. Jahrhunderts lassen sich an diesem Ort festmachen. Der Filmraum für eine 45-minütige Fernsehdokumentation ist gefunden. *Pomp, Paraden und Proteste – der* Alte Garten *in Schwerin,* so heißt der Arbeitstitel der Sendung. Alle Szenen sollen auf oder an dem Platz angesiedelt werden. Das Konzept sieht vor, die Geschichte des Platzes in fünf Kapiteln zu erzählen: die Zeit des Großherzogs, die NS-Zeit, die Ankunft der Alliierten, die DDR-Zeit und die des Sturzes des SED-Regimes im Herbst 1989.

Als dramaturgisches Hilfsmittel in der Planungsphase dient der *Erzählsatz*[1]. Er bildet gleichsam das Skelett des Films. Der *Erzählsatz* verlangt, dass sich Autoren

1 Schult/Buchholz (Hg.), S. 263, www.journalistische-praxis.de/fern/texte/dramaturgische_Hilfen.pdf, Heussen, Gregor Alexander, Dramaturgische Hilfen für Aufbau und Gestaltung.

vorab Gedanken darüber machen, welche *Hauptfigur* gewählt werden soll, welche *Attribute* diese besitzt, welche Handlungsmotive *Haupt- und/oder Nebenfiguren* treiben. Welche *Veränderungen* sollen gezeigt werden, welche *Ziele* werden verfolgt? Außerdem gilt es, einen oder mehrere *rote Fäden* für den Verlauf des Filmes festzulegen. Das alles hat Einfluss auf die Filmgestaltung bis hin zur Steuerung durch den Filmtext.

In dieser Fernsehdokumentation soll der weite, malerisch gelegene und geschichtsträchtige Platz als *Hauptfigur* dienen, als *Veränderung* die bauliche Umgestaltung zu einem Aufmarschplatz. *Nebenfiguren* sollen Menschen zu allen Zeiten mit ihren Erlebnissen und Gefühlen hier auf dem Platz sein. Der *rote Faden* ist die Chronologie der Ereignisse vom Treffen des Großherzogs mit dem dänischen König Christian 1913 bis zur friedlichen Revolution im Herbst 1989. *Emotionales Ziel* der Fernsehdokumentation über den *Alten Garten* ist, das Interesse an der Schönheit dieses Platzes inmitten außergewöhnlicher Architektur zu wecken. Als *argumentatives Ziel* soll gezeigt werden, dass alle Veränderungen für die Menschen der Region in den letzten fast 100 Jahren von diesem Platz ausgingen oder sich an ihm demonstrieren lassen.

Parallel zu den konzeptionellen Überlegungen laufen über Monate die Archivrecherchen. Eine Materialsammlung aus Büchern, wissenschaftlichen Abschlussarbeiten, Filmen, Fotografien, Zeitungsberichten und Aktenkopien entsteht, die Suche nach Zeitzeugen setzt ein. Erst danach lässt sich einschätzen, ob der Stoff für eine Fernsehdokumentation trägt. Die Grundlast dieser Vorarbeiten tragen immer die Historiker. Sie sind unerlässliche Begleiter der Journalisten. Sie können einen Überblick über Archivbestände geben. Bei der Produktion des Fernsehtextes können sie als Berater wirken. Für die Geschichte des *Alten Gartens* ergeben diese Expertenkontakte schnell, dass die Mächtigen sich in allen Zeiten auf dem Platz auch durch das Medium Film verewigen wollten.

Die Metapher im Film – Arbeit ohne Zeitzeugen

Doch wo liegen die Filmrollen, Magnetbänder und Foto-Platten? Wichtige Anhaltspunkte kommen aus dem Mecklenburgischen Landeshauptarchiv und dem Schweriner Stadtarchiv. Da findet sich im Bestand die Video-Kopie einer Parade anlässlich der Geburtstagsfeierlichkeiten des Großherzogs Friedrich Franz IV. vom 4. April 1914 – eine Minute und 30 Sekunden, sensationell. Welche Regimenter angetreten sind und wie lange die Parade gedauert hat, steht in den Regionalzeitungen jener Zeit, nachzulesen im Stadtarchiv. Hinzu kommen Milieuschilderungen aus Lebenserinnerungen von Hofbediensteten. Sie müssen quasi die Rolle von Zeitzeugen ausfüllen.

Die Lizenzrechte zur Ausstrahlung des Großherzog-Films von 1914 liegen bei der Firma *Pathé* in Paris. Nur nach deren Zustimmung und Abgeltung einer Gebühr kann das Material für die Fernsehdokumentation verwendet werden. Dieses Verfahren des Rechteerwerbs gilt für alle historischen Filmaufnahmen.

Für eine historische Einordnung in das Jahr 1914 und den bevorstehenden Weltkrieg reichen die bewegten Bilder der Pariser Firma nicht aus. Es müssen weitere Bilder oder Fotografien hinzugefügt werden. Unter den Hunderten von Fotografien der großherzoglichen Familie, die im Stadtarchiv Schwerin lagern, ist eines besonders interessant. Darauf zu sehen ist die Adelsfamilie im Porträt und am Bildrand ein Spielzeugsoldat, der bei normaler Auflösung nur schemenhaft zu erkennen ist. Die Durchsicht aller offiziellen Protokollfotografien dieser Serie zeigt, dass der Spielzeugsoldat immer wieder auftaucht, beispielsweise in der Hand des etwa siebenjährigen Erbgroßherzogs. Hat das Kind die Figur auf das Bild geschmuggelt? Hat der Großherzog persönlich diesen Gag anbringen wollen? Die Vergrößerung der Figur offenbart: Der Spielzeugsoldat trägt eine Gasmaske! Ein in diesem Kontext treffenderes Synonym für die Brutalität des Ersten Weltkriegs mit den Giftgaseinsätzen lässt sich schwerlich finden. Das Filmkapitel endet mit der Einblendung einer Postkarte vom Besuch des Großherzogs Friedrich Franz IV. bei seinen Truppen – die Bildgeschichte ist komplett. Durch diese überraschende Groteske des Spielzeugsoldaten soll in den Köpfen der Fernsehzuschauer die Geschichte weiterleben: Giftgas-Einsatz gleich Unmenschlichkeit des Krieges und letztlich der Anfang vom Ende der Monarchie 1918, auch der Schweriner Großherzog muss abdanken.

Die Suche nach Zeitzeugen

Alle weiteren vier Kapitel der Fernsehdokumentation über den *Alten Garten* sind durch eine Mischung historischer Filme und Fotografien mit Erinnerungen von Zeitzeugen gekennzeichnet. Sie sollen in dieser Fernsehdokumentation die historischen Zusammenhänge in emotionale Schwingungen versetzen. Die Zuschauer sollen im Idealfall ihre Alltagshandlungen mit denen der Zeitzeugen vergleichen können.

Die Auswahl der Zeitzeugen unterliegt erheblichen Einflüssen. Was hat sich etwa sieben Jahrzehnte nach der NS-Zeit so ins Gedächtnis eingebrannt, dass es faktisch wiedergegeben werden kann? Neben der qualitativen Frage kommt für diese Fernsehdokumentation erschwerend hinzu, dass die Erinnerung in einer Beziehung zu einem Ereignis auf dem *Alten Garten* stehen muss. Auf wie viele ältere Menschen mag das noch zutreffen? Dass sich jemand an Ereignisse aus den überlieferten Schwarzweiß-Filmen von 1934 erinnern kann, wäre ein noch größerer Zufall.

Grundsätzlich besteht beim Umgang mit Zeitzeugen die Gefahr, dass nicht über Erlebtes, sondern über nachträglich Erfahrenes berichtet wird. Es bedarf neben der Erinnerungsleistung der Zeitzeugen einiger Dokumente oder Fotografien als Nachweis. Ein solcher Glücksfall tritt beim *Alten Garten* ein. Über Recherchen in den Büros der Schweriner Kirchgemeinden findet sich ein älterer Mann, der über seine Auftritte als Heranwachsender in einem Fanfarenzug berichten kann und davon noch eine Fotografie aus dem Jahr 1944 besitzt. Sie zeigt eine Vereidigung auf dem *Alten Garten*. Und auch eine zweite Recherche-Überlegung ist von Erfolg gekrönt. Von Auftritten des *Mecklenburgischen Staatstheaters* auf dem *Alten Garten* findet sich im Bundesarchiv ein Filmstreifen. Das Theater grenzt direkt an den Platz. Aus Spielplänen und Zeitungsausschnitten lässt sich rekonstruieren, was vom Orchester aufgeführt worden ist, ein Ansatzpunkt für Zeitzeugengespräche.

Im Gespräch – vom Umgang mit Zeitzeugen

Außerdem gibt es noch eine alte Dame, die als Tänzerin, später Sängerin und noch später Schauspielerin engagiert gewesen ist. Ihre Erinnerungen an die Zeit des Nationalsozialismus sind gefragt. Das Vorgespräch dauert etwa eine Stunde, die Atmosphäre ist entspannt. Die 87-jährige erzählt aus ihrer Zeit am Ballett des Mecklenburgischen Staatstheaters in Schwerin. Die erste große Rolle tanzte sie 1936. Das Besetzungsblatt hängt an der Wand, dazu Porträts der jungen Tänzerin, Szenenfotografien aus Operetten – Dokumente eines erfüllten Künstlerlebens. Grundsätzlich werden nur offene Fragen gestellt. Die Fragen sind nach der zeitlichen Abfolge geordnet, zuerst die NS-Zeit, dann die Zeit der Alliierten usw. Von Interesse ist das Milieu am Theater während des Nationalsozialismus. Die Frau reagiert spontan, lebendig. Sie signalisiert ihre Bereitschaft, als Zeitzeugin in der Fernsehdokumentation mitwirken zu wollen. Besonders stark ist ihre Erinnerung an die Auftritte in den 40er Jahren, die Zeit des Fliegeralarms. Das Ensemble und die Zuschauer sind in die Luftschutzkeller geflüchtet. Nach der Entwarnung haben alle im Theater ihre Plätze wieder eingenommen, die Vorstellung ist fortgesetzt worden.

Solche Berichte von Zeitzeugen sind typisch. Es gibt nach all den Jahrzehnten eine selektive Wahrnehmung solcher »Kleinigkeiten«, die aber eine tief sitzende emotionale Ursache zu haben scheinen. Diese sollen bewusst in der Fernsehdokumentation zugelassen werden. Das später am historischen Ort folgende Interview führt häufig von solchen Detailerlebnissen zu tiefergehenden Schilderungen über die Alltagswelt der jungen Tänzerin in den Kriegsjahren. Eine besondere Form der Authentizität entsteht, wenn die Zeitzeugen bei ihren Schilderungen plötzlich in das *historische Präsens* wechseln. Ab diesem Zeitpunkt können getrost alle Fragespiegel weggelegt werden. Jetzt gilt Zurückhaltung, einfache Verständnisfragen reichen, um den Fluss der Erinnerungen voranzubringen. Das soll nicht als Manipulationsstrategie oder Voyeurismus verstanden werden. Solche Situationen entstehen nur in einer kooperativen Atmosphäre. Bei einem konfrontativen Interview sind sie sehr selten. Letztlich deuten sie bei der Zeitzeugenbefragung auf eine tiefe Betroffenheit der Gesprächspartner hin. Und noch ein Effekt stellt sich dabei ein: Der Journalist verlässt die Rolle als neutraler Fragender und wird zum Verbündeten der Zeitzeugen. Diese Arbeitserfahrung ist bei der Produktion von Hörfunkdokumentationen häufiger anzutreffen als bei Fernsehproduktionen. Hörfunk-Journalisten sind mit ihrem Aufnahmegerät allein unterwegs, Fernsehteams immer im Trio mit Reporter, Kameramann und Tonassistenten. Eine quasi intime Arbeitsatmosphäre entsteht nur, wenn die Zeitzeugen die Kameratechnik vergessen und sich auf den Dialog mit dem Reporter einlassen. Eine Planbarkeit emotionaler Zeitzeugenschilderungen gibt es nicht. Hilfreich bzw. unterstützend wirkt für den Zeitzeugen, wenn das Interview am konkreten historischen Ort stattfinden kann.

Bei der Suche nach Zeitzeugen für ein weiteres Kapitel der Fernsehdokumentation über den *Alten Garten* hilft ein kollektiver Erinnerungseffekt weiter. Die wahrscheinlich größte Menschenansammlung auf dem Platz inmitten Schwerins mit ca. 80.000 Menschen hat es bei der Totenfeier Stalins im März 1953 gegeben. Fast jeder aus der Erwachsenen-Generation der 1950er Jahre in der DDR kann sich noch erinnern, wo er diesen Tag verbracht hat. Auf dem *Alten Garten* fand am 7. März 1953 eine Gedenkfeier statt. Zeitzeugen, die die Inhalte der Parteiakten oder Tageszeitungen jener Zeit durch persönliche Berichte bestätigen, sind leicht zu finden gewesen. Einen ähnlichen Effekt erzielen Befragungen zu anderen Ereignissen, beispielsweise zur Mondlandung der NASA oder zum Terrorakt am 11. September 2001 in New York.

Bei der Arbeit mit Zeitzeugen kann auch die Konfrontation mit Originalgeräuschen zur Anregung von Erinnerungen führen. Für das Filmkapitel über den Aufbruch im Herbst 1989 sind Zeitzeugen mit dem Originalsound der Teilnehmer während der ersten Schweriner Montagsdemonstration der Bürgerbewegung am 23. Oktober 1989 konfrontiert worden. Ein Schweriner Bürger hat mit einem Diktiergerät die Rufe der Demonstranten nach Reisefreiheit und demokratischen Veränderungen aufgenommen, gleichzeitig die Parolen der SED-Befürworter, die auf der anderen Seite des *Alten Gartens* zu einer Parteikundgebung zusammen gekommen waren. Diese Tonbandaufzeichnung lässt die Brisanz jenes Abends erahnen. Den Zeitzeugen wird dieses Tonband während der Dreharbeiten auf dem *Alten Garten* vorgespielt. Sie sind sofort in die Stimmung des 23. Oktober 1989 zurückversetzt, die Antworten in den Interviews wirken sehr authentisch.

Unter Umständen gelingt diese Öffnung von Zeitzeugen im Verlauf der Interviews auch durch die Konfrontation mit Schriftdokumenten. In der Schweriner Außenstelle der *Behörde des Bundesbeauftragten für die Stasi-Unterlagen* ist eine Vielzahl von Schriftstücken der Bürgerbewegung überliefert, darunter auch der offizielle Handzettel des *Neuen Forums* für die Montagsdemonstration am 23. Oktober 1989. Der Text endet mit dem Satz: »Kinder werden im Kindergarten Apothekerstraße 48, Tel. 812360, betreut.«[2] Ein zweites Dokument mit direktem Bezug findet sich im von Stasi-Offizieren angelegten Lagefilm dieses Tages. Aus einem abgehörten Telefongespräch zweier Initiatoren der Montagsdemo vom *Neuen Forum* geht hervor, wie entsetzt[3] diese waren, als sie von der Gegen-Demonstration des SED-Apparates hörten. Aus diesen beiden Dokumenten ergibt sich an die Zeitzeugen dieses Kapitels der Fernsehdokumentation zum *Alten Garten* die erste Frage: Wurde eine gewalttätige Auseinandersetzung befürchtet?

Als letztes Beispiel für eine Öffnung von Zeitzeugen und damit für eine engagierte Beteiligung an Filmprojekten soll an dieser Stelle der Foto-Beweis erwähnt werden. Recherchen bei Schweriner Fotografen haben ergeben, dass auch Detailaufnahmen von der ersten Montagsdemonstration überliefert sind. Und es hat sich tatsächlich auf einem der Fotos ein Beteiligter identifizieren lassen. Der Mann hat damals gar nicht bemerkt, dass er fotografiert worden ist. Er kann weitere Menschen auf der Aufnahme identifizieren, so entstehen wieder neue Ansätze für weitere Zeitzeugenbefragungen.

Bei der Auswahl von Zeitzeugen zu einem Ereignis sollen alle beteiligten Seiten zu Wort kommen. Doch dieses Gebot der journalistischen Sorgfaltspflicht lässt sich häufig bei Fernsehdokumentationen nicht durchhalten. Natürlich hätten auch Funktionsträger der SED rund um die erste Montagsdemonstration interviewt werden sollen. Doch alle, die angefragt worden sind, haben abgelehnt. Lediglich Mitarbeiter des Machtapparates ohne direkte Entscheidungskompetenz, Volkspolizisten und ein Journalist, haben als Zeitzeugen zur Geschichte der Montagsdemo am 23. Oktober 1989 auf dem *Alten Garten* mitgewirkt.

Filmdokument und Inszenierung

Dem *Erzählsatz* für den 45 Minuten langen Film über den Schweriner *Alten Garten* folgend sind die Zeitzeugen auch danach ausgewählt worden, ob ihre Erinnerungen in jeweils zwei der fünf Kapitel einfließen können. Im Fortgang des Films tauchen sie mehrfach auf, sie treiben die Handlung voran, ihre biographische Entwicklung und ihre Beziehungen zum *Alten Garten* werden plausibel nachvollzo-

2 BStU, Außenstelle Schwerin, MfS-BV Schwerin, KD Schwerin 5451, Blatt 02.
3 BStU, Außenstelle Schwerin, MfS-BV Schwerin, AKG 50, Lagefilm vom 23. 10. 1989, Blatt 18.

gen, auch die Veränderungen, die die Zeitzeugen als *Nebenfiguren* durchleben. Unterstützt wird der Effekt beispielsweise durch Porträt-Fotografien aus der Jugendzeit der Zeitzeugen.

Schwierig gestaltet sich diese Struktur bei dem Filmkapitel ohne Zeitzeugen, der Parade des Großherzogs von Mecklenburg-Schwerin 1914. Was überliefert ist, sind Erinnerungen von Hofbediensteten, die die Paraden von ihren Wohnungsfenstern aus beobachtet haben. Diese Wohnungsfenster gibt es auch neunzig Jahre später noch. Sie werden als Drehort genutzt, die Kamera vollzieht die Blicke der Hofbediensteten von damals nach. Dabei wird auf eine Historisierung des aktuell gedrehten Materials durch eine Angleichung an das Schwarzweiß-Filmmaterial von 1914 verzichtet. Inszenierungen als Fortführung der historischen Abläufe müssen deutlich als Inszenierungen gekennzeichnet werden – sowohl im Filmtext als auch in der Bildinformation.

Die Bearbeitung des Filmmaterials

Für die Dreharbeiten mit den 16 Zeitzeugen auf dem *Alten Garten* und in den angrenzenden Gebäuden sind zehn Tage veranschlagt worden. Darauf folgen noch einmal zwölf Tage für den Schnitt. Bei der Auswahl der alten Filmaufnahmen ist eine Rang- und Reihenfolge schwer zu treffen. Noch nie gezeigte Sequenzen, zu denen auch Zeitzeugen interviewt werden können, wie beispielsweise zur Kampfgruppenübung 1957, stehen an erster Stelle.

Die historischen Filme haben keine Schnitt-Dramaturgie. Fast alle Einstellungen von Aufmärschen in der Nazi-Zeit zeigen den *Alten Garten* in der Totalen. Die Kameraschwenks wackeln und sind nicht nutzbar. Den Produzenten scheint 1933 wichtig gewesen zu sein, dass alle Funktionäre einmal im Bild auftauchen. Die Bilder müssen deshalb nach heutigen Sehgewohnheiten geschnitten werden – oder man akzentuiert bewusst die Gepflogenheiten der Zeit, in der die Bilder gedreht worden sind. Als beispielsweise der mecklenburgische Großherzog 1913 den dänischen König Christian X. in Schwerin empfängt, salutieren beide in dem fünfzig Sekunden dauernden Film etwa zwanzig Mal, stets mit Blick zur Kamera. Am Schnittplatz wird daraus eine auf Klaviermusik geschnittene Sequenz von 15 Sekunden, in der permanent militärisch gegrüßt wird.

Gestalterisch immer wieder eine Herausforderung ist der Einsatz von Geräuschen und Musik. Bilder tragen die Informationen, Geräusche die Emotionen. Tonfilme zum *Alten Garten* gibt es erst aus den 50er Jahren. Alle historischen Filmaufnahmen aus den Jahren davor müssen nachvertont werden. Dabei hilft der Einsatz von Musik aus der Zeit. Im Idealfall lassen sich Ereignisse mit der authentischen Musik belegen. 1934 spielte die *Mecklenburgische Staatskapelle* Teile der

Wagner-Oper *Meistersinger von Nürnberg* auf dem *Alten Garten.* Die Aufführung ist gefilmt worden. Da liegt es nahe, dieses Musikstück auf die Stummfilmbilder zu legen. Auf einen eigenen Sound als Geräuschteppich in allen Kapiteln ist in dieser Fernsehdokumentation verzichtet worden. Musikkompositionen sind legitim und dem Zuschauer gegenüber ehrlicher als der Einsatz einer Geräusch-CD. Beispielsweise gibt es Tonträger mit Motorgeräuschen, unter anderem von Panzern. Diese könnten unter Bilder von Panzerfahrten alliierter Soldaten 1945 in Schwerin gemischt werden. Allerdings sind sie nicht authentisch, sie gaukeln lediglich die historische Atmosphäre vor und wirken deshalb leicht unglaubwürdig.

Für das Filmkapitel über die erste Montagsdemonstration 1989 kann durch den Tonbandmitschnitt eines Schweriner Bürgers ein Höchstmaß an Authentizität erzielt werden – ein seltener Idealfall für eine Fernsehdokumentation.

Bei der Ausrichtung des Sprechertextes für die Fernsehdokumentation über den *Alten Garten* bietet sich eine sachliche Textfigur im Berichtsstil an. Bei so starken historischen Bildern und emotionalen Zeitzeugen-Tönen muss der Text lediglich von Ereignis zu Ereignis führen und Ort und Zeit umreißen. Gewichtende Informationen über Bildinhalte werden nur sparsam eingesetzt. Während eines Aufmarsches zum Erntedankfest am 1. Oktober 1933 sind noch zahlreiche Zylinder und Reichswehruniformen zu sehen, ein halbes Jahr später nur noch NS-Uniformen. Mit dieser sachlichen Feststellung wird unterstrichen, dass die Nationalsozialisten nur wenige Monate gebraucht haben, um die Macht in Schwerin zu erlangen.

Schlussbild

Neben dem dokumentarischen Einsatz von Film, Fotografie, Bild, Musik, Geräusch und Zeitzeugenberichten ist die Fernsehdokumentation bewusst durch ein fiktionales Element ergänzt worden. Die Kamera beobachtet zu Beginn jedes Filmkapitels einen Künstler auf dem *Alten Garten*, der die jeweilige Epoche mit Stift oder Pinsel charakterisiert. Als Motive dienen ihm historische Gebäude und Momentaufnahmen von Aufmärschen. Dieses dramaturgische Mittel schafft Orientierung für die Zuschauer und unterstreicht den geschichtsträchtigen Charakter des *Alten Gartens.* Am Ende des Films wechselt der Künstler seine Perspektive und zeichnet die Gruppe der im Film vorgestellten Zeitzeugen. Deren Lebenserinnerungen sollen aufgewertet und den historischen Filmaufnahmen dramaturgisch gleichgestellt werden – ein Schlussbild.

Literatur

Jarausch, Konrad H. / Sabrow, Martin (Hg.): Verletztes Gedächtnis. Erinnerungskultur und Zeitgeschichte im Konflikt, Frankfurt a. M. 2002.

Bösch, Frank / Borutta, Manuel (Hg.): Die Massen bewegen. Medien und Emotionen in der Moderne, Frankfurt a. M. 2006.

Schult, Gerhard / Buchholz, Axel (Hg.): Fernsehjournalismus. Ein Handbuch für Ausbildung und Praxis, München 2006.

Judith Keilbach

Geschichte im Fernsehen

Das Fernsehen ist ein zentrales Medium der populären Geschichtsschreibung. In zahlreichen Sendungen widmet es sich historischen Themen und verwendet hierfür verschiedene formale Elemente. Neben den klassischen Dokumentationen, auf die in diesem Text ausführlicher eingegangen wird, beschäftigt sich das Fernsehen auch in anderen Formaten mit Geschichte, von der Steinzeit als Reality-Experiment über das Mittelalter als aufwändig animiertes TV-Movie bis zur DDR als Nostalgiesendung im Showformat. Selbst Rückblick-Sendungen, in denen ältere Fernsehausschnitte lustig kommentiert werden, oder Wiederholungen von älteren Fernsehbeiträgen geben einen Einblick in Fragen und Debatten der Vergangenheit und lassen sich daher als Geschichtssendungen verstehen.

Trotz der vielfältigen Annäherungen an die Vergangenheit scheint sich jedoch ein Format besonders zur Geschichtsdarstellung zu eignen: die klassische Fernsehdokumentation. Das mag daran liegen, dass den Sendungen mit ihrem dominanten Voice-over-Kommentar ein Element zur Verfügung steht, das es ermöglicht, Darstellungsformen aus der Geschichtsschreibung zu übernehmen. Es verwundert daher nicht, dass die Rhetorik der Sendungen häufig derjenigen der Geschichtsschreibung angenähert ist und die Dokumentationen dort gängige Verfahren einsetzen. Dazu zählen beispielsweise Darstellungen, in denen alle sprachlichen Zeichen, die auf die Aussageinstanz verweisen, unterdrückt werden, so dass der Eindruck einer objektiven Wiedergabe der Ereignisse bzw. einer sich scheinbar selbst erzählende Historie entsteht.[1]

Die sprachlichen Darstellungen von historischen Ereignissen gehen in Fernsehsendungen mit anderen formalen Elemente einher. Diese illustrieren oder exemplifizieren die Aussagen des Kommentars und akzentuieren dabei oft auch Dimensionen des Historischen, die verbal nur schwierig zu erfassen sind. Zwei dieser Elemente sollen im Folgenden näher beschrieben werden: das historische Bildmaterial und die Zeitzeugen.[2]

1 Barthes, S. 175.
2 Vgl. hierzu auch Bösch.

Historisches Bildmaterial

Viele Geschichtsdokumentationen setzen historische Fotografien oder Filmaufnahmen ein, um die Vergangenheit zu visualisieren. Dabei handelt es sich um Aufnahmen, die die geschilderten Ereignisse direkt dokumentieren oder aber aufgrund der Bildmotive oder des Entstehungszusammenhangs mit ihnen in Zusammenhang stehen. So werden in den Sendungen beispielsweise Filmausschnitte verwendet, die Begegnungen von Staatsoberhäuptern, eine wichtige Rede im Parlament oder die Unterzeichnung von Verträgen festhalten. Manchmal finden sich aber auch Aufnahmen, die einfach nur die zeitgenössische historische Ansicht eines Gebäudes zeigen, in dem ein geschichtsträchtiges Ereignis stattgefunden hat. Dieses heterogene Material wird in den Geschichtsdokumentationen zu einer kohärenten Bildspur zusammengefügt, wobei sich die Anordnung der Aufnahmen (und der Eindruck von Kohärenz) aus der Argumentation der jeweiligen Sendung ergibt.

Die historischen Ereignisse, die mit Hilfe dieses Bildmaterials dargestellt werden, liegen dabei nicht besonders weit in der Vergangenheit zurück. Filmaufnahmen existieren erst seit 1895, dem Geburtsjahr des Mediums Film. Fotografiert wurde bereits in den 1830er Jahren, die Sujets der frühen Fotografie – vor allem Portraitaufnahmen und seit den 1850er Jahren das Themenfeld Arbeit und Industrie[3] – sind für Geschichtsdokumentationen jedoch nur von geringem Interesse. Dass sich ein Großteil der dokumentarischen Sendungen, die in den letzten Jahren entstanden sind, mit zeithistorischen Ereignissen beschäftigen, ist aus medienhistorischer Perspektive daher kein Zufall, denn hiervon existieren Filmaufnahmen, die sich hervorragend zur Visualisierung eignen. Historische Themen, die weiter zurückliegen, erfordern demgegenüber immer die Klärung der konzeptionellen Frage nach der Gestaltung der Bildebene.

Die Filme oder Fotografien, die in Fernsehsendungen als historisches Bildmaterial zum Einsatz kommen, sind in ganz unterschiedlichen Kontexten entstanden, wobei sich prinzipiell zwischen Privatgebrauch und dem Ziel der Veröffentlichung differenzieren lässt.[4] Für die Beschäftigung mit Geschichtsdokumentationen ist diese Unterscheidung von Relevanz, weil sie sowohl die Bildmotive als auch die Recherchierbarkeit der Bilder betrifft. Die für Wochenschauen oder Zeitungen aufgenommenen Bilder dokumentieren in der Regel angekündigte oder über einen längeren Zeitraum anhaltende Ereignisse (die Landung eines Zeppelins,

3 Jäger, S. 89 ff.

4 Diese ohnehin nie wirklich trennscharfe Unterscheidung löst sich allerdings vor allem aufgrund technischer Entwicklungen immer weiter auf: Handlichere Kameras ermöglichen eine größere Mobilität, wodurch die offizielle Bilderproduktion reaktionsschneller wird und nicht mehr nur Großereignisse dokumentiert, während gleichzeitig eine Professionalisierung der Kameraamateure stattfindet, die ihre Bilder zunehmend zur Veröffentlichung anbieten.

Sportwettkämpfe, den Bau der Berliner Mauer) oder zeigen bekannte Persönlichkeiten (Adel, Politiker, Schauspieler). Während diese Aufnahmen in einschlägigen Archiven aufzufinden sind (z. B. im Bundesarchiv Filmarchiv), befinden sich die Amateuraufnahmen oft in Privatbesitz und sind daher auch für den Einsatz in Fernsehdokumentationen nur schwer zugänglich. Zur privaten Erinnerung hergestellt, zeigen diese vor allem familiäre Szenen oder alltägliche Situationen. Durch die unterschiedlichen Sujets, die sich aus dem Entstehungskontext der Bilder ergeben, bieten sich die Aufnahmen jeweils für bestimmte thematische Schwerpunkte an: So eignet sich das Material der offiziellen Bilderproduktion beispielsweise zur Darstellung von Ereignis- oder Politikgeschichte, während sich mit den Amateuraufnahmen hervorragend alltags- oder sozialhistorische Aspekte visualisieren lassen.

Die Produktivität des historischen Bildmaterials liegt für die Geschichtsdokumentationen nicht nur darin, dass sich durch seinen Einsatz Geschichte visualisieren lässt, sondern auch in seinem Realitätseffekt. Fotografische Aufnahmen setzen aufgrund ihres fotochemischen Herstellungsprozesses die Präsenz der abgebildeten Objekte vor der Kamera voraus. Aus diesem indexikalischen Verhältnis von Foto und Objekt resultiert der Eindruck, dass fotografische Bilder die Realität festhalten, ein Eindruck, den Filmaufnahmen durch die Abbildung von Bewegungen zusätzlich verstärken. Unterstützt durch die Bildqualität (Schwarzweiß, harte Kontraste, von den gegenwärtig gültigen Konventionen abweichende Farbwerte, Laufstreifen, Materialschäden), die die Historizität des Materials markiert, gelten die Aufnahmen daher als Garanten dafür, dass die gefilmten Ereignisse in der Vergangenheit tatsächlich stattgefunden haben. Damit tragen die Bilder wesentlich zur Authentifizierung der jeweiligen Geschichtsdarstellung bei, denn sie bestätigen visuell, was der Kommentar verbal beschreibt. Indem die Aufnahmen die Vergangenheit unmittelbar vor Augen zu führen scheinen, verstärken sie dabei gleichzeitig auch den Eindruck der sich selbst erzählenden Historie.

Die Flexibilität des historischen Bildmaterials ist ein weiterer Aspekt, der seinem Einsatz in Fernsehdokumentationen entgegenkommt. Diese Flexibilität zeigt sich unter anderem darin, dass sich ein und dieselbe Aufnahme in ganz unterschiedlichen Bedeutungszusammenhängen verwenden lässt. So können beispielsweise die Bilder vom Polizeieinsatz bei den Demonstrationen gegen den Schah im Jahr 1967 im Zusammenhang mit Studentenbewegungen, in Rückblicken auf die Geschichte des Irans, als Beispiel für einen bestimmten Stil des Dokumentarfilms, in Berliner Stadtgeschichten oder im Kontext von »Deutschem Herbst« und Terrorismus eingesetzt werden. Diese Flexibilität resultiert aus der Polysemie, die allen Bildern eigen ist. Sie macht eine eindeutige Zuordnung von Bedeutung prinzipiell unmöglich und erlaubt es, durch die Kommentierung oder Montage jeweils ganz unterschiedliche Bedeutungsebenen zu akzentuieren.

Die Bildebene kann in Geschichtsdokumentationen von unterschiedlicher Relevanz sein. Prinzipiell lässt sich differenzieren, ob die Bilder dem Kommentar als

Illustration untergeordnet werden oder ob ihnen ein argumentativer Eigenwert zuerkannt wird. Ziehen die Aufnahmen bei einer illustrativen Verwendung des historischen Bildmaterials in loser Kopplung zum Kommentar dahin, so können sie durch eine explizite Bezugnahme in den Mittelpunkt der Aufmerksamkeit rücken und für die Argumentation der Sendung produktiv werden. Bei einer derartigen Präsentation verweist der Kommentar auf die Bildebene, um mit Hilfe der Aufnahmen Aussagen zu belegen oder aus ihnen sogar Erkenntnisse zu gewinnen. Eine entsprechende Kommentierung (»hier ist zu sehen, dass …«) transformiert die Bilder also in Dokumente, die deutlich vor Augen führen, dass – um ein prominentes Beispiel aus den letzten Jahren zu nennen – die Wehrmacht an völkerrechtswidrigen Exekutionen beteiligt war.

Der jeweilige Stellenwert der Bilder hat wiederum Auswirkungen auf die Geschichtsdarstellung. Bei einer illustrativen Verwendung der Aufnahme folgt die Schilderung der historischen Ereignisse den Fakten, ohne weiter auf die Bildebene einzugehen. Aus der expliziten Präsentation der Aufnahmen resultiert hingegen eine Darstellung, die sich an den Vorgaben der Bildebene orientiert. Indem die Bilder datiert und die festgehaltenen Situationen kontextualisiert werden, entsteht eine detaillierte Beschreibung einzelner Ereignisse, von denen Bildmaterial vorliegt. Durch die Bezugnahme auf die Aufnahmen handelt es sich hierbei nicht selten um medienreflexive Darstellungen (d.h. die Produktion der Bilder wird thematisiert). Gleichzeitig erschwert die Datierung und Kontextualisierung des verwendeten Bildmaterials allerdings die Konstruktion einer konsistenten Geschichtserzählung. Die Aufnahmen sind in der Regel zu heterogen und die Ereignisse, die sie festhalten, oft zu »unbedeutend« oder willkürlich, als dass sie sich zu einer kohärenten Geschichte zusammenfügen lassen. In Geschichtsdokumentationen, die das Bildmaterial für ihre Argumentation nutzen, ist der Kommentar daher vor allem damit beschäftigt, die jeweilige Situation genauer zu erklären. Je stärker er sich dabei auf die Bilder bezieht, umso fragmentarischer wird dabei seine Darstellung – ein Problem, das sich bei einer illustrativen Verwendung von Bildern nicht stellt.

Zeitzeugen

Ein weiteres Element, das in Geschichtsdokumentationen eingesetzt wird, sind Interviews mit Zeitzeugen. Hierbei handelt es sich um Personen, die über Ereignisse aus der Vergangenheit berichten, an denen sie als Handelnde oder als Augenzeugen beteiligt waren. Auch wenn sie damit den Zeitzeugen der Oral History ähneln, kommt ihnen in den Fernsehsendungen doch eine ganz andere Funktion zu. Geht es der Oral History um die Produktion von historischen Quellen, die nicht selten mit einer Reflexion von Erinnerungsprozessen einhergeht,[5] so zielt die Befragung von Zeitzeugen für Geschichtsdokumentationen darauf, sendefähige Aussagen hervorzubringen. Daher unterscheiden sich die Interviews sowohl in den Fragen und Methoden als auch im Hinblick auf ihre Rahmenbedingungen, denn die Gespräche für das Fernsehen finden aufgrund der Anwesenheit eines Kamerateams, des zusätzlichen Lichts und der Mikrofone in einer weniger intimen Atmosphäre statt, als dies bei geschichtswissenschaftlichen Interviews der Fall ist.

Dass Zeitzeugen nur in Geschichtsdokumentationen über zeithistorische Themen zu Wort kommen können, versteht sich von selbst. Dabei zeichnet sich das »Aussterben« der befragbaren Generationen, mit dem das Fernsehen bei der Produktion seiner Sendungen konfrontiert ist, in den Dokumentationen deutlich ab. Da sich beispielsweise für Sendungen über den Ersten Weltkrieg kaum noch Zeitzeugen finden lassen, die über ihre eigenen Erlebnisse berichten können, kommen hier nur wenige Gesprächspartner zu Wort. Sendungen über den Nationalsozialismus und den Holocaust greifen hingegen auf eine Vielzahl von Interviews mit Zeitzeugen zurück, was nicht zuletzt daran liegt, dass das Wissen um den bevorstehenden Generationenwechsel eine systematische Befragung in Gang gesetzt hat, an der sich auch das Fernsehen beteiligt. Werden diese Interviews noch gezielt für die Produktion bestimmter Sendungen geführt, so beginnt das Fernsehen inzwischen auch damit, Zeitzeugenberichte ohne konkreten Verwertungszusammenhang zu sammeln. Damit knüpften Sender wie das ZDF an das Projekt der »Survivors of the Shoah Visual History Foundation« an, deren Ziel es war, die Erinnerungen von Holocaust-Überlebenden zu bewahren und der Nachwelt zugänglich zu machen. Mit dem Aufruf an seine Zuschauer, sich als Zeitzeuge der deutschen Geschichte an der Entstehung eines Videoarchivs zu beteiligen, baut das ZDF allerdings nicht nur dem drohenden Verlust von Erinnerungen durch das »Aussterben« der Zeitzeugen vor, gleichzeitig entsteht mit dieser Sammlung auch ein Archiv, auf das bei der Produktion von Geschichtssendungen zukünftig zurückgegriffen werden kann.

Zeitzeugen können in Geschichtsdokumentationen ganz unterschiedliche Funktionen erfüllen. Ähnlich wie beim Bildmaterial lässt sich unterscheiden, ob ihre Aussagen dem Voice-over-Kommentar untergeordnet werden oder ihnen ein argumentativer Eigenwert zukommt. So bestätigen Zeitzeugen mit der Schilderung ihrer Erlebnisse häufig die eher allgemein gehaltene Darstellung des Voice-over-Kommentars oder liefern Stichworte für dessen Argumentation. In beiden Fällen werden aus den Interviews entsprechende Statements herausgeschnitten, wobei es durchaus passieren kann, dass nur wenige Sekunden eines längeren Gesprächs Verwendung finden. Während die Zeitzeugen hier Personen von untergeordnetem Interesse sind, gibt es auch Sendungen, in denen die Gesprächspartner im Mit-

5 Vgl. Jureit.

telpunkt stehen. Die Fokussierung auf die historischen Erfahrungen eines oder weniger Zeitzeugen bringt es dabei oft mit sich, dass ein Gesamtüberblick über die historischen Ereignisse in den Hintergrund rückt. Das Interesse gilt hier dem persönlichen Erleben von Geschichte, wobei zum Verständnis der Erfahrungsdimension eine genaue Datierung oder Kontextualisierung der geschilderten Ereignisse nicht notwendig ist.

Wie die Oral History sind auch Geschichtssendungen mit der Frage nach der Glaubwürdigkeit der Zeitzeugen konfrontiert. In Dokumentationen beispielsweise über den Nationalsozialismus oder die DDR werden durchaus Themen behandelt, bei denen es naheliegt, dass die Gesprächspartner nicht die Wahrheit sagen, um sich zu schützen oder in ein besseres Licht zu stellen.[6] Ob ihre Aussagen glaubwürdig erscheinen, liegt dabei ganz wesentlich an der Art ihrer Präsentation, wobei die Grundlage der jeweiligen Kennzeichnung in der Regel nicht offengelegt wird. Die einfachste Art, die Authentizität von Zeitzeugen zu markieren, besteht in der Formulierung expliziter Einschätzungen durch den Voice-over-Kommentar oder durch andere Gesprächspartner. Werden Statements als Lüge gekennzeichnet, gilt es immer zu fragen, warum sie überhaupt Verwendung in einer Sendung finden. Dabei zeigt sich, dass ihre Funktion häufig darin besteht, den Voice-over-Kommentar bzw. die Aussageinstanz der Sendung als allwissende Instanz der Wahrheit zu etablieren, der keine Lüge verborgen bleibt. Über die Performanz der Gesprächspartner kann sich ebenfalls der Eindruck von Authentizität herstellen. Verlieren die Zeitzeugen im Laufe des Gesprächs die Kontrolle über ihre Emotionen und beginnen beispielsweise zu weinen, während sie sich an die Vergangenheit erinnern, steht ihre Glaubwürdigkeit nicht mehr in Frage. Inwiefern dieses Vertrauen gerechtfertigt ist, muss dabei jeweils im Einzelfall geklärt werden.

Geschichtsdarstellungen im Fernsehen durchlaufen – wie jedes andere Genre auch – historische Veränderungen. Eine dieser Veränderungen betrifft den Einsatz von Zeitzeugen. Waren die Gesprächpartner in den Geschichtsdokumentationen der 1960er Jahre um eine Rhetorik der Objektivität bemüht, die von emotionalen Aussagen absah und eher zum Verlesen vorformulierter Statements führte, so sind heute gerade diese Emotionen gefragt. Um diese zu akzentuieren, werden die Gesichter der Gesprächspartner in Großaufnahme gefilmt und durch eine entsprechende Lichtsetzung so modelliert, dass jede mimische Regung und jedes Muskelzucken gut sichtbar ist. Der neutrale Bildhintergrund trägt zusätzlich dazu bei, die Aufmerksamkeit auf die Gesichter zu konzentrieren. Indem er keinen Einblick in das häusliche Umfeld der Gesprächspartner bietet, wie das in früheren Dokumentationen der Fall war, lenkt er den Blick nicht vom Gesicht und die Aufmerksamkeit nicht vom Gesagten ab.

6 Auch unabhängig von diesen »strategischen« Veränderungen transformieren sich Erinnerungen im Laufe der Zeit, vgl. hierzu Jureit.

Je nach historischem Thema setzen die Sendungen durch die Auswahl der Zeitzeugen eine Affizierung ihrer Zuschauer in Gang. Vor allem in Zusammenhang mit dem Nationalsozialismus sind die Gesprächspartner oft fassungslos angesichts der schrecklichen Erlebnisse, die sie in der Vergangenheit erleiden mussten. Ihre emotionalen Schilderungen machen für die Zuschauer dabei das Erleben von Geschichte erfahrbar. Durch die Akzentuierung der Erfahrungsdimension, die sich in Geschichtssendungen gegenwärtig beobachten lässt, entsteht allerdings oft ein Bild von Geschichte als Aneinanderreihung traumatischer Ereignisse. Auch aus dem Einsatz von Zeitzeugen, der diese nicht nur als Stichwortgeber funktionalisiert, resultiert daher häufig eine fragmentarische Darstellung von Geschichte, die einen homogenen Gesamtüberblick untergräbt.

Generierung von Geschichtsbildern und Zeitzeugen

Der Einsatz von historischem Bildmaterial und Zeitzeugen ist auf die Darstellung zeithistorischer Themen beschränkt. Doch das Fernsehen beschäftigt sich in zahlreichen Dokumentationen auch mit Themen und Epochen, die weiter zurückliegen. Da diese Sendungen zur Visualisierung der Vergangenheit oder Betonung ihrer Erfahrungsdimension nicht auf historisches Bildmaterial oder Zeitzeugen zurückgreifen können, kommen hier andere Elemente zum Einsatz. So nutzen viele Sendungen beispielsweise Gemälde, auf denen die historischen Ereignisse abgebildet sind, oder filmen Schriftstücke und andere Dokumente ab, um die Bildebene zu gestalten. Auch aktuelle Ansichten von historischen Schauplätzen dienen der Visualisierung, wobei eine entsprechende Kommentierung (»durch diesen Torbogen ging schon …«) zur Imagination einladen kann. Darüber hinaus inszenieren Geschichtsdokumentationen wichtige Ereignisse auch nach. Geht mit der Evokation von Imaginationen immer ein Verzicht auf die Festlegung einher, wie es tatsächlich gewesen ist, indem die Bildung von Vorstellungen den Zuschauern überlassen bleibt, so haben Nachinszenierungen durch die Konkretion der Abbildung einen indikativischen Charakter.

Finden sich die genannten Verfahren durchaus auch schon in frühen Dokumentationen, so hat sich ihre Produktion durch die digitale Bildbearbeitung erheblich vereinfacht. Mit der neuen Technik steht der Visualisierung von Geschichte ein breites Feld von Möglichkeiten zur Verfügung So lassen sich aktuelle Aufnahmen beispielsweise durch eine Veränderung von Farbwerten und Kontrasten mühelos »historisieren«. Diese Simulation von historischem Bildmaterial dient dabei nicht selten der Kohärenz der Darstellung, zielt sie doch darauf, Nachinszenierungen durch die Herstellung von Ununterscheidbarkeit dem Look von historischen Aufnahmen anzupassen. Ihren technischen Höhepunkt hat dieses Verfahren sicherlich in der Verschmelzung von historischem und nachgedrehtem Material gefunden, wie sie unter dem Stichwort »Virtual History« betrieben wird: Mit Hilfe der digitalen Bildbearbeitung werden hier die Gesichter von historischen Akteuren mit den Körpern von Schauspielern kombiniert.

Doch auch Zeitzeugen aus weiter zurückliegenden Zeiten werden neu generiert. Indem Fernsehsendungen das Beobachtungsdispositiv, das mit *Big Brother* popularisiert wurde, für Geschichtssendungen produktiv machen, entsteht nicht nur das neue Genre der »Reenactment-Show«, sondern sammeln die Kandidaten auch historische Erfahrungen, über die sie dann ähnlich wie Zeitzeugen berichten können. So machen Sendungen wie *Abenteuer 1900 – Leben im Gutshof* den Arbeitsalltag um die Jahrhundertwende durch das Erleben der Reenactors erfahrbar oder verspricht *Steinzeit – Das Experiment* eine Annäherung an die steinzeitliche Lebenssituation, der sich die Probanden aussetzen. Wie gut diese Planspiele gelingen, ist jeweils im Einzelfall zu klären. Fest steht jedoch, dass es sich bei diesen Reenactment-Shows um Versuche handelt, die Vergangenheit zugänglich zu machen. Ermöglicht wurden sie nicht zuletzt durch die Akzentuierung der Erfahrungsdimension von Geschichte, die sich auch beim Einsatz von Zeitzeugen verzeichnen lässt.

Literatur

Barthes, Roland: Historie und ihr Diskurs, in: Alternative. Zeitschrift für Literatur und Diskussion 62/63 (1968), S. 171–180.

Bösch, Frank: Das »Dritte Reich« ferngesehen. Geschichtsvermittlung in der historischen Dokumentation, in: GWU 4 (1999), S. 204–220.

Fischer, Thomas / Wirtz, Rainer (Hg.): Alles authentisch? Popularisierung der Geschichte im Fernsehen, Konstanz 2008.

Jäger, Jens: Photographie: Bilder der Neuzeit. Einführung in die Historische Bildforschung, Tübingen 2000.

Jureit, Ulrike: Erinnerungsmuster. Zur Methodik lebensgeschichtlicher Interviews mit Überlebenden der Konzentrations- und Vernichtungslager, Hamburg 1999.

Keilbach, Judith: Geschichtsbilder und Zeitzeugen. Zur Darstellung des Nationalsozialismus im bundesdeutschen Fernsehen, Münster 2008.

Steinle, Matthias: Das Archivbild. Archivbilder als Palimpseste zwischen Monument und Dokument im audiovisuellen Gemischtwarenladen, in: Medienwissenschaft 3 (2005), S. 295–309.

Marlene P. Hiller

Der Spagat zwischen Öffentlichkeit und Wissenschaft

oder: Geschichte schreiben für Liebhaber

»Bilderbücher mache ich nicht«, »Ohne Fußnoten geht es nicht«, »Für ein Laienpublikum schreibe ich nicht«, lautete gar nicht selten der Kommentar, als wir vor nunmehr 13 Jahren begannen, »*Damals* – das Magazin für Geschichte und Kultur« zu der mit Wissenschaftlern arbeitenden und/aber für ein breites Publikum produzierten Zeitschrift umzugestalten, die es heute ist. Die Abwehr war groß, die Autorensuche keineswegs einfach und zunächst stark auf persönliche Beziehungen angewiesen. Wissenschaft benötigt Übersetzung: Dieses Postulat war im deutschsprachigen Raum noch nicht angekommen.

Heute kann man sich die ursprünglichen Berührungsängste kaum noch vorstellen. Wobei die Scheu auf beiden Seiten bestand, denn auch die Blattmacher bzw. Journalisten waren skeptisch, ob das Experiment gutgehen könne, erfolgreiche Beispiele aus dem angelsächsischen Raum hin oder her (woher die unterschiedlichen Konventionen rühren, kann hier nicht Thema sein, lohnt aber das Nachdenken). Heute scheinen diese Erfahrungen einer fernen Vergangenheit anzugehören, und wir hören eher ein ermunterndes: »Sie sind doch unser Schaufenster in die Öffentlichkeit.«

In der Tat, darum geht es. *Damals* positioniert sich als Bindeglied zwischen Forschung und Öffentlichkeit. Dahinter steht die Überzeugung, dass 1. eine Gesellschaft, die Wissenschaft mit nicht unbeträchtlichen Mitteln finanziert, ein Anrecht darauf hat, die Ergebnisse in verständlicher Form präsentiert zu erhalten; 2. Geschichte viel zu viele Erkenntnismöglichkeiten bietet, um als Hintergrund einer Erlebnis-Kultur missbraucht zu werden; sowie 3. wir es unseren Lesern schuldig sind, sie und ihr Interesse ernst zu nehmen. Sicher: Geschichte sollte und kann spannend und unterhaltsam dargeboten werden, aber sie fordert auch, setzt Offenheit und geistiges Bemühen voraus.

Themenfindung: eine heikle Aufgabe

Die Entscheidung für oder gegen ein Thema ist eine sensible Angelegenheit. Hält man seine Behandlung für (gesellschaftspolitisch) notwendig? Verspricht es einfach, unterhaltsam und informativ zu sein? Findet man dafür einen guten Kooperationspartner (im Fall von *Damals* häufig große Museen)? Gibt es neue Forschungsergebnisse, die man gern einer breiteren Öffentlichkeit vorstellen würde? Steht ein Jahrestag an? Nicht zuletzt sollten in unserer Zeitschrift über das Jahr verteilt die verschiedenen Epochen sowie die deutsche, die europäische und die außereuropäische Geschichte sowie Politik-, Kultur-, Wirtschaftsgeschichte usw. ihren Platz finden.

Ein Kriterium muss uns dabei allerdings leiten – jenseits aller privaten Interessen oder Abneigungen, die natürlich auch Redakteure mitbringen: Unsere Themen müssen ihre Leser finden, denn damit verdienen wir das Geld zum Weitermachen. Der Leser von Fachzeitschriften liest, um sich über Arbeiten im eigenen Forschungsgebiet auf dem Laufenden zu halten, dagegen wird *Damals* freiwillig und in der Freizeit gelesen. Zeit aber ist mittlerweile eines unserer kostbarsten Güter, und so konkurrieren wir hinsichtlich des Zeitbudgets unserer Leser mit zahllosen anderen lohnenden oder angenehmen Beschäftigungen.

Eine Überlegung wert ist die um sich greifende Fixierung auf Jahrestage. Grundsätzlich vertrat ich den Standpunkt, ein Thema sei entweder interessant oder uninteressant, ein Jahrestag ändere daran auch nichts. Ich wurde aber eines Besseren belehrt: Die mediale Verstärkung, die ein Jahrestag mit sich bringt, kann Themen unterstützen, an deren Chancen man sonst gezweifelt hätte. Unsere außerordentlich erfolgreichen Hefte zu Goethe oder Schiller beispielsweise wären jenseits des Jubiläum-Booms wohl eher gefloppt. Dennoch beschleicht mich ein mulmiges Gefühl, wenn ich an den massiven Beschuss denke, der anlässlich von Jahrestagen aus Tages- und Wochenpresse, Funk und Fernsehen, Ausstellungen und Verlagen auf das geneigte Publikum niederprasselt – oft schon weit vor dem eigentlichen Jahrestag: Von wann an verliert der potenzielle Leser die Lust, sich immer noch mit der »Machtergreifung« 1933, der Varus-Schlacht oder dem Ersten Weltkrieg zu beschäftigen?

Zu dieser Problematik gehört – wenigstens aus der Perspektive eines kleineren Geschichtsmagazins –, dass Geschichte seit einigen Jahren zunehmend in Tages- und Wochenzeitungen, Funk, Fernsehen und immer mehr auch im Internet stattfindet. Ein durchschnittlich historisch interessierter Zeitgenosse erhält heute aus derartig vielen Quellen Informationen, dass die Anschaffung eines guten Geschichtsmagazins weniger notwendig scheinen mag, als es früher der Fall war. Die Informationsaufnahme erfolgt allerdings immer häufiger in Form leicht bekömmlicher Infotainment-Häppchen. Fraglich scheint der Gewinn, den die Leser daraus ziehen: Ohne Informationen in einen Entwicklungskontext zu stellen, lässt sich historisches Verständnis kaum wecken.

Ungeachtet aller Zwänge gehört die Themenfindung und dabei auch die Lust am Experiment zu dem Vergnügen, in einer guten Geschichtsredaktion zu arbeiten: Was geht (noch)? Mit welcher Präsentationsform kann man die Leser locken? Wie reagieren sie auf Zumutungen, etwa die Darlegung unterschiedlicher Interpretationsansätze? Denn das muss nicht nur den Redakteuren klar sein, sondern es muss auch den Lesern – und gerade den »Laien« unter ihnen – vermittelt werden: *Die* richtige Interpretation gibt es nicht; historische Forschung entwickelt sich weiter, auch Historiker streiten um den angemessenen Zugang zu einem Forschungsproblem. Zu den Highlights meiner Tätigkeit bei *Damals* gehören daher Artikel, die den Einspruch von Kollegenseite provozierten: etwa Horst Fuhrmanns Artikel »Der wahre Kaiser ist der Papst«[1], den August Nitschke zum Anlass für grundsätzliche Überlegungen nahm: »Die Geschichtswissenschaft ist eine vertrackte Wissenschaft. Die Fragen der Physiker, soweit sie zu beantworten sind, führen zu Ergebnissen. Diese können richtig sein; dann ist alles in Ordnung. Sie können falsch sein; dann werden sie eines Tages korrigiert. Bei Historikern hingegen können auch richtige Antworten Anlass sein weiterzufragen. Und dann verändert sich alles – auch die Position des Fragenden. Gerade diese.«[2] Oder Beiträge, die auf bohrende Nachfragen seitens der Leser stießen, wie etwa Wolfgang Reinhards »Der Vatikan im Wandel«[3] oder Michael Wildts »Der Weg in den ›Führerstaat‹«[4].

Soll man den Lesern ungewohnte Sehweisen, gegen den Strich Gebürstetes, Umstrittenes zumuten? Ich denke: ja. Gerade ein Geschichtsmagazin wie *Damals* bezieht daraus seine Berechtigung: Diese Kompetenz unterscheidet uns sowohl von schnelllebigeren Medien (Radio, Fernsehen, Internet, Tages- und Wochenzeitungen) als auch von den Magazinen, die eher mit festen Wahrheiten und ultimativen Ergebnissen punkten wollen. Und gerade in einer Zeit, in der in vielen Bereichen Sensationelles, Halbgares und tatsächlich aufregend Neues um Aufmerksamkeit buhlen, kann der Rekurs auf ausgewiesene Fachleute einen festen Boden in teilweise schwankenden Grund einziehen – ohne diesen jedoch hermetisch zu versiegeln. Ein Leser darf erwarten, dass ihm das an Einsicht geboten wird, was *heute* leistbar ist.

Die Autoren und der Redakteur

Im deutschsprachigen Raum schreiben heutzutage vor allem drei Gruppen von Autoren zu historischen Themen: an universitäre Einrichtungen angebundene Wissenschaftler, Wissenschaftsjournalisten (vom auf bestimmte Zeiten / Themen-

1 Fuhrmann, Horst: Der wahre Kaiser ist der Papst. Die weltliche Macht der Päpste, in: DAMALS 30 (1998), H. 6.

2 Nitschke, August: Die auf Weltherrschaft bedachten Päpste und wir. Verlorene Beziehungen, in: DAMALS 31 (1999), H. 1, S. 66–71.

3 Reinhard, Wolfgang: Der Vatikan im Wandel. Niedergang und Konsolidierung der Papstherrschaft, in: DAMALS 37 (2005), H. 12, S. 14–21.

4 Wildt, Michael: »Was für ein Kabinett!!!« Der Weg in den »Führerstaat« 1932–1934, in: DAMALS 40 (2008), H. 2, S. 14–21.

bereiche spezialisierten Mitarbeiter großer Tages- oder Wochenzeitungen bis zu den Universitätsabsolventen, die sich – aus Neigung oder mangels Alternativen – mit dem Schreiben historischer Texte durchzuschlagen versuchen), schließlich die Amateure, die ihre oft immens fleißigen und detailreichen Arbeiten einreichen.

Entsprechend unterschiedlich sind die Probleme für den Redakteur, der die Texte begutachtet. In den beiden letzteren Fällen gilt es – sofern der Text thematisch passt – vor allem die inhaltliche Qualität zu beurteilen: Ist er methodisch auf der Höhe der Zeit? Sind neuere Forschungsergebnisse einbezogen? Leider Gottes immer häufiger: Liegt eine eigenständige Arbeit vor, oder hat der Autor aus vermeintlich entlegenen bzw. aus Internet-Texten abgeschrieben (Plagiate sind auch für Zeitschriften wie *Damals* ein nicht nur lästiges Übel). Nicht zuletzt: Beherrscht der Autor den Gegenstand sicher genug, um ihn einem breiteren Publikum verlässlich nahezubringen?

Gerade diese Frage bildet ein häufig unterschätztes Problem beim Schreiben für eine breitere Öffentlichkeit. Generell gilt, dass etwa eine Seminararbeit ganz anderen Kriterien zu genügen hat als ein journalistisch guter Artikel. Die zentralen Fragen: Welche zwei, drei Aspekte soll der Leser am Ende verstanden haben? Was kann ich weglassen, wie eine Schneise schlagen ins Dickicht der üppig sprießenden Fakten? – diese zentralen Fragen intelligent zu beantworten setzt großes Wissen und Souveränität im Umgang mit Details voraus. Ebenso erfordert die Frage, wie sich wichtige Verständnisfragen durch eine gut erzählte Geschichte beantworten lassen, ein gerüttelt Maß an Erfahrung. Für einen guten Beitrag genügt es mitnichten, die Fakten parat zu haben; die analytische Leistung, die vorausgehen sollte, wird allzu häufig unterschätzt.

Trotz einer spannenden Überschrift und eines tollen Einstiegs (für die der Redakteur sorgt) – ein Leser wird einen Artikel nur zu Ende lesen, wenn ihn die Art der Darstellung befriedigt. Neben Anschaulichkeit und Informationsgehalt bedeutet dies Verständlichkeit. Noch immer existiert vor allem bei Jüngeren die Unsitte zu vermuten, wissenschaftliche Texte müssten kompliziert geschrieben sein. Dem kann ich aus eigener Erfahrung nur entgegenhalten, dass sich so mancher Autor – überzeugt, einfacher ließe sich ein Sachverhalt nun wirklich nicht ausdrücken – geschlagen gab, wenn er ihn mir am Telefon erläutert hatte: in ganz schlichten Worten.

Man sieht: Wir erwarten viel von unseren Autoren. Auch Wissenschaftler schreiben, aus den unterschiedlichsten Gründen, keineswegs immer unseren Erwartungen entsprechend. Umso größer ist das Vergnügen, wenn Artikel eintreffen, die hinsichtlich von Länge (manche Autoren halten ein Magazin für nahezu unendlich dehnbar), spannendem Erzählstil und intelligent faszinierendem Inhalt kaum der redaktionellen Bearbeitung bedürfen – eine Sternstunde im Leben eines Redakteurs. Und, wie uns Leserbriefe und Anrufe bestätigen, auch ein hochgeschätzter Genuss seitens unserer Leser.

In den USA wird von Hochschullehrern erwartet, dass sie im Rahmen ihrer Selbstdarstellung ihre »media expertise« angeben: »xy welcomes media inquiries on the following subjects …« So weit sind wir in Deutschland nicht. Aber immerhin: Präsenz in nicht-wissenschaftlichen Medien ist heute – von Ausnahmen abgesehen – kein Makel mehr, für den man sich zu entschuldigen hat, sondern gehört zum Profil eines modernen Wissenschaftlers. Ebenso nehmen von Fachleuten begleitete Dokumentationen und Diskussionen zu – in Funk und Fernsehen, aber auch im Internet. Die Öffnung gegenüber den Medien ist unübersehbar.

Bei so viel »Expertise« seitens der Autoren: Wofür ist der Redakteur noch da? Ein Aspekt wurde bereits angesprochen: das Kürzen der Beiträge. Hinzu kommt die redaktionelle Bearbeitung (in individuell höchst unterschiedlichem Umfang): stilistisch und orthographisch, gegebenenfalls werden auch Daten überprüft bzw. die Stimmigkeit der Darstellung korrigiert. Vor allem aber hat der Redakteur zu prüfen: Welche Kenntnisse kann man jenseits der Fachleute voraussetzen, was muss erklärt werden? Darauf verwendet die Damals-Redaktion viel Mühe; die Haltung, die mir jüngst begegnete: »Ihre Leser können ja bei Wikipedia nachsehen«, ist für uns nicht akzeptabel – Texte sollten aus sich heraus verständlich sein. Zu guter Letzt – auch dies Ausweis des hohen Verantwortungsbewusstseins gegenüber den Lesern – gibt es bei Damals noch eine Zweitkorrektur.

Die Funktion der Bilder

Ein Magazin wie *Damals* lebt nicht nur von guten Texten, sondern ganz wesentlich von der Optik und damit von der Qualität (der Reproduktion wie der Auswahl) der Bebilderung. Wie ein guter Museumsmacher das Ziel verfolgt, seine Besucher die ausgestellten Bilder oder Objekte »lesen zu lehren«, so ermöglicht ein gutes Geschichtsmagazin seinen Lesern wenigstens von Zeit zu Zeit, auch die Abbildungen als Quellen zu lesen. Zudem legen wir großen Wert darauf, möglichst zeitgenössische Artefakte abzubilden. Das erfordert große Sorgfalt auf Seiten des (Bild-)Redakteurs: Was ist überhaupt greifbar, und was können Agenturen, Museen oder Archive in einer überschaubaren Zeit liefern? Welche Bilder ergänzen einen Text adäquat oder liefern im Idealfall sogar Zusatzinformationen?

Bilder als Quelle ernst zu nehmen erfordert einen häufig unterschätzten Aufwand, und die Arbeit des Bildredakteurs ist eine zentrale Säule in jedem seriös mit Abbildungen arbeitenden Magazin. Die Haltung »Hauptsache bunt« ist mir jedenfalls ein Graus. Historisierende Bilder können zwar durchaus ihre Funktion haben, doch muss diese dann in der Bildunterschrift deutlich werden; sie aus Bequemlichkeit zu verwenden, oder weil sie so dramatisch wirken, ist inakzeptabel.

Das Layout, der Graphiker und die Redakteure

Die Dramaturgie einer Zeitschrift ist in der Regel gut überlegt. So wechseln bei *Damals* kurze und kürzeste Artikel mit längeren und langen ab, so dass die Leser für jede Gemütslage und jeden Zeithorizont etwas zu lesen finden (tatsächlich wird die Zeitschrift, wie Umfragen belegen, von den meisten Lesern *in toto* gelesen). Fixpunkte des Leserinteresses – etwa die datumsorientierten »Zeitpunkte«, das zeithistorische »Es geschah vor … Jahren«, das jeweilige Titelthema, Beiträge zu aktuellen Forschungen, Rezensionen oder Hinweise auf Ausstellungen – sind immer an derselben Stelle zu finden. Eine lesbare Schrift, Übersichtlichkeit der Anordnung, Einheitlichkeit etwa im Design von Karten, Info-Kästen oder bibliographischen Angaben sollten Standard sein.

Jenseits dieser Aspekte, die letztlich gutes Handwerk auszeichnen, beginnen die Diskussionen: Wie viele Bilder verträgt eine Seite? Wie groß sollten sie sein, um gut zu wirken? Ganz entscheidend: Ist die Qualität der Vorlagen ausreichend? Diesen Punkt unterschätzen vor allem wissenschaftliche Autoren häufig, die vermuten, die Abbildung in einem Buch genüge für die Reproduktion in *Damals.*

Die Rollenverteilung in der Redaktion mag eindeutig erscheinen: Der Graphiker hat die Stimmigkeit und Anmutung im Auge zu behalten, ist also für die Ästhetik zuständig – der Redakteur tischt die Texte auf und hat die inhaltlichen Kriterien im Blick. In der täglichen Arbeit verwischt sich diese Grenzziehung aber. Ein Graphiker, der sich nicht für Geschichte interessiert, wird die Bebilderung eines Beitrags nicht kongenial umsetzen können, und ein Redakteur sollte seinen Blick für Fragen des Layouts schulen. In der Diskussion im Team – für die dann allerdings genügend Zeit sein sollte – entstehen die überzeugendsten Konzepte.

Zu guter Letzt: die Leser

Wir kennen die *Damals*-Leser aus Umfragen ziemlich genau. Ihr Alter reicht von 13 bis über 100 Jahren, dominant sind die Altersgruppen zwischen 50 und 70, darunter etwas mehr Männer als Frauen. Wie nicht anders zu erwarten, lesen uns deutlich mehr Abiturienten bzw. Hochschulabsolventen, aber immerhin auch Realschüler sowie etwa zehn Prozent Hauptschüler. Die berufliche Verteilung geht quer durch die deutsche, österreichische oder schweizerische Bevölkerung: Ärzte und Beamte, Informatiker und Ingenieure, Busfahrer und Postbeamte … Diejenigen, die – wie es ein naturwissenschaftlicher Kollege einmal formulierte – ein Geschichts-»Gen« besitzen: die wahren Liebhaber, für die Geschichte eine Passion ist. *Damals*-Leser sind daher auch ausgesprochen dankbare Rezipienten unserer Buchempfehlungen. Rezensionen (längere und kürzere sowie dreimal im Jahr ein ausführliches Buchjournal) bilden folglich einen festen Bestandteil im Heft; wohl in keinem deutschsprachigen Medium, das sich explizit an Nicht-Spezialisten wendet, findet der Leser einen so umfassenden und überlegt aufbereiteten Überblick über die deutschsprachige historische Literatur (den Aufwand, den dies angesichts der immer noch wachsenden Bücherflut für die zuständige Redakteurin bedeutet, mag jeder selbst ermessen).

Ein beliebtes Argument für eher flache, eingängige Darstellungen historischer Themen im Museum, im Fernsehen oder auch in Printmedien ist, man müsse Menschen, die sich nicht für Geschichte interessierten, »abholen«.[5] Hier stellt sich für mich die Frage: warum eigentlich? Warum müssen wir jemanden, der sich nicht für Geschichte interessiert, zum Geschichtskonsum zwingen? Es ist – das mag für eine Historikerin ketzerisch klingen – doch das gute Recht eines jeden Menschen, sich *nicht* für Geschichte zu interessieren, sondern für Fußball, Musik, Nano-Partikel usw. Vor allem: Was ist damit gewonnen, wenn ich einen eigentlich Unwilligen durch Verfälschung des Gegenstands dazu überrede, sich doch einmal mit Kleopatra zu beschäftigen – und wenn ich dann die Pharaonin, nur um sie »für den modernen Menschen verständlich zu machen«, in eine Frau »wie du und ich« verwandele? Zu suggerieren, dass die Emotionen, das Lebensgefühl, die Beweggründe für Handeln usw. im ptolemäischen Ägypten mit denjenigen von Frauen der westlichen Welt zwei Jahrtausende später identisch seien, reduziert Geschichte auf reine Kulisse. Eben davon distanziert sich *Damals*. Ein guter Artikel in unserem Magazin macht auch dem weniger informierten Leser die Fremdheit vergangener Lebenswelten, auch unserer eigenen mittelalterlichen oder frühneuzeitlichen »Vorfahren«, deutlich. Könnte dies nicht sogar eine Übung sein, um fremden Kulturen unserer eigenen Zeit verständnisvoller zu begegnen? Ein Beispiel: Uns Heutigen ist die Verrechtlichung aller Lebensbereiche so in Fleisch und Blut übergegangen, dass wir andere Formen, mit Unrecht umzugehen – etwa in Afrika –, mit Unverständnis betrachten; hier mag die Erkenntnis, dass sich das heutige Rechtsverständnis auch in Europa gegen ganz andere Vorstellungen durchsetzen musste[6], weiterhelfen.

Was kann und sollte ein seriöses Geschichtsmagazin über seinen hoffentlich vorhandenen Unterhaltungswert hinaus leisten? Glaubt man einer verbreiteten Klage, hat das Wissen um historische Hintergründe deutlich abgenommen; auch wir stellen bei Praktikanten häufig fest, dass Anspielungen nicht mehr ohne weiteres verstanden werden. Unverändert beliebt scheint demgegenüber in der Politik und in tagesaktuellen Medien der Griff ins historische Repertoire als Argumentationshilfe: *appeasement*, Beneš-Dekrete, ganz zu schweigen von »ceterum cen-

5 So zuletzt bei einer Tagung zur Zukunft des Geschichtsfernsehens im Stuttgarter Haus des Dokumentarfilms; siehe Stuttgarter Zeitung vom 3. Mai 2008: »Galileo, die Germanen und Guido Knopp«.

6 Vgl. Vollrath, Hanna: Mord im Morgengrauen. Karl der Gute von Flandern, in: DAMALS 31 (1999), H. 5, S. 69–73.

seo« oder dem Gang nach Canossa. Nur: Wie kommen diese Floskeln beim Publikum an? Werden sie verstanden, vielleicht sogar richtig zugeordnet? Dies erscheint immer fraglicher. Umso notwendiger ist daher wohl eine sachgerechte Information über Ereignisse, auf die man sich auch heute noch bezieht. Bequemer als bei *Damals* bekommt man Allgemeinbildung nicht ins Haus geliefert.

Letztlich: Interkulturelle Kompetenz ist von der Politik über die Wirtschaft bis in die Kultur ein weitverbreitetes Schlagwort, und es ist außerordentlich schwer einzulösen. Damit will sich *Damals* auch gar nicht schmücken. Wohl aber nehmen wir in Anspruch, durch geduldiges Bohren und den Perspektivwechsel den Blick immer wieder auf Kulturen jenseits der eigenen zu lenken und die Information über deren Geschichte zu fördern.

Fazit

Damals hat sich vorgenommen, intelligentes Vergnügen an der Geschichte zu ermöglichen, zur Auseinandersetzung mit der Vergangenheit anzuregen und durch die Interdisziplinarität des Ansatzes monokausale Erklärungen in Frage zu stellen. Wünschen würde ich mir viele interessierte Leser und exzellente Autoren – die in diese Öffentlichkeit hineinwirken wollen und vielleicht sogar bereit sind, gelegentlich die Kunst der Etüde zu pflegen, des kleinen Beitrags, der auf knappem Raum, ansprechend dargeboten, einen überraschenden oder informativen Tatbestand anspricht. Im deutschsprachigen Raum scheint dieses Genre ähnlich wenig verbreitet wie die Kunst des Essays.

Zunehmen wird das Gewicht alternativer Medien. *Damals* betreibt schon heute einen beträchtlichen Aufwand für seine Internetpräsenz und produziert in Kooperation Hörbücher. Es stellt sich aber die Frage: Inwieweit werden der Trend zur Verabreichung kleinteiliger Informationen, die damit einhergehende Veränderung von Lese- und Wahrnehmungsgewohnheiten sowie die Dominanz von parzellierter Information auch die Printmedien verändern? Und was werden wir dann an Chancen für Nachdenklichkeit verlieren?

Christian Spieß

Zwischen Wissenschaft und Unterhaltungsanspruch
Aktuelle Geschichtsmagazine im Vergleich

Das Format »Geschichtsmagazin«

Man begegnet ihnen eher im Vorbeigehen, sei es in Bahnhöfen oder in den Auslagen größerer Zeitungsläden. Sie buhlen um potenzielle Leser mit schillernden Titelbildern, die mit Ausschnitten aus spektakulären Historiengemälden, Hollywood-Stars in der Rolle historischer Akteure oder gewagten Collagen locken, ja sogar Anleihen aus dem Boulevardjournalismus aufweisen. Nicht zuletzt weil Geschichtszeitschriften heute ein durchaus beträchtliches Publikum ansprechen – das Magazin *Geo Epoche* hat eine Druckauflage von 285.000[1] – ist eine genauere Betrachtung angebracht. Wie positionieren sich die Geschichtszeitschriften auf einem hart umkämpften Markt?[2]

Doch was überhaupt ist ein »Geschichtsmagazin«? Zunächst einmal handelt es sich hierbei um populärwissenschaftliche Produkte im weitesten Sinne. Sie geben Erkenntnisse aus der Geschichtswissenschaft komprimiert und vereinfacht wieder und machen sie in massenkompatible Darstellungsformen gekleidet einem Laienpublikum zugänglich. Dies ist zweifellos das große Verdienst der Zeitschriften und gleichzeitig der Grund, weshalb sie – wie auch andere populärwissenschaftliche Beiträge, vor allem im Fernsehen – bei Historikern mehr Naserümpfen als Anerkennung hervorrufen. Ungenauigkeiten, Fehler in der Darstellung und das Fehlen aktueller Forschungsdiskussionen sind Kritikpunkte, die sich aus der Perspektive der Fachwissenschaft sicherlich bieten. Derartige Kritik – gerechtfertigt oder nicht – sollte jedoch nicht den Blick verstellen für eine ernsthafte Auseinandersetzung mit diesen Zeitschriften. Denn meist geht es den Machern der Geschichtsmagazine gar nicht darum, aktuellste Erkenntnisse und Debatten der Forschung wiederzugeben. Schon ein Blick auf die Titelthemen zeigt, dass ver-

1 Auf Grundlage der Zahlen der Informationsgemeinschaft zur Feststellung der Verbreitung von Werbeträgern e. V. (IVW) ergibt sich für die vier untersuchten Zeitschriften folgendes Bild: 285.330 (Geo Epoche), 141.788 (P. M. History), 42.473 (DAMALS), 63.250 (G / Geschichte). Bei den Zahlen handelt es sich um den Durchschnitt der Druckauflage aller vier Quartale 2007.

2 Um die sehr spezielle Art der öffentlichen Geschichtsvermittlung zu untersuchen und mich der Frage zu nähern, was eigentlich mit Geschichte geschieht, wenn sie – anders als z. B. bei fachwissenschaftlichen Publikationen – an einem hart umkämpften Markt positioniert werden muss, habe ich die Magazine *Geo Epoche, P. M. History, Damals* und *G / Geschichte* einer vergleichenden Untersuchung unterzogen.

blüffend klassische, ja konventionelle Themen wie die Französische Revolution, der Aufstieg Preußens, große Kriege und bekannte historische Persönlichkeiten bei allen Magazinen hoch im Kurs stehen – also bei den Lesern offenbar auch gut ankommen. Diskursanalyse, Kontroversen oder aktuelle Strömungen sucht man hingegen vergeblich. Vielfach ist es zudem eher die Darstellung historischer Ereignisse bzw. Überblickswissen, das vermittelt werden soll – sprich: Was ist überhaupt passiert?

Um dieses Wissen den Lesern zu verkaufen, muss es ansprechend in Szene gesetzt werden. Dazu verwenden Geschichtsmagazine eine reichhaltige Bebilderung, um die in den Textbeiträgen enthaltenen Informationen zu stützen, aber auch, um den Leser mit spektakulärem Bildmaterial zu ködern. Gängige Bildarten sind insbesondere Historiengemälde, Abbildungen gegenständlicher und sonstiger Quellen, Fotomontagen und Filmbilder. Dabei haben die Bilder keine einheitliche Funktion: Sie können sowohl als reiner Blickfang dienen – wie ein Filmbild, das ohne inhaltlichen Bezug zum Text steht –, aber auch als Quelle behandelt und dementsprechend durch eine ausführliche Bildlegende kontextualisiert werden. Ungeachtet ihrer jeweiligen Funktion belegt der Umstand, dass völlig unbebilderte Seiten eine Seltenheit darstellen, wie wichtig den Magazinen offenbar die visuelle Komponente der Geschichtsvermittlung ist. Diese hohe Bedeutung schlägt sich auch im Layout der Geschichtsmagazine nieder. In unterschiedlicher Weise versuchen die Magazine, ein ansprechendes und anschauliches grafisches Konzept umzusetzen, das oft auch der eigenen Standortbestimmung und Positionierung dient, in erster Linie jedoch die eigentlichen Inhalte stützt und ein Gerüst für ihre Platzierung im Heft bereitstellt.

Erzählte Geschichte

Auf der Ebene der Texte tritt den Lesern Geschichte in unterschiedlichem Maße – und nicht nur aus Platzgründen – in Form von Geschichten gegenüber. Die dramatisierende Geschichtserzählung, die per se auf fiktionale Anleihen angewiesen und genau deswegen in der schulischen Geschichtsvermittlung bereits vor dreißig Jahren aus der Mode geraten ist, spielt denn auch für die Magazine, mit der Ausnahme von *Damals*, eine wichtige Rolle. Dabei sind es vor allem zusätzliche Dramatik und Identifikationspotentiale, die solche Texte für Laien zugänglicher machen. Darüber hinaus kann das Erzählen von Geschichten aber auch ganz grundsätzlich als eine Art journalistisches Grundbedürfnis verstanden werden, und schließlich hält Geschichte einen nahezu unerschöpflichen Vorrat an »stories« parat – bzw. Material, aus dem sich »stories« stricken lassen. In jedem Fall müssen die Texte lesbar sein bzw. zum Weiterlesen ermutigen, sei es durch einen narrativen, romanhaften

Stil oder das Versprechen von spektakulären, mysteriösen, spannenden oder lustigen Inhalten. Geschichte – darauf pochen alle Magazine mit bemerkenswerter Vehemenz – ist niemals langweilig.

Um diese Erkenntnis den Lesern glaubhaft vermitteln zu können, müssen die Texte nicht nur ansprechend geschrieben und grafisch gekonnt in Szene gesetzt werden, sondern auch mit dem restlichen Inhalt des Heftes in einem sinnvollen Zusammenhang stehen. Die Organisation der einzelnen Beiträge im Heft und die Dramaturgie, die ihrer Anordnung zugrunde liegt, ist in diesem Zusammenhang besonders wichtig. Die Struktur der Magazine folgt dabei – abgesehen vom monothematisch aufgebauten *Geo Epoche* – einem sehr ähnlichen Schema, das durch ein Nebeneinander von einem Titelthema und davon inhaltlich unabhängigen Beiträgen und Rubriken gekennzeichnet ist. Das Titelthema, das im Falle von *G/Geschichte* sogar mehr als die Hälfte der Seiten einnimmt, erfüllt dabei naturgemäß eine besondere Funktion. Denn es wird über die Titelseite, auf der es großflächig und gut sichtbar angekündigt wird, nach außen ausgewiesen und ist deshalb auch ein wichtiger kommerzieller Faktor. Die Anordnung der einzelnen Beiträge innerhalb des Titelthemas kann dabei unterschiedlich ausfallen: So ist es beispielsweise möglich, ein Thema entlang der Chronologie zu entwickeln oder die Beiträge eher thematisch zu sortieren. Insbesondere bei letzterer Herangehensweise scheinen die Magazine darauf bedacht, die Ausdauer der Leser nicht mit mehreren langen oder überdurchschnittlich komplizierten Beiträgen in Folge auf die Probe zu stellen. Statt dessen ist man meist um eine ausgewogene Mischung aus ernsten, fundiert daherkommenden Beiträgen und »leichterer Kost« bemüht, die es den Lesern einfacher macht, ein Heft von vorne bis hinten durchzulesen. So verspricht *G/Geschichte* nach zwei Artikeln über den Siebenjährigen Krieg in der Anmoderation des Beitrags »Drei Frauen gegen Preußen« weniger Kriegsgetöse und mehr humorvolle Entspannung: »Am Vorabend des 3. Kriegs um Schlesien sah sich Friedrich II. in der hohen Politik einem ›Damenkränzchen‹ der besonderen Art gegenüber. Ausgerechnet drei mollige Schönheiten lehrten den bekennenden Frauenverächter das Fürchten.«[3] Eine vergleichbare Atempause bieten auch die meist ein- bis zweiseitigen exkursartigen Artikel, auf die *Geo Epoche* zwischen seinen längeren, nicht selten mehr als zwanzig Seiten umfassenden Textbeiträgen setzt.

Es gibt jedoch nicht »die eine« Art der populären Geschichtsvermittlung – auch nicht bei den hier vorgestellten Zeitschriften. Wenn sich für das »Format« Geschichtsmagazin zwar einige typische Merkmale nennen lassen, so treten bei genauerer Betrachtung recht deutliche Unterschiede zwischen den vier Magazinen zutage. Besonders klar werden diese Unterschiede bei der Art und Weise, wie die einzelnen Magazine Wissenschaftlichkeit auf der einen und den Anspruch auf Unterhaltung auf der anderen Seite miteinander zu vereinbaren versuchen. Dieser

3 G/Geschichte 11/2005, S. 24.

Gegensatz findet sich in den Magazinen auf unterschiedlichsten Ebenen, wie den schon angesprochenen Bildern, den Textbeiträgen, aber auch im Layout, das bei *Damals* mit sehr wenigen Farben und Schriftarten schlicht und einheitlich ausfällt, während sich *P. M. History* mit übergroßen Schlagzeilen und grellen Farben an einer völlig anderen Ästhetik orientiert.

Einbindung von Fachhistoriker/innen

Offenkundig wird dieser Gegensatz bei der Einbindung von Fachhistorikern, deren aktive Mitarbeit vor allem bei *Damals* und *Geo Epoche* angesichts der generell eher abschätzigen Haltung der Akademiker gegenüber populärwissenschaftlichen Darstellungsformen zunächst verwundern dürfte. Es sei dahingestellt, inwiefern hier das Interesse der Wissenschaftler, außer-akademische Kreise anzusprechen, oder die Höhe der Honorare ausschlaggebend ist; in jedem Fall muss ihre direkte Beteiligung als eine Schnittstelle zur Fachwissenschaft gesehen werden, die auch für die Positionierung des Magazins von Bedeutung ist. *Damals* nimmt in dieser Hinsicht eine Sonderstellung ein, denn sämtliche Autoren sind auch mehr oder weniger prominente Fachhistoriker. Ein entsprechend wissenschaftlicher, konziser und mit Fachtermini angereicherter Duktus findet sich denn auch in vielen Beiträgen und verlangt den Lesern mitunter einiges an Vorwissen, Interesse und Konzentration ab. So heißt es in einem Artikel über Jan Hus: »Die Gleichsetzung von Jan Hus und Hussitismus war insofern von Bedeutung, als damit die passive Leidens- und Opfergeschichte des böhmischen Reformators in einen kämpferischen Kontext gestellt war und seinem Verbrennungstod auf diese Weise nachträglich ein triumphaler Sinn zugeschrieben werden konnte. Ikonographisch wurde diese Verschränkung unter anderem dadurch zum Ausdruck gebracht, daß Hus-Bilder häufig mit hussitischen Insignien versehen waren und er selber meistens mit Vollbart dargestellt wurde – was ja seinem Stand als katholischer Priester nicht entsprach, sondern den später üblichen Habitus hussitischer Prediger wiedergibt.«[4]

Bei *Geo Epoche* treten Fachleute regelmäßig als Autoren und als Interviewpartner in Erscheinung. In der Regel handelt es sich bei ihnen um Star-Historiker wie z. B. Johannes Fried oder Jürgen Kocka[5]. Das Magazin verzichtet allerdings konsequent darauf, die Experten als kommerzielle Zugpferde einzuspannen. So finden sich weder im Inhaltsverzeichnis noch auf der Titelseite des Magazins Hinweise auf derartige Gastauftritte. Möglicherweise spiegelt dies das nicht unkomplizierte

4 DAMALS 3/2006, S. 33.
5 Geo Epoche Nr. 25 bzw. Nr. 12.

Verhältnis von Fachwissenschaft und populärer Geschichtsvermittlung wieder. Ein weiterer Grund könnte in der Tendenz liegen, sich selbst bzw. die eigene Art der Geschichtsvermittlung als das Nonplusultra darzustellen. Dies zeigt sich auch in dem Umstand, dass das Magazin als einziges der hier untersuchten vollständig auf Literaturangaben und Rezensionsteile verzichtet. Dies geht bisweilen mit aus fachwissenschaftlicher Sicht eigentümlichen, auf Laien jedoch sicherlich beeindruckend wirkenden Mitteln einher. So heißt es im Editorial eines Heftes: »Wie üblich bei historischen Reportagen hat Cay Rademacher, der Autor des Beitrags über den 14. Juli [1789], versucht, den Ablauf so präzise wie möglich zu rekonstruieren. [...] Das Problem: Etliche seiner Quellen widersprachen einander in ihren Zeitangaben, teilweise um mehrere Stunden. Und so war es die Aufgabe von Mischer und Sedlmaier, unterstützt durch die wissenschaftliche Beraterin Christina Schröer (Fachgebiet: Frankreich im 18. Jahrhundert), diese Ungenauigkeiten zu beseitigen. Dazu nahmen sich die drei unter anderem den Stadtplan von Paris vor, um Wegstrecken nachzumessen und auszurechnen, wie viel Zeit beispielsweise ein Bote gebraucht haben könnte, der am Abend des 14. Juli als Erster die Nachricht vom Sturm auf die Bastille ins 30 Kilometer entfernte Versailles brachte.«[6]

Dem behutsamen, ja geradezu schüchternen Umgang mit Historikern in *Geo Epoche* tritt in *P.M. History* eine ganz andere Strategie gegenüber. Die Wissenschaftler, so sie denn vertreten sind, werden von Vornherein als Experten etabliert, die die Inhalte des Magazins durch »Insider-Informationen« stützen und aufwerten. So leitete man ein Interview mit Wolfgang Stürmer wie folgt ein: »Edelmütig, tolerant und fortschrittlich: Friedrich II. gilt als vorbildlicher Herrscher. Doch stimmt das wirklich? Mit dem Historiker Wolfgang Stürmer, einem der besten Kenner des Kaisers, sprach P.M. History-Redakteur Stefan Primbs.«[7] Es fällt allerdings auf, dass die Anzahl der interviewten Historiker äußerst gering ist.[8] Zudem scheint es durchaus bezeichnend für die Ausrichtung des Magazins, dass Erich von Däniken für den Zeitraum der Untersuchung genauso oft interviewt wurde wie die Historiker.

Bei *G/Geschichte* fällt die Beteiligung von Fachhistorikern mit Abstand am geringsten aus. Knappe Verweise auf Historiker und Experten finden sich lediglich in den für das Magazin typischen Textkästen, die prägnante Äußerungen von Wissenschaftlern isoliert vom Fließtext wiedergeben. Diese Aufbereitung entspricht der generellen Verfahrensweise des Magazins, Faktenwissen z.B. in Form biografischer Daten, Zeitleisten oder Porträts zugänglich zu machen. Bei den Äußerungen der Historiker wirkt diese Strategie jedoch problematisch, da meist völlig unklar bleibt, aus welchem Zusammenhang die Zitate stammen. So enthält ein Artikel

6 Geo Epoche Nr. 22, S. 3.

7 PM. History 8 / 2007, S. 33.

8 In den untersuchten Heften (P.M. History 4 / 2005–8 / 2007) fanden sich insgesamt zwei Interviews mit Historikern.

über den griechischen Feldherrn Miltiades[9] ein Zitat von Helmut Berve. Angaben über den Autor, die Herkunft des Zitats oder seine Verstrickung in den Nationalsozialismus bleiben aus. Bei genauer Betrachtung stellt sich zudem heraus, dass viele der zitierten Historiker – wie z. B. Johannes von Müller[10] – bereits selbst historisch oder zumindest nicht mehr am Leben sind. Für den Forschungsstand scheint dies durchaus bezeichnend.

Schnittstellen zur Unterhaltungsindustrie

Der Einbindung von Fachwissenschaftlern stehen auf der anderen Seite Anknüpfungspunkte zur Unterhaltungsindustrie gegenüber. Diese können eher oberflächlicher Natur sein, beispielsweise in Form von Anspielungen auf Film und Musik. So titelt *G/Geschichte* »Heinrich VIII. – 6 Hochzeiten und 3 Todesfälle«[11] und in *P. M. History* wird Napoleon zu »The Great Pretender«[12]. Solche Formulierungen dienen nicht nur der sprachlichen Auflockerung, sondern schlagen immer auch Brücken in die Gegenwart, indem sie suggerieren, dass ein Thema auch heute noch relevant sei. Allerdings verbergen sich hinter den Verweisen auch oftmals Ungenauigkeiten und Anachronismen. Aufhänger visueller Art, die ebenfalls auf Unterhaltung und populäre Kultur hinweisen, sind Filmbilder, die in *P. M. History* und *G/Geschichte* ausgiebig Verwendung finden. Zum einen machen sich die Magazine dadurch die Popularität bekannter Filme und Schauspieler zu Nutze, zum anderen dürften die Bilder – die ja meist Menschen zeigen – auf viele Leser realistischer wirken und daher mehr Identifikationspotential bieten als beispielsweise eine zweidimensionale mittelalterliche Darstellung oder antike Vasenmalereien. *Geo Epoche* oder *Damals* verzichten dagegen fast vollständig auf derartige Anspielungen. Die Gründe dafür dürften unterschiedlich sein: *Geo Epoche* setzt (wie auch alle anderen Zeitschriften der Geo-Reihe) auf ästhetisierendes, oft exklusives Bildmaterial. Insofern würden Filmbilder den Anspruch auf eine eigenständige visuelle Ästhetik untergraben. *Damals* hingegen positioniert sich schon auf der Titelseite als das »Magazin für Geschichte und Kultur«, wobei »Kultur« hier offenbar nicht Popkultur meint.

Weniger oberflächliche Schnittstellen zum Bereich der populären Kultur bieten Beiträge, die entweder eindeutig auf Unterhaltung aus sind oder auf andere Art und Weise massenkompatible Themen behandeln. *P. M. History* enthält in dieser Hinsicht eine wahre Fülle von Anknüpfungspunkten, beispielsweise über erotik-

9 G / Geschichte 8 / 2006, S. 42–45.
10 G / Geschichte 10 / 2006, S. 16.
11 G / Geschichte 5 / 2006, Titelseite.
12 P. M. History 8 / 2006, S. 3.

lastige Beiträge wie »Boccaccio im Original. Ein frecher Quickie in Neapel«[13], historischen Klatsch und Tratsch in »Samuel Pepys (1633–1703). Das Klatschmaul seiner Majestät«[14] oder auch »UFOs. Unsere Brüder und Schwestern aus dem All und ihre fliegenden Kisten«[15]. Solchen Beiträgen geht es jedoch nicht nur um Unterhaltung. Es scheint, als wolle das Magazin zugleich unter Beweis stellen, dass Geschichte nichts Ernstes oder Elitäres sein muss.

Einen Sonderfall bei der Darstellung populärer Themen bietet der direkte Verweis auf andere Formen von öffentlicher Geschichtsvermittlung im Fernsehen oder anderen Medien. So beschäftigte sich *P.M. History* mit der US-Fernsehserie »Rome«[16] und listete dabei einige Aspekte auf, die es an der Serie zu bemängeln gelte: »Opulente Ohrgehänge und Hochsteckfrisuren für die Damen, breite Metall- und Lederarmbänder für die Herren – so schmücken sich die Charaktere in ›Rom‹. Die Realität war nicht ganz so glamourös; Frauen trugen strengen Mittelscheitel mit Dutt und Stirnrolle. […] Breite Männerarmbänder sind dagegen reine Hollywood-Erfindung.« Hier nutzt das Magazin also die Gelegenheit, sich von anderen populären Darstellungsformen abzugrenzen und sich über die Aufdeckung von Unzulänglichkeiten zu profilieren. In *G/Geschichte* finden sich vergleichbare Beiträge. So geht der Artikel »Der ungarische Spion«[17] mit Michael Ondaatjes Roman »Der Englische Patient« bzw. seiner Verfilmung ungewöhnlich hart ins Gericht, denn: »Warum sich aber ein hoch gelobter Autor wie der kanadische Schriftsteller Ondaatje für seine überlebensgroße Liebesgeschichte mit Almásy eine Hauptperson aussuchte, die tatsächlich gelebt hat, bleibt unverständlich, wenn deren Biografie dem Wesen der literarischen Figur nahezu diametral gegenübersteht. Eine solche Benutzung realer Charaktere führt zwangsläufig dazu, dass der Leser/Zuschauer nicht mehr zwischen Wahrheit und Fiktion unterscheiden kann.« Den Lesern, denen das Magazin offenbar nicht allzu viel Urteilsvermögen zutraut, kann aber geholfen werden, denn im Folgenden weiß *G/Geschichte* sämtliche Verwirrungen aus der Welt zu schaffen. Der vermeintliche Romanheld sei nicht nur ein verkappter Nazi, sondern auch noch homosexuell gewesen: »Auch die Filmkunst ist frei, und so muss man die mit literarischer Chuzpe bewerkstelligte Metamorphose eines homosexuellen Nazi-Kollaborateurs zum herzensbrechenden Heroen und Frauenliebhaber wohl oder übel tolerieren.« Nachdrücklich versucht man hier also, sich selbst als Hüter der historischen Wahrheit zu präsentieren. Der Verriss, der letztlich von einem eigentümlichen Verständnis von Kunst und Kultur zeugt, belegt aber im Umkehrschluss, dass das Magazin fiktionale Darstellungen – wie die gerade in *G/Geschichte* so häufig verwendeten Geschichts-

13 P.M. History 4/2007, S. 91–93.
14 P.M. History 10/2006, S. 14–17.
15 P.M. History 8/2005, S. 28–36.
16 P.M. History 7/2007, S. 18–22.
17 G/Geschichte 2/2006, S. 40 f.

erzählungen – als legitime Form der Geschichtsvermittlung ansieht, so lange sie der »Wahrheit« entsprechen.

Es scheint, als ob sich *G/Geschichte* und *P.M. History* unter Zwang sehen, sich selbst von anderen populären Beiträgen zur Geschichte – auch fiktionalen – abzusetzen und sich in Opposition zu ihnen zu positionieren. Fehler und Unwahrheiten bieten dafür ein gefundenes Fressen. *Geo Epoche* und *DAMALS* verstehen sich aus unterschiedlichen Gründen nicht als Teil dieses Wettstreits um die Wahrheit. *Geo Epoche* verweigert sich mit seiner üppigen, edlen Gestaltung und seinen ausufernden Texten quasi einem direkten Kontakt mit anderen populären Geschichtsdarstellungen. Es ist insbesondere der exklusive Anspruch auf Geschichte im Hochglanzformat, der dazu beiträgt, dass sich das Magazin nicht als Teil einer um die Wahrheit streitenden populären Geschichtskultur gibt. *DAMALS* hingegen kann, da es letztlich ohne Verweise auf Unterhaltung und populäre Kultur auskommt, kaum als populärwissenschaftliches Magazin bezeichnet werden. »Populär« ist das Magazin im Grunde nur dadurch, dass es überhaupt existiert und wissenschaftliche Beiträge einer Öffentlichkeit außerhalb des akademischen Bereichs zu einem geringen Preis zugänglich macht.

Volker Ullrich

Zeitgeschichte als Streitgeschichte

Zur Präsentation von Geschichte in den Printmedien

Geschichtswissenschaft und Journalismus

Geschichtswissenschaft und Journalismus – das war immer eine interessante, wenn auch nicht ganz spannungsfreie Beziehung. Die Fachhistoriker haben nur selten eine hohe Meinung von Journalisten gehabt. Heinrich von Treitschke etwa, der einflussreichste Historiker des frühen Kaiserreichs, entdeckte noch in den 80er Jahren des 19. Jahrhunderts einige »sehr tüchtige und ehrenhafte Männer« unter ihnen. Die Mehrzahl aber bestehe »aus katilinarischen Existenzen, wie Bismarck einmal sagte, aus Leuten, die sonst im Leben nicht fortgekommen sind«.[1] Es soll einmal dahingestellt bleiben, ob dieses Urteil im Blick auf den gegenwärtigen Medienbetrieb nicht ein hohes Maß an Realitätsgehalt hat. Interessant scheint an Treitschkes Diktum vielmehr ein anderer Aspekt. Wie Treitschke selbst so haben nämlich viele Historiker vor und nach ihm einmal vor der Frage gestanden, ob sie sich für die Wissenschaft oder den Journalismus entscheiden sollten. Der frischpromovierte Historiker Ludwig Quidde – später einer der Wortführer des deutschen Pazifismus und neben Außenminister Gustav Stresemann der zweite deutsche Träger des Friedensnobelpreises – schrieb 1881: »Zum Journalisten fehlt mir ungefähr Alles, nicht nur Kenntnisse, sondern auch leichte Beweglichkeit, Schlagfertigkeit und, so hoffe ich, auch Leichtfertigkeit.«[2] Die Seriosität der Wissenschaft gegen die Leichtfertigkeit des Journalismus – das ist gewissermaßen die klassische Definition. Manche meinten, wenn die akademischen Blütenträume nicht reiften, bliebe ihnen ja immer noch, gewissermaßen als Notausgang, der Weg in die journalistische Laufbahn. Andere hingegen entschieden sich statt einer akademischen Karriere bewusst für den Journalismus, etwa Kurt Eisner, der 1919 als bayerischer Ministerpräsident ermordete USPD-Politiker – der begabteste Journalist, den die deutsche Sozialdemokratie hervorgebracht hat.[3]

Wieder andere versuchten, Wissenschaft und Journalismus zu verbinden, also auch noch als Universitätsprofessoren publizistisch tätig zu sein und Einfluss zu nehmen. Das galt etwa für die nationalliberalen Historiker der Reichsgründungszeit und des wilhelminischen Deutschland – neben Treitschke etwa Heinrich von

1 Zit. nach Requate, Jörg: Journalismus als Beruf, Göttingen 1995, S. 11.

2 Zit. nach Holl, Karl: Ludwig Quidde (1858–1941). Eine Biographie, Düsseldorf 2007, S. 60.

3 Vgl. Grau, Bernhard: Kurt Eisner. 1867–1919, München 2001, S. 130 ff.

Sybel, Hermann Oncken, Friedrich Meinecke – , aber auch für die lange Generation der sozialliberalen Historiker in der Bundesrepublik, Hans-Ulrich Wehler, die Brüder Hans und Wolfgang Mommsen, Heinrich August Winkler, Jürgen Kocka. Diese Generation tritt jetzt ab, und man sieht nicht so recht, wer sie ersetzen könnte.

Umgekehrt verfügten und verfügen nicht wenige führende Publizisten in der Bundesrepublik über eine solide historische Ausbildung. Zu nennen sind unter anderen Theo Sommer, der langjährige Chefredakteur und Herausgeber der *ZEIT*, ein Schüler von Hans Rothfels in Tübingen, Karl-Heinz Janßen, mein Vorgänger als *ZEIT*-Historiker, ein Schüler Gerhard Ritters in Freiburg, Hermann Rudolph, der Herausgeber des *Tagesspiegel*, oder, von den Jüngeren, Franziska Augstein und Gustav Seibt von der *Süddeutschen Zeitung*, Patrick Bahners und Michael Jeismann von der *F. A. Z.* Manche spielen die Doppelrolle des Wissenschaftlers und Journalisten recht gekonnt, etwa Michael Stürmer, der *WELT*-Leitartikler, früher Hofhistoriograf von Bundeskanzler Helmut Kohl, oder Götz Aly, früher Redakteur bei der *taz* und bei der *Berliner Zeitung*, 2005/06 Gastprofessor in Frankfurt und vielbeschäftigter Buchautor. Götz Aly verkörpert vielleicht am besten den Typus des »Historiker-Journalisten«, wie ihn Paul Nolte in einem Aufsatz in der Zeitschrift *Merkur* von 1999 charakterisiert hat.[4] Es handelt sich hier um promovierte, zum Teil auch habilitierte Journalisten, die vor allem in den Feuilletons der großen Tages- und Wochenzeitungen tätig sind. Diese »Historiker-Journalisten« spielen, was die Darstellung und Vermittlung von Geschichte in der Öffentlichkeit angeht, eine zunehmend wichtigere Rolle.

Das Diktat der Jahrestage

Die Massenmedien üben, was die Präsentation von Geschichte angeht, eine entscheidende Selektionsfunktion aus. Sie setzen die Themen, bestimmen die Inhalte und steuern so die Wahrnehmung des Publikums. Dabei spielt der Aspekt der Aktualität eine ganz besondere Rolle, sei es, dass es sich um eine aufregende Publikation, neue Quellenfunde, eine große historische Ausstellung oder um einen Jahrestag handelt. Der Rhythmus »runder« Erinnerungsdaten beherrscht mittlerweile den Terminkalender der Historiker-Journalisten. Wir erinnern uns: Im August 2004 jährte sich zum 90. Mal der Ausbruch des Ersten Weltkriegs. Bereits zu Anfang des Jahres begann der *Spiegel* eine große Serie über »Die Urkatastrophe des 20. Jahrhunderts«, in der auch prominente Historiker, von Hans-Ulrich Wehler

4 Vgl. Nolte, Paul: Die Historiker der Bundesrepublik. Rückblick auf eine »lange Generation«, in: Merkur 53 (1999), S. 429 f.

bis John Röhl, zu Worte kamen. Das war der Auftakt zu einem regelrechten Mediengewitter, wie man es wohl zum 100., aber kaum zum 90. Jahrestag erwartet hätte. Was, so fragt man etwas bänglich, wird erst 2014 auf uns zukommen?

Ähnliches wiederholte sich ein Jahr später. Wer gedacht hätte, dass sich bereits mit dem Erinnerungsboom zum 50. Jahrestag des Kriegsendes 1995 das Interesse erschöpft hätte, sah sich 2005 eines Besseren belehrt. Auch in den Printmedien war die Präsenz des Themas ohne Beispiel. »Soviel Hitler war nie« – mit diesem Satz begann ein Essay des Jenaer Historikers Norbert Frei in der *ZEIT* vom 20. Oktober 2004, mit dem die Zeitung ihre Serie »Inferno oder Befreiung« eröffnete, also bereits ein gutes halbes Jahr, bevor sich das Ereignis tatsächlich jährte.[5] Und die meisten anderen Zeitungen und Zeitschriften zogen nach, veranstalteten eigene Serien, etwa, wie die *Frankfurter Rundschau*, in Form von Erinnerungen von Zeitgenossen an die letzten Kriegstage, oder, wie in der *F. A. Z*, in Form von Interviews mit prominenten Zeitgenossen von heute.

Im Jahr 2007 waren es gleich zwei runde Daten, die das Interesse der Medien magisch auf sich zogen: zum einen der 40. Jahrestag der Erschießung Benno Ohnesorgs am 2. Juni 1967 – ein historischer Augenblick, der tatsächlich eine Zäsur markierte, weil er den studentischen Protest innerhalb weniger Tage zu einer Massenbewegung anwachsen ließ –, zum anderen der 30. Jahrestag des »Deutschen Herbstes« von 1977, der in gewisser Weise das Ende der mit dem Aufbruch von 1968 verbundenen Hoffnungen markierte. Wieder haben alle großen Zeitungen dieser Ereignisse mit Titelgeschichten und vielen Sendungen gedacht. Und nicht genug damit: Ein Jahr später, 2008, als an die 40. Wiederkehr der Osterunruhen nach dem Attentat auf Rudi Dutschke, des »Pariser Mais« und des »Prager Frühlings« erinnert wurde, wiederholte sich das Ganze noch einmal. Es scheint, als sei der Hunger nach solchen Events unersättlich.

Man kann die Konjunktur der Jahrestage nur mit zwiespältigen Gefühlen verfolgen. Denn auf der einen Seite führt die Tatsache, dass alle Medien, die Printmedien wie die elektronischen, sich danach ausrichten, zu einer Überproduktion an Artikeln, Büchern, Sendungen, die die Aufnahmefähigkeit selbst des Gutwilligsten überfordert. Auf der anderen Seite aber schwimmt in dieser Medienflut manches mit, was sonst vielleicht untergegangen wäre oder nur geringes Interesse gefunden hätte. Das gilt zum Beispiel, was den 90. Jahrestag des Kriegsausbruchs von 1914 betrifft, für das Buch von John Horne und Alan Kramer »Deutsche Kriegsgräuel 1914« in der Hamburger Edition, das endlich die Wahrheit über die deutschen Kriegsverbrechen in Belgien zu Beginn des Krieges ans Licht brachte.[6] Oder, im Blick auf den 60. Jahrestag von 1945, für den aufwändigen TV-Dreiteiler

5 Abgedr. in: Frei, Norbert: 1945 und wir. Das Dritte Reich im Bewußtsein der Deutschen, München 2005, S. 7–22.

6 Horne, John / Kramer, Alan: Deutsche Kriegsgräuel 1914. Die umstrittene Wahrheit, Hamburg 2004.

»Speer und Er« von Heinrich Breloer, der endlich mit der Legende brach, die Hitlers ehemaliger Lieblingsarchitekt unter tatkräftiger Assistenz von Wolf Jobst Siedler und Joachim Fest über seine Rolle im »Dritten Reich« in die Welt gesetzt hatte.[7] Oder, was das Gedenken an 1968 betrifft, für Peter Schneiders anrührende autobiografische Erzählung »Rebellion und Wahn« und Norbert Freis gelungene Darstellung »1968«, welche die antiautoritäre Revolte in der Bundesrepublik und in West-Berlin in ihren internationalen Kontext einordnet.[8]

Die Lust an der Kontroverse

Kontroversen sind das Salz in der Suppe der Geschichtswissenschaft. Und meistens beginnen sie mit einer Provokation, mit, um ein Wort Theodor Mommsens aufzugreifen, dem »Schlag, der tausend Verbindungen schlägt«.[9] Die Entwicklung der zeithistorischen Forschung in der Bundesrepublik nach 1945 lässt sich begreifen als eine Abfolge von Großdebatten, wobei den Printmedien, allen voran der *ZEIT*, eine wichtige initiierende Rolle zukam.

Die »Fischer-Kontroverse« der frühen sechziger Jahre wurde ausgelöst durch eine Rezension Paul Sethes, des damaligen Leiters des Politischen Buches in der *ZEIT* vom Oktober 1961, die den Untertitel trug: »Professor Fischers These von der Alleinschuld Deutschlands am Ausbruch des Ersten Weltkrieges wird noch viele Diskussionen auslösen.«[10] Zwar hatte der Hamburger Historiker in seinem Werk »Griff nach der Weltmacht« an keiner Stelle von der »Alleinschuld« gesprochen, sondern davon, dass die deutsche Reichsleitung »einen erheblichen Teil der historischen Verantwortung« zu tragen habe, doch erst diese Zuspitzung seiner These sorgte für den nötigen Zündstoff. Im Rückblick fällt auf, wie lange sich die Kontroverse hinzog. Zunächst wurde sie fast ausschließlich in den großen Zeitungen ausgetragen. Erst 1964, im 50. Jahr der Wiederkehr des Kriegsausbruchs, weitete sich die Debatte zum Publikumsstreit. Höhepunkt war der Historikertag in Berlin im Oktober 1964, auf dem die Kontrahenten »in direktem Schlagabtausch vor großem Publikum, vor Kameras und Mikrophonen« aufeinandertrafen.[11] Unver-

7 Vgl. Ullrich, Volker: Speers Erfindung. Wie die Legende um Hitlers Liebling entstand und welche Rolle Wolf Jobst Siedler und Joachim Fest dabei spielten, in: DIE ZEIT Nr. 19 v. 4. 5. 2005.

8 Schneider, Peter: Rebellion und Wahn. Mein 68. Eine autobiographische Erzählung, Köln 2008; Frei, Norbert: 1968. Jugendrevolte und globaler Protest, München 2008.

9 Zit. nach Rebenich, Stefan: Theodor Mommsen. Ein Biographie, München 2002, S. 128.

10 Sethe, Paul: Als Deutschland zur Weltmacht griff, in: DIE ZEIT Nr. 47 v. 17. 11. 1961; vgl. dazu Berghahn, Volker: Die Fischer-Kontroverse – 15 Jahre danach, in: Geschichte und Gesellschaft, 6 (1980), S. 403–419.

11 So Große Kracht, Klaus: Die zankende Zunft. Historische Kontroversen in Deutschland nach 1945, Göttingen 2005, S. 61.

gessen sind mir die Worte, die der amerikanische Historiker Fritz Stern damals zur Verteidigung Fischers ins Feld führte: »Aber wird nicht jede neue These in der Geschichtsschreibung das erste Mal zu scharf, zu einseitig formuliert? … Unsere Wissenschaft braucht solche anregenden Neuanfänge.«[12]

Der so genannte »Historikerstreit« Mitte der achtziger Jahre begann mit einem großen Artikel des Frankfurter Sozialphilosophen Jürgen Habermas in der *ZEIT* vom 11. Juli 1986, überschrieben »Eine Art Schadensabwicklung«. Darin nahm er »apologetische Tendenzen in der deutschen Zeitgeschichtsschreibung« aufs Korn, wie er sie bei einigen Historikern, allen voran Ernst Nolte, ausmachen zu können glaubte.[13] Im Kern ging es um die Einzigartigkeit oder Vergleichbarkeit des Holocaust und damit um die Frage, welchen Stellenwert der Erinnerung an dieses Menschheitsverbrechen künftig im Gedächtnis der Deutschen zuzumessen sei. Eingeführt wurde Habermas' Artikel durch eine »Kampfansage« überschriebene Glosse von Karl-Heinz Janßen auf der Titelseite der *ZEIT*, die den Auftakt setzte für einen monatelangen Meinungskampf, wobei wiederum die Tages- und Wochenzeitungen eine zentrale Rolle spielten. Im Verlauf der Debatte kam es zu einer scharfen Lagerbildung zwischen einer mehr linksliberal und einer eher konservativen Richtung unter den Historikern. Sie spiegelte sich auch in den Leserbriefspalten im Sommer und Herbst 1986 wider, in denen die »polemische Schlacht wechselseitiger Unterstellungen« fortgesetzt wurde.[14] Der »Historikerstreit« war weniger ein Streit der Historiker über neue Forschungsergebnisse als ein Kampf um Deutungshoheit, um kulturelle Hegemonie in der Interpretation der jüngeren deutschen Geschichte. Und zugleich war er auch ein Streit um die Meinungsführerschaft zwischen den Feuilletons der *ZEIT* und der *F. A. Z.* in geschichtspolitischen Fragen.[15]

Die Kontroverse um das Buch des Harvard-Dozenten Daniel Jonah Goldhagen »Hitlers willige Vollstrecker« im Jahre 1996 wiederum wurde angestoßen durch einen von mir verfassten Leitartikel, der ebenfalls auf der ersten Seite der *ZEIT* erschien, begleitet von einem Dossier, in dem zum erstenmal in deutscher Übersetzung Auszüge aus dem umstrittenen Werk präsentiert wurden.[16] Im Mittelpunkt

12 Zit. nach Janssen, Karl-Heinz: Gladiatoren, Claque und Galerie. Deutsche Historiker in Berlin, in: DIE ZEIT Nr. 42 v. 16. 10. 1964.

13 Habermas, Jürgen: Eine Art Schadensabwicklung. Die apologetischen Tendenzen in der deutschen Zeitgeschichtsschreibung, in: DIE ZEIT Nr. 29 v. 11. 7. 1986; vgl. dazu Kailitz, Steffen: Die politische Deutungskultur im Spiegel des »Historikerstreits«, Wiesbaden 2001; Herbert, Ulrich: Der Historikerstreit. Politische, wissenschaftliche, biographische Aspekte, in: Sabrow, Martin / Jessen, Ralph / Große Kracht, Klaus (Hg.): Zeitgeschichte als Streitgeschichte. Große Kontroversen seit 1945, München 2003, S. 94–113.

14 Große Kracht, S. 107.

15 So Seibt, Gustav: Die Historische Sozialwissenschaft in der bürgerlichen Öffentlichkeit, in: Nolte, Paul u. a. (Hg.): Perspektiven der Gesellschaftsgeschichte, München 2000, S. 148.

16 Ullrich, Volker: Hitlers willige Mordgesellen. Ein Buch provoziert einen neuen Historikerstreit, in: DIE ZEIT Nr. 16 v. 12. 4. 1996; vgl. dazu Schoeps, Julius H. (Hg.): Ein Volk von Mördern? Die

des Streits stand die Frage nach dem Anteil der »ganz gewöhnlichen Deutschen« am Holocaust und der spezifischen Rolle, die der Antisemitismus in der deutschen Gesellschaft gespielt hatte. Der *ZEIT* ist der Vorwurf gemacht worden, dass sie in Sachen Goldhagen überstürzt, aus einem reflexartigen Selbstbezichtungszwang heraus, reagiert habe, um sich wieder einmal ins Gespräch zu bringen. Zumindest hätte die deutsche Ausgabe des Buches abgewartet werden sollen. Eine solche Kritik übersieht, dass die Globalisierung inzwischen auch die Rezeptionsmechanismen von wissenschaftlicher Forschung bestimmt. Wie hätte sich die Zeitung aus einer Debatte heraushalten sollen, die in den USA bereits hohe Wellen schlug und über das Internet weltweit kommuniziert wurde? In gewisser Weise war die Goldhagen-Kontroverse die erste zeithistorische Debatte in Deutschland, »die in einem transnationalen Kommunikations- und Erinnerungsraum ausgetragen wurde«.[17]

Allerdings erwies sich die Ankündigung in meinem Leitartikel, mit Goldhagens Buch sei »der Auftakt gesetzt für einen zweiten, für einen noch schärferen Historikerstreit«, zumindest als voreilig. Denn tatsächlich enthielten Goldhagens provozierende Thesen zwar reichlich Zündstoff für eine heftige Debatte in den Medien, nicht aber für einen kontrovers geführten Streit unter Fachhistorikern – ein wichtiger Unterschied nicht nur zur Fischer-Kontroverse, sondern auch zum »Historikerstreit«. Manche Beobachter schlossen daraus, dass die Debatte »wie keine geschichtswissenschaftliche Kontroverse zuvor den Gesetzen der Mediengesellschaft« entsprochen habe.[18] Andere meinten gar, »ein neues Phänomen im Verhältnis zwischen Wissenschaft und Medien« erkennen zu können: »Mediale Prominenz« trete in Konkurrenz zur »wissenschaftlichen Reputation«.[19] Auffällig war in der Tat eine bis dahin nicht gekannte Polarisierung: auf der einen Seite die fast einhellige Ablehnung der Fachwissenschaft, auf der anderen die begeisterte Zustimmung, die Goldhagen während seiner Tournee in Deutschland im September 1996 beim Publikum fand. Wo immer er auftrat, flogen ihm die Sympathien zu. Das war das berühmte »Goldhagen-Phänomen«, über das sich die Leitartikler die Köpfe zerbrachen.

Mit der Goldhagen-Kontroverse scheint die Zeit der historischen Großdebatten, jedenfalls was die nationalsozialistische Vergangenheit betrifft, an ein Ende gekommen zu sein. Vielleicht hat sich ja auch das ihr innewohnende Provo-

Goldhagen-Kontroverse um die Rolle der Deutschen im Holocaust, Hamburg 1996; Frei, Norbert: Goldhagen, die Deutschen und die Historiker, in: Sabrow, Martin / Jessen Ralph / Große Kracht, Klaus, S. 138–152; Ullrich, Volker: Eine produktive Provokation. Die Rolle der Medien in der Goldhagen-Kontroverse, in: ebd., S. 152–170.

17 Große Kracht, S. 140.

18 Schneider, Michael: Die »Goldhagen-Debatte«. Ein Historikerstreit in der Mediengesellschaft, Bonn 1997, S. 8.

19 Weingart, Peter / Pansegrau, Petra: Reputation in der Wissenschaft und Prominenz in den Medien. Die Goldhagen-Debatte, in: Rundfunk und Fernsehen 46 (1998), S. 193, 195.

kationspotential erschöpft. Die Zeichen stehen heute eher auf Konsens denn auf Konflikt. Die konfrontativen Lagerbildungen haben sich aufgelöst; unter der nachrückenden Historikergeneration ist die Streitlust deutlich geringer ausgeprägt.

Veränderungen des Rezensionsbetriebs

Rezensionen sind das wichtigste Medium, um die Spreu vom Weizen zu trennen. Gerade in den großen meinungsbildenden Organen wie der *ZEIT*, der *Süddeutschen Zeitung*, der *F. A. Z.* oder der *Welt* besitzen sie eine Scharnierfunktion zwischen Fachwissenschaft und historisch interessiertem Publikum. Sie kommunizieren die Ergebnisse und Diskussionsprozesse der historischen Forschung in eine breitere Öffentlichkeit, und sie formulieren, umgekehrt, Ansprüche und Erwartungen des Publikums an die Wissenschaft.

Allerdings haben sich die Rahmenbedingungen der Rezensionskultur in den letzten Jahren stark gewandelt. Das hängst erstens zusammen mit Veränderungen auf dem Buchmarkt: Die Verweildauer der Bücher in den Buchläden und Buchhandelsketten wird immer kürzer; immer rascher werden Bücher remittiert und anschließend verramscht. Das hat Auswirkungen auf die Rezensionspraxis. Für den Erfolg von wissenschaftlichen, also auch historischen Büchern ist deren Rezeption in den nichtwissenschaftlichen Medien heute unvergleichlich wichtiger als früher. Besprechungen in den Fachzeitschriften, allen voran der *Historischen Zeitschrift*, erscheinen in der Regel in einem Abstand von ein bis zwei Jahren, wenn die meisten Bücher nicht mehr in den Läden vorrätig sind. Die Verlage sind jedoch daran interessiert, dass ihre Neuerscheinungen möglichst schnell in den wichtigen Zeitungen besprochen werden. Mit den wirksamsten Zitaten aus den Rezensionen, meist aus dem Zusammenhang gerissenen Sätzen, kann dann wiederum die Werbung bestückt werden.

Der Prozess der Beschleunigung wird zweitens verstärkt durch die verschärfte Konkurrenzsituation der Printmedien untereinander. Bei wichtigen Neuerscheinungen zählt, wer »die Nase vorn« hat, wobei sich manche Zeitungen auch nicht mehr durch die Sperrfristen der Verlage abschrecken lassen. Das gilt besonders für den *Spiegel*. Die 2006 veröffentlichte vierbändige Geschichte der Dresdner Bank im »Dritten Reich« zum Beispiel wurde bereits einen Monat vor Erscheinen im Hamburger Magazin besprochen.[20] Der Stefan-George-Biografie von Thomas Karlauf, die im Herbst 2007 veröffentlicht wurde, widmete der *F. A. Z.*-Herausgeber Frank Schirrmacher viele Wochen vor dem Erscheinen eine hymnische

20 Henke, Klaus-Dietmar (Hg.): Die Dresdner Bank im Dritten Reich, 4 Bde., München 2006; Bönisch, Georg: Vertraute der SS, in: Der Spiegel Nr. 4 v. 23. 1. 2006.

Besprechung auf der Aufschlagseite des Feuilletons. Die *Frankfurter Allgemeine Sonntagszeitung* zog sogleich folgsam nach, eine Woche später auch der *Spiegel* – und so wurde eine publizistische Bugwelle erzeugt, die andere Zeitungen veranlasste, nun auch ihrerseits zu der Biografie Stellung zu beziehen.[21] Der Zwang, der von diesem Wettrennen ausgeht, ist in seiner Wirkung auf den klassischen Rezensionsjournalismus kaum zu überschätzen. Er verführt nicht selten zu hechelnder Kurzatmigkeit, bei der die fundierte, fachlich begründete inhaltliche Kritik auf der Strecke bleibt.

Zu den veränderten Rahmenbedingungen gehört drittens aber auch, dass die Grenzen zwischen Fachwissenschaft, interessierter Öffentlichkeit und Medien heute fließender geworden sind, als das früher der Fall war. Für den akademischen Erfolg eines angehenden Historikers ist eine lobende Besprechung seines Werkes in einer der großen Zeitungen keineswegs rufschädigend; sie kann im Gegenteil die Karriere befördern. Wer früher in der historischen Zunft gut schrieb und dies auch durch Artikel in nichtwissenschaftlichen Publikationen dokumentierte, geriet rasch in den Verdacht, ein »Feuilletonist«, das heißt eigentlich gar kein richtiger Wissenschaftler zu sein. Die Vorbehalte gegenüber populär gehaltener Geschichtsschreibung haben in der deutschen Geschichtswissenschaft eine lange Tradition. In der Weimarer Republik führte die Zunft einen verbissenen Kampf gegen die so genannten »historischen Belletristen« – Autoren wie Emil Ludwig, die mit ihren Biografien ein Millionenpublikum erreichten.[22] Zwar haben sich solche Vorbehalte heute deutlich abgeschwächt, aber es gibt sie immer noch. Medienpräsenz allerdings gilt nicht mehr als standeswidrige Zumutung, sondern gehört mittlerweile zum Profil eines modernen Hochschullehrers. Man muss als Redakteur selbst die Koryphäen des Faches nicht mehr mit üppigen Zeilenhonoraren locken; in der Regel schreiben sie nur allzugern, wenngleich die wenigsten wirklich gut schreiben können. Auf der anderen Seite drängen immer mehr junge Historiker, die an den Universitäten oder den Schulen keine Berufsperspektive sehen, in die Medien. Rezensionen historisch-politischer Bücher sind häufig der Einstieg in die journalistische Laufbahn. Das Angebot übersteigt freilich auch hier bei weitem die Nachfrage, zumal in wirtschaftlich schwierigen Zeiten, in denen nicht wenige Zeitungen ihre Rezensionsteile verknappen.

21 Karlauf, Thomas: Stefan George. Die Entdeckung des Charisma, München 2007; vgl. Schirrmacher, Frank: Sprich nicht immer von den Tritten der Vernichter, in: F. A. Z. Nr. 178 v. 3. 8. 2007; Weidermann, Volker: Die dunkle Seite der Macht, in: F. A. S. Nr. 31 v. 5. 8. 2007; Herwig, Malte: Führer des geheimen Deutschland, in: Der Spiegel Nr. 33 v. 13. 8. 2007.

22 Vgl. Ullrich, Sebastian: Im Dienste der Republik von Weimar. Emil Ludwig als Historiker und Publizist, in: Zeitschrift für Geschichtswissenschaft 49 (2001), S. 119–140, Ders.: »Der Fesselndste unter den Biographen ist heute nicht der Historiker«. Emil Ludwig und seine Biographien, in: Hardtwig, Wolfgang / Schütz, Erhard (Hg.): Geschichte für Leser. Populäre Geschichtsschreibung in Deutschland im 20. Jahrhundert, Stuttgart 2005, S. 35–56.

Eine Schlussbemerkung: Was die künftige Präsentation von Geschichte in Zeitungen und Zeitschriften betrifft, gibt es einen schwer zu kalkulierenden Unsicherheitsfaktor, und das ist das Internet. Es könnte sich langfristig zu einer ernsthaften Konkurrenz der Printmedien entwickeln. Dafür gibt es bereits erste Anzeichen. So bietet etwa H-Soz-Kult ein Rezensionsforum für jüngere Historiker, die in den etablierten Organen noch nicht oder nicht mehr zum Zuge kommen. Und wenn nicht alles täuscht, werden künftig die historischen Debatten nicht mehr zuerst in den Printmedien, sondern in dem schnelleren Medium Internet stattfinden Ein Signal setzte hier unübersehbar die *F. A. Z.*, als sie im Frühjahr 2008 für die Diskussion des umstrittenen Buches »Die Wohlgesinnten« von Jonathan Littell einen »Reading Room« einrichtete, in dem sich Historiker, Literaturwissenschaftler und Journalisten unter Beteiligung der Leserschaft über den Roman austauschten.[23] Und im Herbst 2008 wurde über viele Wochen im Online-Lesesaal der *F. A. Z.* über den in der Tat außerordentlich problematischen fünften Band von Hans-Ulrich Wehlers »Deutscher Gesellschaftsgeschichte« debattiert, wobei sich auch viele deutsche Zeithistoriker zu Worte meldeten und Einspruch einlegten.[24] Wenn Zeitgeschichte also immer auch Streitgeschichte ist, dann haben die Printmedien vielleicht ihre Rolle bereits ausgespielt.

23 Littell, Jonathan: Die Wohlgesinnten. Roman, Berlin 2008; vgl. Ein Holocaust-Roman, wie es ihn noch nie gegeben hat? Acht Experten eröffnen heute im *F. A. Z.* Reading Room im Internet die Diskussion um Jonathan Littells »Die Wohlgesinnten«, in: F. A. Z. Nr. 29 v. 4. 2. 2008.

24 Wehler, Hans-Ulrich: Deutsche Gesellschaftsgeschichte. Band 5: Bundesrepublik und DDR, München 2008; die Beiträge des Forums unter www.faz.net/wehler.

Martina Thiele

Geschichtsvermittlung in Zeitungen

Zeitungen als Gegenstand wissenschaftlicher Forschung

Wie alle anderen Massenmedien, der Film, das Fernsehen, der Hörfunk und die Onlinemedien, vermitteln auch Printmedien, das Buch, die Zeitung und die Zeitschrift, Geschichte, indem sie über schon länger Zurückliegendes berichten.

Lange Zeit gab es innerhalb der Geschichtswissenschaft gewisse Vorbehalte gegenüber der Tageszeitung. Wer für Zeitungen schreibe, bei dem habe es für mehr nicht gereicht. Diese Vorurteile gegenüber der Presse sowie Journalistinnen und Journalisten, die sich mit Geschichtsthemen befassen, sind hartnäckig. Doch haben die Ökonomisierung der Hochschulen und daraus resultierende Legitimationsprobleme der Geschichtswissenschaft dazu geführt, dass sich nun auch Historikerinnen und Historiker mit Gegenständen befassen, die sie bis dahin der von ihnen als »Hilfswissenschaft« bezeichneten Publizistik- und Kommunikationswissenschaft bzw. Medienwissenschaft überlassen hatten. Medien und speziell Zeitungen gelten heute in der Geschichtswissenschaft als unverzichtbare »Traditionsquellen«. Ihre Archivierung garantiert die Erschließung sowohl lokaler Alltagsgeschichte als auch vergangener Ereignisse mit weltpolitischer Auswirkung. Und für Zeitungen zu schreiben, ist nicht mehr karriereschädigend, sondern fördert das Ansehen.

Definition von Zeitung

Zur Presse zählen alle Druckwerke, die beiden wichtigsten Pressegattungen sind jedoch die Zeitung und die Zeitschrift. Sie unterscheiden sich hinsichtlich ihrer Aktualität, Publizität, Periodizität und Universalität. Aktualität bedeutet, möglichst neue Nachrichten zu bringen, Publizität, sich an eine bestimmte Öffentlichkeit zu wenden, Periodizität bezieht sich auf das regelmäßige Erscheinen – und mit regelmäßig ist bei Zeitungen mindestens zweimal pro Woche gemeint – Universalität schließlich heißt, ein möglichst breites Themenspektrum abzudecken. Im Vergleich zur Zeitung verfügt die Zeitschrift über eine eingeschränkte Aktualität, auch aufgrund ihrer geringeren Periodizität, denn Zeitschriften erscheinen wöchentlich, zweiwöchentlich, monatlich oder noch seltener. Auch ist bei Zeitschriften häufig das Themenspektrum eingeschränkt, die Universalität also weniger ausgeprägt. Deutlich wird dieser Unterschied beim Vergleich einer Tageszeitung wie beispielsweise der *Frankfurter Rundschau* mit einer Fachzeitschrift, beispielsweise der *Historischen Zeitschrift*.

Einen Sonderfall stellen die so genannten Wochenzeitungen dar, beispielsweise *Die Zeit*, der *Rheinische Merkur* oder die »Ost-West-Wochenzeitung« *Freitag*. Sie sind dem Aussehen nach Zeitungen, denn sie erscheinen in einem der gängigen Zeitungsformate, sind nicht gebunden und weisen wie die universellen Tageszeitungen verschiedene Ressorts auf. Doch werden sie seltener als zweimal in der Woche publiziert und sie sind dementsprechend weniger aktuell als die Tageszeitungen.

Zeitungen in Deutschland

Das Zeitungsangebot in Deutschland scheint auf den ersten Blick überaus vielfältig zu sein. Mehr als 1.500 Zeitungen werden täglich im gesamten Bundesgebiet publiziert, dazu wie Zeitungen aussehende Gratis- und Anzeigenblätter, die sich aber anders als die Zeitung ausschließlich aus Werbung finanzieren. Zeitungen im engeren Sinne finanzieren sich aber sowohl aus Anzeigen als auch über den Verkauf an Kiosken, in Buchläden und Supermärkten oder durch den Vertrieb im Abonnement. Die Zeitung ist daher ein so genanntes Koppelprodukt, das sich sowohl auf dem Anzeigen- als auch auf dem Publikumsmarkt verkaufen lassen muss. Der Nationalökonom und erste Lehrstuhlinhaber für Zeitungswissenschaft, Karl Bücher, hat diesen Doppelcharakter der Zeitung als Kultur- und Wirtschaftsgut wie folgt beschrieben: »Die Zeitung … [hat] den Charakter einer Unternehmung, welche Anzeigenraum als Ware produziert, die nur durch einen redaktionellen Teil absetzbar wird.«[1]

Die Presse in Deutschland ist privatwirtschaftlich organisiert. Ihre Inhaber, die Verleger, betreiben ihr Unternehmen auf eigenes Risiko. Sie tragen sowohl die publizistische als auch die wirtschaftliche Verantwortung, sie allein entscheiden über die weltanschauliche Ausrichtung ihres Blattes. Verlage genießen wie auch Kirchen und Gewerkschaften Tendenzschutz, was heißt, dass die Möglichkeiten der betrieblichen Mitbestimmung eingeschränkt sind. Doch trotz dieses Tendenzschutzes haben Zeitungen und Zeitschriften auch eine öffentliche Aufgabe zu erfüllen. Diese wird in Paragraph 3 der Landespressegesetze konkretisiert. So heißt es z. B. im Niedersächsischen Pressegesetz von 1965: »Die Presse erfüllt eine öffentliche Aufgabe, wenn sie in Angelegenheiten von öffentlichem Interesse Nachrichten be-

1 Bücher, S. 248.

schafft und verbreitet, Stellung nimmt, Kritik übt oder auf andere Weise an der Meinungsbildung mitwirkt.«[2]

Pressestruktur

Die Presse in der Bundesrepublik Deutschland ist stark regionalisiert. Beherrschend sind aufgrund ihrer Gesamtauflagenzahlen und Reichweiten die kleinen und mittelgroßen Zeitungen. Eine Besonderheit des bundesdeutschen Pressemarktes stellen die überregionalen Tageszeitungen dar, deren Auflage zwar stark variiert, die jedoch insgesamt ein breites Meinungsspektrum abdecken und eine hohe journalistische Qualität bieten. Diese häufig als »Meinungsführermedien« bezeichneten Blätter sind die beiden eher konservativen Tageszeitungen *Die Welt* und die *Frankfurter Allgemeine Zeitung*, die liberale *Süddeutsche Zeitung*, die linksliberale – von manchen aufgrund der Beteiligungsverhältnisse auch als sozialdemokratisch bezeichnete – *Frankfurter Rundschau*, die linksalternative *tageszeitung* aus Berlin, eine der wenigen Zeitungsneugründungen (1979), die zudem genossenschaftlich organisiert wird, und das sich selbst als »sozialistisch« bezeichnende frühere SED-Parteiorgan *Neues Deutschland*, schließlich, mit eingeschränkter Universalität, die Wirtschaftszeitungen *Das Handelsblatt* und die *Financial Times Deutschland*. Meinungsführermedien werden sie aufgrund ihrer Leserschaft genannt, die überwiegend gut gebildet, meinungsfreudig und kaufkräftig ist. Von anderen Zeitungen werden Meinungsführermedien häufig zitiert.

Zu den regionalen Zeitungen zählen solche Blätter wie die *Hannoversche Allgemeine Zeitung*, die *Ostseezeitung*, die *Westdeutsche Allgemeine* oder die *Augsburger Allgemeine*. Insgesamt machen diese regional und lokal verbreiteten und überwiegend im Abonnement vertriebenen Blätter mit ca. 70 % den größten Anteil an der Tageszeitungsgesamtauflage aus.

Dann gehören zur Tagespresse noch die Boulevardzeitungen, auch Straßenverkaufszeitungen genannt. Ihre bekannteste Vertreterin ist die seit 1952 erscheinende *Bild*-Zeitung aus dem Hause Springer, deren tägliche Auflage bei fast vier Millionen und deren Reichweite bei fast 11 Millionen liegt. Ebenfalls aus dem Springer-Verlag kommen die wichtigsten überregional verbreiteten Sonntagszeitungen *Bild am Sonntag* und *Welt am Sonntag*. Konkurrenz macht ihnen seit 2001 die *Frankfurter Allgemeine Sonntagszeitung*. Dass auch sie Leserinnen und Leser findet, lässt sich einerseits mit der ökonomischen Macht des Frankfurter Zeitungsverlags erklären, andererseits damit, dass am Wochenende mehr Zeit für

2 Lehr / Berg, S. 454.

Zeitungslektüre vorhanden ist. Darauf reagieren alle sechsmal pro Woche erscheinen den Zeitungen mit einer umfangreicheren Wochenendausgabe.

Pressekonzentration

Zugenommen haben über die Jahrzehnte Konzentrationsbewegungen auf dem Pressemarkt. Darunter sind Übernahmen, Fusionen und wirtschaftliche Zusammenschlüsse zu verstehen, die dazu führen, dass zwar die Zahl der Zeitungstitel in Deutschland mit 1.524 hoch ist, doch diese von nur 352 Verlagen herausgegeben werden. Fasst man dann alle Zeitungen bzw. redaktionellen Ausgaben, die über denselben Zeitungsmantel (damit ist der politische Teil der Zeitung gemeint) verfügen, als Publizistische Einheiten zusammen, ist die Zahl noch geringer. Sie liegt aktuell bei nur 136. 1954 lag diese Zahl noch bei 225, sie ist dann kontinuierlich zurückgegangen und auch durch die Wiedervereinigung nicht in dem Ausmaß gestiegen, wie es publizistisch wünschenswert gewesen wäre, denn schnell haben westdeutsche Verlage DDR-Zeitungen aufgekauft.[3]

Bedenklich ist die hohe Pressekonzentration deswegen, weil ein Zusammenhang zwischen ökonomischer, publizistischer und politischer Macht besteht und Pressekonzentration dem demokratischen Ideal der Vielfalt durch Wettbewerb widerspricht. Tendenziell steigt die Gefahr einer konsonanten Berichterstattung, je weniger Anbieter auf dem Pressemarkt vorhanden sind. Kaum Wettbewerb herrscht vor allem auf lokaler Ebene. Die Mehrzahl der Bevölkerung in Deutschland lebt in so genannten Ein-Zeitungs-Kreisen, was bedeutet, dass die Leserinnen und Leser keine Alternative zur örtlichen Tageszeitung haben.

Anlässe und Themen: Wann wird worüber berichtet?

Wenn auch Tageszeitungen um Aktualität bemüht sind, so findet sich doch nahezu täglich Geschichtliches in der Presse. Besonders häufig sind Beiträge für historische interessierte Leserinnen und Leser zu bestimmten Gedenktagen in der Presse zu finden. Diese Gedenktage stehen überwiegend in Zusammenhang mit der nationalsozialistischen Diktatur, dem Zweiten Weltkrieg und der Shoah, doch wird auch anderer international bedeutsamer Ereignisse medial gedacht, beispielsweise am 11. September der Opfer der Anschläge auf das World Trade Center und das Pentagon. An manchen Gedenktagen wie dem 9. November jähren sich gleich

3 Vgl. Schütz, S. 561.

mehrere Ereignisse von nationaler Bedeutung: Mit diesem Datum verbindet sich sowohl die Erinnerung an die Ausrufung der Republik (1918) als auch die an den Hitler-Putsch (»Marsch auf die Feldherrnhalle«, 1923), den Novemberpogrom (»Reichskristallnacht«, 1938), Georg Elsers Attentat auf Hitler (1939) und die Maueröffnung in Berlin (1989). An einem solchen Tag sind Zeitungen voll von Beiträgen, die diese historischen Ereignisse – vielleicht sogar einen möglichen Zusammenhang zwischen ihnen – thematisieren. Es gibt aufgrund der »Geschichtsträchtigkeit« dieses Datums immer wieder Debatten darüber, ob nicht der 9. November als deutscher Gedenktag geeigneter wäre als der 3. Oktober.[4]

Außer den national und international relevanten Gedenktagen wird in letzter Zeit vermehrt solchen Jahren mediale Aufmerksamkeit geschenkt, die als Zäsur in der deutschen Geschichte gelten, z.B. 1848, 1914 oder 1918, 1933 oder 1945, 1968 oder 1989. So finden sich im Jahr 2008 vor allem in den überregionalen Qualitätszeitungen Rückschauen auf das Jahr 1968 als das Jahr, in dem sich ein tiefgreifender Gesellschafts- und Mentalitätswandel vollzogen hat. In einem solchen Gedenkjahr wird dann der einzelnen Ereignisse gesondert gedacht, Zeitzeugen kommen zu Wort und erinnern sich an »ihr« 1968.

Diese Art von Geschichtsvermittlung entlang an Gedenktagen und -jahren hat zugenommen. In den lokalen und regionalen Tageszeitungen wird vor allem darüber berichtet, wie sich die »große Politik« auf die eigene Region ausgewirkt hat. Doch ist auch ein Boom in der journalistischen Auseinandersetzung mit lokaler Geschichte erkennbar. Hier »graben« die Redakteurinnen und Redakteure auch tiefer und wenden sich Epochen zu, die weiter zurückliegen. Erste Siedlungen, die Gründungsgeschichte der Stadt, Spuren lange zurückliegender Kriege, ökonomische Blütezeiten und Krisen, Zuwanderung und Abwanderung liefern Anknüpfungspunkte für die Auseinandersetzung mit aktuellen Fragen wie Denkmalschutz, Stadt- und Verkehrsplanung oder Wirtschaftspolitik. Geschichtsvergessenheit ist damit den Zeitungen kaum mehr vorzuwerfen, eher die Instrumentalisierung von Geschichte zu aktuellen Zwecken. Über Geschichte wird dann personen- oder anlassbezogen berichtet.

In diesem Punkt unterscheiden sich die lokalen und regionalen Blätter von den überregionalen Meinungsführermedien kaum, doch können sich letztere zusätzlich eine kontinuierliche und vertiefte Auseinandersetzung mit Geschichtsthemen »leisten«. So sind die großen Geschichtsdebatten in den überregionalen Meinungsführermedien geführt worden, vor allem in der *F.A.Z.*, der Wochenzeitung *Die Zeit* und dem Nachrichtenmagazin *Der Spiegel.* Die kleineren Zeitungen haben darauf mit Verspätung reagiert und längst nicht so umfassend und regelmäßig berichtet. Auch fehlte es ihnen an prominenten Autoren und Autorinnen.

4 Vgl. z.B. das Online-Forum der Tageszeitung Die Welt, URL: debatte.welt.de/kontroverse/48213/soll+der+9+november+nationalfeiertag werden/pro?#comment–58622 (10.3.2008).

Eine Debatte darüber, welches Potential die Presse hat, Geschichte begreifbar zu machen, sollte sich jedenfalls nicht darauf beschränken, nur die Debatteninitiierung und das Debattenmanagement der überregionalen Meinungsführermedien in den Blick zu nehmen. Geschichtsvermittlung findet auch in der regionalen und lokalen Presse statt, die gemessen an ihrer Gesamtauflage weit mehr Menschen erreicht als die so genannten Qualitätsmedien.

Personen, Ressorts, journalistische Darstellungsformen: Wer berichtet wo und wie?

Themen mit geschichtlichem Bezug sind in allen klassischen Ressorts zu finden, also sowohl im Politikteil (Innen- und Außenpolitik) als auch in den Ressorts Wirtschaft, Sport, Kultur und Lokales. Zudem werden Geschichtsthemen häufig in Wochenendbeilagen oder anderen Supplements aufgegriffen und dort ausführlich behandelt. Doch ist der Kulturteil, auch Feuilleton genannt, das Ressort, in dem die meisten Geschichtsbeiträge erscheinen. Bei diesen handelt es sich überwiegend um längere Artikel, die mit Fotos oder graphischen Elementen versehen sind.

Auffällig ist, dass in den letzten Jahrzehnten Themen mit Geschichtsbezug heftige publizistische Kontroversen ausgelöst haben. Die bekanntesten sind sicher die »Fischer-Kontroverse« und der »Historikerstreit«. Doch wurde auch heftig gestritten über Bücher wie z. B. Daniel J. Goldhagens »Hitlers willige Vollstrecker«, Filme wie Steven Spielbergs »Schindlers Liste«, Theaterstücke wie Rainer Werner Fassbinders »Der Müll, die Stadt und der Tod« oder TV-Produktionen wie Guido Knopps »Hitlers Helfer«. Zu ihnen sind Rezensionen und Kritiken verfasst worden, allerdings nicht nur von Redakteurinnen und Redakteuren, die sich hauptsächlich mit zeitgeschichtlichen Themen befassen, sondern vor allem von Personen, die sich als Filmemacher, Schriftsteller, Wissenschaftler, Politiker etc. einen Ruf als Experten erworben haben.

Rezensionen sind die am häufigsten anzutreffende journalistische Darstellungsform, wenn es um Geschichte in der Zeitung geht. Grundsätzlich werden journalistische Darstellungsformen unterschieden in tatsachenbetonte, meinungsbetonte und phantasiebetonte Formen. Zu den tatsachenbetonten zählen die Nachricht, die Meldung, der Bericht, die Reportage, das Feature, das Interview und die Dokumentation, zu den meinungsbetonten der Leitartikel, der Kommentar, die Glosse, die Kolumne, das Porträt, die Karikatur, die Kritik/Rezension und der Essay. Phantasiebetonte Formen sind der Roman, die Kurzgeschichte, das Feuilleton (als »kleine Form«) und das Gedicht. Diese journalistischen Darstellungsformen sind in den verschiedenen Ressorts unterschiedlich häufig anzutreffen.

Allgemein erkennbare journalistische Trends hin zu mehr Personalisierung und Emotionalisierung, mehr Bildern und weniger Text zeichnen sich auch bei Geschichtsthemen ab. Die Leserinnen und Leser sollen einen Einstieg in den Text finden, dieser wird erleichtert beispielsweise durch Fotos, die Menschen in außergewöhnlichen Situationen zeigen, und Überschriften, die durch die Verwendung von Zitaten und wörtlicher Rede ansprechen. Der Text selbst muss Identifikationsangebote bereithalten, Schilderungen, die bei den Leserinnen und Lesern Mitempfinden wecken und sie fragen lassen, wie sie selbst sich wohl verhalten hätten. Beispiele für gelungene Geschichtsrepräsentationen in Zeitungen lassen sich in nahezu jeder Ausgabe finden. Gelungen kann aber nach journalistischen Kriterien nur heißen, dass dieser Beitrag die Aufmerksamkeit der Leserinnen und Leser weckt, sie ihn möglichst bis zum Ende lesen und sich später vielleicht an einige der dort vermittelten Aussagen und Informationen erinnern.

Publikum und Resonanz

Wenn auch das Geschichtswissen innerhalb einer Gesellschaft schwer zu messen ist, kann doch davon ausgegangen werden, dass es in den letzten dreißig Jahren zugenommen hat. Das ist einerseits der schulischen Bildung zu verdanken, andererseits den Massenmedien, die verstärkt geschichtliche Themen aufgegriffen und ansprechend aufbereitet haben. Auch beim Zeitungspublikum kommen Geschichtsthemen an. Das belegen Leserbefragungen ebenso wie die zahlreichen Zuschriften, die Redaktionen erhalten, wenn sie beispielsweise dazu auffordern, Fotos und Dokumente einzusenden. Insbesondere Lokalgeschichte erfreut sich großer Beliebtheit: Wie war das in unserem Heimatort vor fünfzig, hundert oder fünfhundert Jahren, welche Quellen und Zeugnisse geben Auskunft über diese Zeit? Auch weltgeschichtliche Ereignisse werden bevorzugt im lokalen Kontext betrachtet: Wie empfanden die Leute hier in XY das Kriegsende 1945? Wie war ihr Alltag? Von Vorteil für die mit Geschichte befassten Redakteurinnen und Redakteure ist, dass sie auf ihr Zeitungsarchiv zurückgreifen können – vorausgesetzt ihre Zeitung erscheint schon seit mehreren Jahrzehnten – und dass ihnen ihre Leserinnen und Leser gern zuarbeiten, wenn sie dafür »in die Zeitung kommen«. Die Einbeziehung von Zeitzeugen birgt zwar auch Gefahren wie Einseitigkeit und Verfälschung in sich, doch schafft derart präsentierte Geschichte Identität und Heimatverbundenheit, zugleich fördert sie die Leser-Blatt-Bindung.

Diese ist in Zeiten zunehmender intermedialer Konkurrenz für die Tageszeitungen entscheidend. Sie müssen ihren Lesern und Leserinnen etwas bieten, was es so in anderen Medien nicht gibt. Noch ist das Ansehen der Zeitung hoch, sie wird als glaubwürdig und seriös eingeschätzt, doch ist sie auch das Medium, auf das die meisten Rezipientinnen und Rezipienten am ehesten verzichten könnten. Vor allem Jugendliche und junge Erwachsene greifen immer seltener zur Zeitung, sondern versorgen sich mit Informationen – wenn überhaupt – mittels Fernsehen, Radio und Internet. Diese sind aber eher flüchtige Medien. Für die Zeitung als Geschichtsvermittlerin spricht hingegen, dass sie sowohl Lokalgeschichte als auch National- und Weltgeschichte thematisiert, Hintergrundwissen liefert, aktuelle Bezüge herstellt, auch Informationen und Meinungen bietet, nach denen nicht gezielt gesucht worden ist, verhältnismäßig preiswert, transportabel und archivierbar ist.

Literatur

Bücher, Karl: Auswahl der publizistikwissenschaftlichen Schriften. Eingel. u. hg. von Fischer, Heinz-Dietrich / Minte, Horst, Bochum 1981. (= Publizistik-Wissenschaftler im deutschen Sprachraum, Bd. 1).

Lehr, Wolfgang / Berg, Klaus: Rundfunk und Presse in Deutschland. Rechtsgrundlagen der Massenmedien. Texte, Mainz 1971.

Schütz, Walter J.: Redaktionelle und verlegerische Struktur der deutschen Tagespresse, in: Media Perspektiven, 11 (2007), S. 589–600.

Pürer, Heinz / Raabe, Johannes: Presse in Deutschland, Konstanz 2007.

Walter H. Pehle

Der lange Weg zum Buch
Historische Sach- und Fachbücher

Angebotsdruck auf Verlage

Einer unüberschaubaren Zahl von Autorinnen und Autoren stehen in Deutschland rund 2.800 Verlage[1] gegenüber, die Mitglieder des Börsenvereins des Deutschen Buchhandels sind, darunter kaum mehr als 100 Verlage jedweder Größe, die spezielle Programmsegmente für historische Sach- und Fachbücher anbieten. Diese geringe Zahl der für Historikerinnen und Historiker infrage kommenden Verlage erstaunt insofern, als die Geschichtswissenschaft seit den 1970er Jahren unter den Geisteswissenschaften als so etwas wie *die* Leitwissenschaft gilt und recht gute Chancen auf dem Buchmarkt hat.

Insgesamt werden in diesen Verlagen jährlich um die 6.000 historische Sach- und Fachbücher gedruckt – eine bescheidene Zahl im Vergleich zu dem, was jährlich den Verlagen angeboten wird. Wie viele dieser Texte ungedruckt bleiben, ist unbekannt. Als Anhaltspunkt mag dienen, dass die Fischer Verlage jährlich rund 1.000 Texte für den Bereich des historischen Sachbuchs unverlangt erhalten, von denen sie rund 980 ablehnen; d.h. nur 2 % bekommen eine Chance. In anderen vergleichbaren Publikumsverlagen, die eine komplette Programmpalette (von Literatur / Fiction bis Sachbuch / Nonfiction) anbieten, wird dies nicht anders sein. Ähnliches gilt für die Wissenschaftsverlage im engeren Sinne. Bereits an dieser Stelle wird deutlich, dass der Weg vom Text zum Buch sehr steinig und lang ist.

Unterscheidungen

Fachbücher richten sich an eine schmale, spezialisierte Zielgruppe im Wissenschaftsbetrieb, kommen in Auflagen von 250 bis 1.000 Exemplaren heraus und sind in der Regel teuer; Ladenpreise oberhalb von 50 € schon für schmale Bände sind nicht ungewöhnlich. Es handelt sich in der Mehrzahl um akademische Qualifikationsarbeiten (Dissertationen und Habilitationsschriften) sowie um selbständige

1 Börsenverein des Deutschen Buchhandels e.V. (Hg.): Buch und Buchhandel in Zahlen 2007, Frankfurt a.M. 2007, S. 23. Hinzu kommen kleine, nicht beim Börsenverein eingetragene Verlage.

Monografien zu sehr speziellen Themen der Forschung. Sie werden von Wissenschaftsverlagen üblicherweise in entsprechend spezialisierten Buchreihen und auf andere Weise (s. u.) veröffentlicht. Diese Verlage verfügen kaum noch über eigene Lektorate als interne Auswahlinstanzen und verlassen sich auf die externe Beratung durch Fachleute in den Hochschulen. Vor Jahren hat ein Geschäftsführer eines solchen Verlages das Publikationsprinzip seines Hauses so auf den Punkt gebracht: »Es gibt kein Programm, wir sitzen da und warten, was ins Haus kommt.«[2]

Das Ergebnis kann sich sehen lassen. Wissenschaftsverlage florieren. Gerade in Zeiten, in denen Karrieren im Wissenschaftsbetrieb immer mehr von Publikationen abhängen (»publish or perish«), können Wissenschaftsverlage große Opfer von den Autorinnen und Autoren verlangen, z. B. hohe Druckkostenzuschüsse, mit denen sie Buchkalkulationen und Bilanzen verbessern. Auch wenn man es sich angesichts der oft trocken daherkommenden Inhalte und exorbitant hohen Ladenpreise nur schwer vorstellen kann: Fachbücher, selbstverständlich auch historische, sind solide Projekte, mit denen sich beachtliche Gewinne erzielen lassen.

Demgegenüber ist die Lage im *Sachbuch*-Segment für Autoren und Verlage weitaus schwieriger, weil die Ansprüche an die Buch-Projekte komplexer sind: Nicht nur sollten die Themen trotz knapper Umfänge breiter gefasst, die Texte sehr gut und leicht verständlich geschrieben sein, sondern die Bücher müssen auch noch mit Ladenpreisen locken können, die im Vergleich zu Publikationen aus Wissenschaftsverlagen deutlich geringer ausfallen müssen.

Wenn all dies bedacht ist, dazu auch noch ein aktueller Bezug Fantasien für besondere Marketingmaßnahmen beflügelt und alle Beteiligten innerhalb und außerhalb des Verlages »mitspielen«, dann hat ein historisches Sachbuch eine Chance, aus dem Bereich der Standardauflage (2.000 bis 4.000 Exemplare) auszubrechen und ein Erfolg im hart umkämpften Buchmarkt zu werden. Denn: Sachbücher, auch die historischen, werden nur dann für Autoren und Verlage ökonomisch interessant, wenn es gelingt, die Grenzen der professionell interessierten Leserschaft zu überschreiten und die weitaus größere Zahl der »interessierten Laien«– wer immer sich dahinter verbergen mag – zu erreichen.

Die Suche nach einem Verlag

Solche Buchprojekte fallen einem Sachbuchverlag nicht mit den üblichen unverlangt eingesandten Manuskripten in den Schoß – und wenn doch, dann wäre dies ein Glücksfall. Erfolgversprechende Ideen für historische Sachbücher werden den

2 Vincent Sieveking (Franz Steiner Verlag, Wiesbaden), in: Börsenblatt des deutschen Buchhandels vom 5. 3. 1985, S. 581.

Verlagen üblicherweise aufgrund von Empfehlungen aus dem Netzwerk der Lektorate anvertraut oder in den Lektoraten selber entwickelt, die für die Realisierung geeignete AutorInnen suchen. Notwendig sind dazu (a) die Fähigkeit der Lektorate zur Planung von Buchprogrammen, die dadurch überzeugen, dass sie nicht willkürlich zusammengeschustert, sondern mit Bedacht konzipiert sind, und (b) enge Kontakte zu HistorikerInnen, die als Autoren infrage kommen, sowie (c) einschlägige Kenntnisse von wissenschaftlichen Institutionen, in denen einschlägige Manuskripte entstehen.

Wie finden nun AutorInnen ihre Verlage?[3] Die Prominenteren unter ihnen nutzen neuerdings die Hilfe von Literaturagenten, die prozentual am Erlös beteiligt werden. Die übrigen AutorInnen müssen selber suchen. Wichtig ist, vor Abgabe der Offerte selbstkritisch einzuschätzen, ob das Projekt von allgemeinem oder doch nur speziellem Interesse ist und wer das künftige Werk lesen muss. Magisterarbeiten haben kaum Chancen. Inhaltlich in Frage kommende Verlage finden sich nach Recherchen in großen Buchhandlungen oder im Internet. Dabei müssen heute selbstverständlich auch kleinste Verlage in Betracht gezogen werden, deren Bücher seit der Einführung der Internationalen Standard-Buch-Nummer (ISBN) überall problemlos bestellt werden können. Das Wichtigste aber ist ein überzeugendes Exposé, in dem auf maximal drei Seiten (á 1.800 Zeichen) die entscheidenden Thesen vorgestellt werden. Beizufügen sind ein klar gegliedertes Inhaltsverzeichnis und eine möglichst interessante Leseprobe.

Viel mehr können Autorinnen und Autoren in dieser Phase kaum tun. Die Vorbreitungen kosten zwar Zeit und Nerven, verringern aber die Zahl der Absagen und erhöhen die Chance, auf ein interessiertes Lektorat zu stoßen. Nach dem Versand des Angebotes ist Geduld angesagt. Telefonische Nachfragen im Verlag sind zwecklos. Nichts geht dort verloren. In der Regel antworten Lektorate – je nach Belastung – innerhalb von drei Monaten. Die Absagen enthalten gewöhnlich keine Begründung, was niemanden beirren sollte. Manche Absagen sind z.B. der Tatsache geschuldet, dass die im Verlag zur Verfügung stehenden Programmplätze bereits besetzt sind; manche enthalten Hinweise auf andere Häuser, die infrage kommen könnten. Nur wenige Glückliche erreichen bei der Suche nach einem Verlag ihr Ziel.

Lektoratsarbeit I: Akquisition

Dort sind zu allererst Lektorinnen und Lektoren ihre Gesprächspartner. In Deutschland gibt es (ohne Dunkelziffer) schätzungsweise 3.000 von ihnen. Über

3 Vgl. hierzu: Blaschke, S. 598 ff.

ihr jeweiliges akademisches Fachgebiet hinaus haben sie sich gewöhnlich noch in weitere Arbeitsfelder eingearbeitet. Die Zahl der Historiker indessen ist in den ohnehin seltenen historischen Fachlektoraten sehr klein; sie dürfte unterhalb von 30 liegen. Lektoren üben eine komplizierte Doppelfunktion aus: Gegenüber den Autoren vertreten sie die Interessen des Verlages *und* gegenüber dem Verlag die Interessen der Autoren. Ihre Aufgabe besteht darin, »die Masse des Herandrängenden zu sichten, auszuwählen und [Geeignetes, d. Verf.] zu empfehlen, nach Neuem Ausschau zu halten und den Autoren des Verlages, den bewährten wie den unerfahrenen, von Werk zu Werk mit Rat und Tat kritisch helfend zur Seite zu stehen.«[4] Dies hört sich ein wenig altmodisch an, beschreibt aber die Realitäten mit wenigen Worten recht gut.

Ihr Aufgabenprofil sieht ungefähr so aus[5]: Sie sind fachlich auf dem Laufenden, kennen den Buchmarkt, die Programme konkurrierender Verlage und ihre eigenen Ressourcen (Experten, Herausgeber, Autoren). Sie sollten als Trendsetter (im Wortsinne) eine Witterung für wichtig werdende Themen haben. Außerdem müssen sie etwas von Finanzen (Förderungsmöglichkeiten, Stiftungen etc.) verstehen und den Zeitbedarf für die Realisierung der von ihnen verfolgten Projekte sowohl extern (bei den Autoren) als auch intern (im Verlage selber) einschätzen können. Auf dieser Grundlage entwickeln Lektoren Buchideen und Konzepte für neue Programme. Und last not least: Der Lektor ist der erste Leser »seiner« Autoren.

Die Arbeit von Lektoren beginnt mit der Lektüre. Sie suchen aus der Vielzahl der Manuskripte diejenigen heraus (*lat.* legere: lesen, *ver*lesen), die folgende Kriterien erfüllen: Sie müssen (a) ein geeignetes Thema behandeln, (b) dem Forschungsstand entsprechen, (c) gut geschrieben sein und (d) eine ausreichend große Zielgruppe ansprechen. Ein Manuskript, das *nur* interessant ist, reicht meist noch nicht, denn es muss (e) auch noch ins Programm des Verlages passen. Eine bewährte Regel lautet: »Nur wenn die Bücher eines Verlages *miteinander* sprechen, spricht auch sein Programm – zu den Lesern.«[6] Bei der Auswahl der Projekte müssen (f) auch Umfang, Ausstattung und Ladenpreis sowie (g) die Finanzierbarkeit in Betracht gezogen werden. Wenn der Lektor bei seinen externen Recherchen oder aber – selten – in den unverlangt eingesandten Angeboten fündig geworden ist, nimmt er Kontakt zum Autor auf, diskutiert eventuell notwendige Änderungen und Manuskriptkürzungen.

Am Ende der Akquisitionsphase wird das Projekt mit einem elektronischen Kalkulations»tool« durchgerechnet, das mit Hilfe von wenigen, in eine »Maske«

4 de Mendelssohn, Peter: S. Fischer und sein Verlag, Frankfurt a. M. 1970, S. 186. Diese Formulierung ist auf Moritz Heimann (1868–1925) gemünzt. 1895 von S. Fischer eingestellt, gilt Heimann als einer der ersten Verlagslektoren überhaupt und hat das Berufsbild entscheidend geprägt.

5 Vgl. Kerlen, S. 75 ff.

6 Busch, Günther: Vier Fußnoten zur Zukunft der Bücher, in: Klaus Wagenbach (Hg.), Wieso Bücher?, Berlin 1994, S. 38 (i. Orig. hervorgehoben).

einzugebenden Parametern (Ausgabeart[7], Honorarsatz, Umfang, Absatzerwartung, Ladenpreis, Übersetzungskosten etc.) sehr schnell eine präzise Vorstellung von der verlegerischen Seite des Projektes vermittelt. Nach der inhaltlichen und kalkulatorischen Prüfung wird das Exposé samt Kalkulation der Verlags- bzw. Programmleitung zur Entscheidung vorgelegt. Fällt diese positiv aus, erhält der Autor einen Vertrag.

Der Verlagsvertrag

Von nun an sind AutorIn und Verlag durch den Verlagsvertrag gebunden und aufeinander angewiesen: Der Autor muss sein Manuskript liefern. Der Verlag ist verpflichtet, dieses als Buch zu vervielfältigen, zu verbreiten und angemessen dafür zu werben (Verlagspflicht).

Bei einem größeren Publikumsverlag wie S. Fischer kommen jährlich rund 600 Autoren- oder Lizenzverträge hinzu. Dafür zahlt der Verlag den AutorInnen Honorare, die mit den geleisteten Vorschüssen verrechnet werden. Für Hardcover-Originalausgaben beginnt das Autorenhonorar gewöhnlich bei 8 % vom Nettoladenpreis (= Ladenpreis minus Mehrwertsteuer). Taschenbuch-Honorarsätze beginnen bei 5 %. Es versteht sich von selbst, dass die Honorare Verhandlungssache sind und mit dem Bekanntheitsgrad der AutorInnen zunehmen.

Vorschüsse auf das Honorar werden in der Regel ratenweise bei Vertragsabschluss, bei Manuskriptablieferung und / oder bei Erscheinen des Buches gezahlt – sind also echte Vorauszahlungen, mit denen der Verlag in Vorlage tritt, ohne ein einziges Buch verkauft zu haben. Die bekannteren größeren Publikumsverlage (ab einem Jahresumsatz von 50 Mio. Euro) kaufen Jahr für Jahr Rechte im Gesamtwert von über 10 Mio. Euro.

Lektoratsarbeit II: Redaktion

Wenn die Autoren ihre Manuskripte vereinbarungsgemäß abgeliefert haben, dann ist im Verlag bereits Entscheidendes geschehen: Für jedes einzelne Buchprojekt – hier am Beispiel von Hardcover-Publikationen – wurde (a) von der Programmleitung ein Platz mit Erscheinungstermin (Monat / Jahr) eingerichtet, (b) vom Lektorat in Absprache mit der Presseabteilung, die ihrerseits eine Pressestrategie entwickelt, eine Reihe von zweckbestimmten Spezialtexten zur hausinternen In-

7 Hardcover- oder Taschenbuch-, Original- oder Lizenzausgabe mit / ohne Satzbildbenutzung etc.

formation, v. a. für das Marketing ins Intranet gestellt, (c) im Marketingverbund von Presse, Werbung und Verkauf ein abgestimmter Maßnahmenkatalog zusammengestellt, (d) der Buchumschlag entworfen, (e) der Vorschautext zur Information des Buchhandels verfasst und schließlich (f) auf einer Vertreterkonferenz die Verkaufsstrategie festgelegt.

Mit dem Eingang des Manuskripts (eigentlich: Typoskripts) im Verlag beginnt der zweite Teil der Lektoratsarbeit: die Redaktion. Zunächst wird es nach formalen Kriterien (Vollzähligkeit, Einheitlichkeit der Zitierweise etc.) geprüft, anschließend inhaltlich durchgesehen und zuletzt – so notwendig – stilistisch überarbeitet. Nicht selten werden diese Redaktionsarbeiten an externe freie Mitarbeiter vergeben. Alle relevanten Änderungsvorschläge werden mit den AutorInnen besprochen. Die Beschaffung eventuell erforderlicher Abbildungen und die Bildredaktion ist ebenfalls Sache des Lektorates.

Die Redaktion von Texten erfordert Geschick und sprachliche Gewandtheit. Stilistische Entscheidungen hängen von der Zielgruppe ab. Die LeserInnen historischer Fachliteratur sind an schwierige Texte gewöhnt, weshalb so manches stehen bleibt, was besser ausgedrückt werden könnte. »Schwer lesbar« heißt in der Regel: schlecht oder überhaupt nicht redigiert. Die meisten Fachbücher würden ein größeres Publikum finden, wären sie stilistisch ansprechender. Deutsche FachhistorikerInnen stehen in dieser Hinsicht – um es freundlich auszudrücken – ihren anglo-amerikanischen und französischen Pendants durchaus nach. Dies hat Gründe, die mit der hiesigen universitären Ausbildung zu tun haben (wer belegt schon Kurse, in denen gutes Schreiben gelehrt wird?) und mit der Praxis von Wissenschaftsverlagen, auf Fachlektorate und -redaktionen weitgehend zu verzichten.

Auf dem heiß umkämpften Feld der historischen Sachbücher geht es sorgfältiger zu. Nicht nur werden für erfolgversprechende Bücher ausgefeilte Marketingstrategien entwickelt, sondern die Lektoren achten bei der Redaktion der Texte darauf, dass über die wissenschaftliche Klientel hinaus auch eine möglichst breite Zielgruppe angesprochen wird. Zu diesem Zwecke muss verlagsseitig gelegentlich heftig in den Textkorpus eingegriffen werden, bis hin zur Streichung ganzer Kapitel und zur Änderung der Kapitelfolge. Überflüssige Fremdworte werden gestrichen bzw. durch deutsche Formulierungen ersetzt, Redundanzen beseitigt, Anmerkungen auf das Wesentliche reduziert, die Sätze gestrafft und von pseudowissenschaftlichen Jargons befreit. Diese Arbeit ist oft höchst aufwändig und erfordert Geduld und Einfühlungsvermögen.

Ein Beispiel: Innerhalb der Schwarzen Reihe des S. Fischer Verlages über die Zeit des Nationalsozialismus erscheint seit 1991 eine Sub-Reihe unter dem Titel »Lebensbilder. Jüdische Erinnerungen und Zeugnisse«[8]. Hier haben Zeitzeugen das

8 Herausgeber ist Wolfgang Benz. Mittlerweile sind über dreißig »Lebensbilder« erschienen.

Wort; darin berichten sie über ihre Erlebnisse und Erfahrungen in der NS-Zeit. Die meisten von ihnen wären unter »normalen« Umständen kaum AutorInnen geworden. Die Manuskripte, die oft in der Fremde oder unmittelbar nach der Rettung entstanden sind, wurden sprachlich so verfasst, wie das damals üblich war, sind also aus heutiger Sicht nicht mehr zeitgemäß. Wie soll nun bei der Redaktion verfahren werden – anpassen und glätten oder weitgehend so belassen, wie die Berichte überliefert wurden? Wir entscheiden von Fall zu Fall, in der Regel für eine behutsame Bearbeitung, weil die Beeinträchtigung der Muttersprache zu den Folgen der Diskriminierung während der NS-Zeit dazugehört.

Die Buchherstellung

Nach Abschluss der Redaktion wird das Typoskript samt identischer Textdatei zusammen mit allen erforderlichen Materialien der Herstellungsabteilung übergeben. Deren Aufgabe ist es, für den Inhalt eine Form, die Buchgestalt, zu entwickeln und den Satz in drucktechnischer Hinsicht vorzubereiten.

Hat die Herstellung ihre Arbeit abgeschlossen, werden die mit Satzanweisungen kodierten Text- und Bilddateien an eine Setzerei weitergeleitet. Dort wird der so genannte Probe-Umbruch hergestellt, der von Autor, Lektor und Hauskorrektor auf Unstimmigkeiten kontrolliert wird. Anschließend kollationiert das Lektorat sämtliche Korrekturvorschläge, um sie an die Herstellung zur Ausführung zurückzugeben. Diese erstellt anschließend einen zweiten Umbruch, diesmal den endgültigen, der erneut von allen Beteiligten korrigiert wird. Manche komplizierte Quellen- oder Texteditionen erfordern noch weitere Korrekturgänge. Am Ende der so genannten Druck-Vorstufe erteilt der Hersteller das Imprimatur (lat.: imprimatur = es werde gedruckt) und schickt die Unterlagen an eine Druckerei.

Ähnlich wie Setzereien, die nach Abschaffung des Bleisatzes (Buchproduktion im Hochdruckverfahren) durch die elektronische Revolution viele MitarbeiterInnen entlassen mussten und heute in der Regel nur noch in kleinen bis kleinsten Betriebsgrößen arbeiten, haben Globalisierung, rasant fortschreitende technische Neuerungen und Konzentrationsprozesse im Druckbereich zu großen Veränderungen geführt. Heute gibt es in Deutschland kaum noch zehn Druckereien, die in qualitativer und quantitativer Hinsicht imstande sind, Großaufträge auszuführen.

Das Marketing

Der Erfolg eines Buches hängt nicht nur von Inhalt und Form ab, sondern auch von seinem Marketing-Auftritt, der deshalb von den eng kooperierenden Mitarbeitern aus Werbung (Prospekte, Anzeigen), Presse (Information und Versorgung der [Leit]Medien mit aussagefähigen Materialien) und Verkauf (Verhandlungen mit Grossisten und Buchhandel) umsichtig geplant wird. Diese können sich freilich nur um wenige, besonders erfolgversprechende Titel kümmern, weil sich erfahrungsgemäß weit mehr als die Hälfte aller Bücher in ökonomischer Hinsicht nicht »rechnet«, d.h. in kalkulatorischem Minus endet. Nur eine kleine Anzahl von Spitzentiteln[9] mit mehr als 50.000 Exemplaren und die so genannten mittleren Bücher mit mehr als 25.000 Exemplaren erwirtschaften den ökonomischen Erfolg eines Verlages. Dazu gehören auch Titel, an denen Verlage die Weltrechte besitzen, was ihnen erlaubt, Lizenzen an ausländische Verlage zu verkaufen.[10] Hier setzt das Marketing an, indem es nach realistischer Analyse von Inhalt und Marktchancen alles versucht, um die ökonomisch wichtigen Titel herauszufinden und optimal zu vermarkten.

Dazu gehören aufwändig gestaltete Vorschauen, mit denen der Buchhandel über das Erscheinen der neuen Bücher der Saison[11] in Kenntnis gesetzt wird. Der Versand der Vorschauen, die rechtzeitige und substantielle Information der Medien sowie die strategisch geplante Schaltung von Anzeigen in den buchhändlerischen Fachzeitschriften sollten vor dem Eintreffen der Verlagsvertreter beim Buchhandel erfolgt sein, um dort optimale Bestellzahlen zu erzielen. Liefert also ein Autor sein Manuskript zu spät und verschiebt sich dadurch der Erscheinungstermin, dann verpufft der kostspielige Marketingaufwand.

Nach all diesen Vorbereitungen des Handels und der Medien kann nun das Buch – in der Regel vier bis sechs Monate nach Abgabe des Manuskriptes an die Herstellungsabteilung – erscheinen. Das erste, noch druckfrische Exemplar wird selbstverständlich mit einer (hand)schriftlichen Gratulation sogleich an den Autor weitergeleitet. Im günstigsten Fall folgen kurz nach Erscheinen des Buches die ersten Rezensionen in den (Fach-)Medien, die sogleich an den Autor geschickt wer-

9 Beispielsweise aus dem Programm des S. Fischer Verlages: Spitzentitel mit mehr als 50.000 Exemplaren: Diamond, Jared: Kollaps. Warum Gesellschaften überleben oder untergehen, Frankfurt a.M. 2005; Aly, Götz: Hitlers Volksstaat, Frankfurt a.M. 2005; Montefiore, Simon Sebag: Stalin, Frankfurt a.M. 2005; Weiner, Tim, CIA. Die ganze Geschichte, Frankfurt a.M. 2008. So genannte mittlere Bücher mit mehr als 25.000 Exemplaren: Ullrich, Volker: Die nervöse Großmacht 1871–1918, Frankfurt a.M. 1997; Welzer, Harald: Klimakriege. Wofür im 21. Jahrhundert getötet wird, Frankfurt a.M. 2008; Aly, Götz: Unser Kampf. 1968, Frankfurt a.M. 2008.

10 So wurde Aly, Götz: Hitlers Volksstaat, in die USA, nach Frankreich, Italien, Dänemark, Spanien, Portugal, Griechenland, Polen, Tschechien, Ungarn sowie nach Japan und China verkauft.

11 Bücher erscheinen in Frühjahrs- und Herbstprogrammen – vom November bis April (zur Leipziger Buchmesse) bzw. vom Mai bis Oktober (zur Frankfurter Buchmesse).

den. Verlage haben ein großes Interesse daran, die Arbeit erfolgreicher AutorInnen zu begleiten und sie mit der Aussicht auf die Publikation weiterer Werke an sich zu binden.

Buchverlage – heute ein Anachronismus?

Buchverlage sind heute ein Anachronismus: a) Sie beschäftigen eine kostspielige Belegschaft mit hohem Akademikeranteil, stellen ein »Billigprodukt« her, das nur selten mehr als 20 € kostet, und lassen fast ausschließlich im Inland produzieren. b) Die Buchproduktion ist trotz aller technischen Neuerungen im Prinzip seit Gutenberg unverändert geblieben – noch! Das populäre, erzählende Sachbuch mit seinen im Vergleich zum Fachbuch relativ großen Auflagen wird als Buch Bestand haben.

Anders das hochspezialisierte wissenschaftliche Fachbuch: Hier sind die technischen Neuerungen der Datenspeicherung und -übertragung bereits so weit gediehen, dass kaum eine Publikation aus den großen Wissenschaftsverlagen nicht (auch) in einer elektronischen Version vorliegt, weil der Druck durch das Internet im international kommunizierenden Wissenschaftsbetrieb extrem hoch ist.[12]

Für diejenigen jedoch, die wissenschaftliche Texte unbedingt in gebundenen Büchern lesen möchten, können schon heute entsprechend ausgerüstete Satzbetriebe, online-Buchhändler und buchhändlerische Logistikunternehmen (Versender) per Printing-on-Demand-Verfahren (PoD) Kleinstaufträge ausführen lassen – bis hinab zur Auflage von einem Exemplar.

Literatur

Blaschke, Olaf: Wie finden Historiker Verlage?, in: GWU 10 (2004), S. 598–620.
Funke, Fritz: Buchkunde. Ein Überblick über die Geschichte des Buches, München 1999.
Kerlen, Dietrich: Lehrbuch der Buchverlagswirtschaft, Stuttgart 2003.
Röhring, Hans-Helmut: Wie ein Buch entsteht. Einführung in den modernen Buchverlag, Darmstadt 1983; 7. Aufl., vollständig überarbeitet und aktualisiert von Bramann, Klaus-W., Darmstadt 2003.
Wittmann, Reinhard: Geschichte des deutschen Buchhandels, München 1991.

12 So stellt Harvard ab sofort alle wissenschaftlichen Arbeiten ihrer MitarbeiterInnen zur freien Nutzung ins Netz. Vgl. das Gespräch mit Robert Darnton, dem Buchhistoriker und Direktor der Bibliothek der Harvard-Universität: Wir wollen unseren geistigen Reichtum mit der ganzen Welt teilen, in: F. A. Z. vom 3. 3. 2008.

Titus Müller

Historische Romane schreiben

1814 erschien in England die Erzählung *Waverley* von Walter Scott und wurde ein großer Erfolg. Scott schrieb weitere historische Romane, wie *Ivanhoe* oder *Rob Roy*, und machte das Genre in ganz Europa bekannt und erfolgreich. Ihm folgten Victor Hugo, Leo Tolstoi, Lion Feuchtwanger, Alfred Döblin. Der historische Roman gewann über einen langen Zeitraum an Ansehen.

Er war aber nicht in jeder Epoche erfolgreich. In den 1960er Jahren wurde das Genre in Deutschland für tot erklärt. Man fand, die Probleme der Gesellschaft müssten auf andere Weise gelöst werden. In die Vergangenheit zu blicken, war allein schon wegen der zwei Weltkriege nicht besonders schmeichelhaft.

In den 80ern und 90ern erstand der historische Roman wie Phönix aus der Asche, lebendiger als je zuvor. Es erschienen Romane wie *Der Medicus*, *Die Säulen der Erde* und *Die Päpstin* und brachten den Verlagen Rekordumsätze. Besonders erfolgreich waren die historischen Romane in Deutschland. Von Noah Gordons *Medicus* wurden in den USA etwa 10.000 Exemplare verkauft, als Karl Blessing das Buch in New York entdeckte und für seinen Verlag die deutschen Rechte kaufte. In Deutschland fand es sechs Millionen Käufer. Als 2004 im Rahmen einer ZDF-Sendung die Lieblingsbücher der Deutschen ermittelt wurden, befanden sich so viele historische Romane darunter, dass Iris Radisch, die führende Literaturredakteurin bei der *ZEIT*, sich in der Öffentlichkeit darüber wunderte.

Was genau ist ein historischer Roman? Wie kann man das Genre abgrenzen? Als wir den Autorenkreis historischer Roman *Quo Vadis* gründeten, standen wir notgedrungen vor dieser Frage. Wir landeten bei folgender Definition: Ein historischer Roman integriert authentische Personen und Tatsachen in einen fiktionalen Rahmen, für die keine Zeitzeugen mehr leben.

Der historische Roman ist gerade für Nachwuchsautoren eine gute Möglichkeit, sich eine Leserschaft zu erobern, denn die Leser historischer Romane sehen beim Kaufen weniger als andere Käufergruppen auf bekannte Autorennamen – ihnen ist das Thema wichtig, oder, im Bild gesprochen, die Einstellung der Zeitreisemaschine auf ein bestimmtes Jahr und eine bestimmte Gegend, die sie kennenlernen wollen.

Vom Spiel mit der Glaubwürdigkeit

Der Reiz des Genres besteht darin, dass sich die Lebenswelt zurückliegender Jahrhunderte von der heutigen teils immens unterscheidet. Sich in eine Zeit von Seuchen, faulen Zähnen und Schwertern zurückversetzen zu lassen, lässt die Leser ihren eigenen Lebensalltag mit ganz neuen Augen sehen.

Die Leser historischer Romane stellen besondere Ansprüche. Sie wollen staunen und unterhalten werden und zugleich auf angenehme Art ein Geschichtsstudium absolvieren. Während es Romane gibt, die dank exakter Recherchen ein realistisches Bild der Vergangenheit zeichnen, werden genauso aber auch Romane veröffentlicht, deren Schwergewicht im Erfundenen liegt. Gerade im Spiel mit der Glaubwürdigkeit liegt für die Autoren ein Reiz in diesem Literatursegment: Indem sie vortäuschen, eine wahre Geschichte zu erzählen, gelingt es ihnen, die Leser in einen intensiven Traum zu locken.

Lion Feuchtwanger, der neben Literatur auch Geschichte studierte und mit seinen historischen Romanen Weltruhm erlangte, schrieb in *Vom Sinn und Unsinn des historischen Romans*, für ihn sei ein historischer Roman »in den meisten Fällen glaubwürdiger, bildhaft wahrer, lebendiger und lebendzeugender als eine saubere, exakte Darstellung der historischen Fakten«[1]. Ein Jahr bevor Feuchtwanger sein Abitur machte, 1902, hatte Theodor Mommsen für sein Geschichtswerk *Römische Geschichte* den Literaturnobelpreis erhalten. Ein Geschichtswerk als Literatur, ein historischer Roman als Geschichtswerk – die Grenzen zwischen erzählendem und wissenschaftlichem Umgang mit der Vergangenheit wurden nicht immer so streng gezogen wie heute.

Bei meinen Lesungen werde ich im Anschluss jedes Mal gefragt: Wie viel ist wahr, wie viel ist erfunden? Bestätige ich Details der Geschichte als historischen Fakt, erscheint Zufriedenheit auf den Gesichtern. Die Zuhörer wünschen sich, dass der Roman wahr ist. Sie wünschen sich, dass die Zeitreise ihnen glaubwürdige Informationen geliefert hat.

Das stellt mich als Autor vor schwerwiegende Entscheidungen. Das wirkliche Leben ist mitunter nicht geeignet für eine runde, spannende Geschichte. Es spielt nicht entlang einem roten Faden, wie er für eine Romanhandlung notwendig ist. Streckenweise ist es ermüdend und muss gerafft werden; in anderen Fällen schlägt es Kapriolen, die in einem Roman nicht glaubwürdig wären.

Der Wunsch der Leser, in einem historischen Roman die Fakten zu erfahren, und die handwerklichen Kniffe, die ein Autor anwendet, um spannend und glaubwürdig zu erzählen, bilden mitunter einen Widerspruch. Als Lösung dafür hat sich etabliert, dass die Autoren in einem Nachwort zwischen Wahrheit und Erfundenem unterscheiden und dem Leser erzählen, wie es wirklich war. (Dass allerdings

1 Feuchtwanger, S. 500.

auch dies keine verlässliche Aussage ist, wird jedem einleuchten, der sich genauer mit den Geschichtswissenschaften befasst. Es kommt nicht selten vor, dass namhafte Historiker gänzlich unterschiedliche Schlüsse aus den gefundenen Zeugnissen und Quellen ziehen. Wahrheit ist ein relativer Begriff, wenn man über etwas schreibt, das man nicht miterlebt hat.)

Realistische Details

Ein weiteres Paradox im Genre des historischen Romans: Während dem Autor in der Schilderung der Alltagsdetails keine Fehler passieren dürfen, sind die Dialoge der Romanfiguren wie selbstverständlich in neuzeitlicher Sprechweise verfasst. Niemand stört sich daran. Im Gegenteil würde ein Roman, der sich der alten Sprache bedient, als hölzern und unlesbar gelten.

Man geht beim Gebrauch der Wörter einen Kompromiss ein. Ich achte beispielsweise darauf, keine Worte zu verwenden, die auf moderne Erfindungen verweisen. Ich würde nicht schreiben: »Ihm entgleisten die Gesichtszüge.« Genauso sind Formeln wie »Tschüss«, oder »okay« und »Sekunde bitte« unpassend. Andererseits verwende ich Wörter wie »behutsam« oder »zermalmen« in einem Roman, der im 14. Jahrhundert angesiedelt ist, obwohl sie dem 16. Jahrhundert entstammen. Auf diese Weise lenke ich die Leser nicht mit einer altertümelnden Sprache von der Geschichte ab, vermeide aber auch, sie durch allzu deutliche Entlehnungen aus ihrem Alltag aus dem Traum einer Zeitreise hinauszuwerfen.

Kompromisse zugunsten der Lesbarkeit gehören zu meiner Arbeit als Autor. Gleichzeitig muss ich die Anmutung aufrechterhalten, die Wirklichkeit der damaligen Welt darzustellen. Wie gelingt ein solches Erzeugen von gefühlter Wirklichkeit?

Wenn ich eine ungewöhnliche Geschichte erzähle, brauche ich realistische Details als deren Vehikel. Sie ziehen den Leser in einen funktionierenden Traum hinein. Tracy Chevalier, die mit ihrem Roman *Das Mädchen mit dem Perlenohrring* weltweite Erfolge feierte, sagte in einem Interview: »Eine Leserin erzählte mir kürzlich, dass sie es liebe, wie Griet im *Mädchen* ihre Kappe in Kartoffelschalen kocht, um sie zu stärken. Das hat mich gefreut, weil ich einige Zeit damit zugebracht habe, das herauszufinden. Diese kleinen historischen Details sind deshalb so wichtig, weil sie einem Buch Wahrscheinlichkeit verschaffen. Wenn ich diese Dinge richtig mache, vertraut mir der Leser auch in den größeren Fragen.«[2]

Konkrete, stimmige Details stellen Überzeugungskraft her. Hier darf natürlich

2 Bowling, Anne: Immersed in the Story. Tracy Chevalier, in: Writer's Digest 8 (2002), S. 35. Übersetzung von Titus Müller.

nicht übertrieben werden. Eine mit belanglosen Details überladene Geschichte führt sich selbst *ad absurdum*. Zu schreiben heißt, Schwerpunkte zu setzen. Es bedeutet zu entscheiden, was wesentlich für eine Geschichte ist und was nicht. Beim Wichtigen allerdings lohnt es sich, konkret zu sein.

Gerade die Höhepunkte der Geschichte werden so für die Leser mit allen Sinnen erlebbar. Sie riechen, schmecken und hören, was geschieht. Das geht nur, wenn die Dinge konkret benannt werden. Eine Bulldogge sehen die Leser klarer vor sich als einen Hund. Einen Früchtetee schmecken sie, einen Tee nehmen sie nur als abstraktes Ding wahr.

In meinem Roman *Die Brillenmacherin* gibt es ein Festmahl bei Erzbischof Courtenay. Als ich dabei war, die Szene zu schreiben, fiel mir auf, dass die Gerichte nicht dufteten und dass man sie nicht schmeckte – weil ich ungenau war. Ich musste in Erfahrung bringen, was genau man damals gegessen hat. Nebenbei habe ich auch noch die Tischsitten recherchiert, und heute gehört die Passage zu den besten des Romans. Ich lese sie bei jeder Gelegenheit vor. Genau zu sein, zahlt sich aus. Ein Leser kann Zimt, Kardamom und Pfeffer schmecken. Fischotterstreifen und Dachsrücken interessieren ihn. Ein bloßer Braten ist langweilig.

Eine weitere Methode, um im Roman den Eindruck von Realität zu erzeugen, ist, eine größere Welt anzudeuten hinter der, die der Protagonist direkt erlebt. Dadurch platziert man die Handlung in der realen Welt und gibt ihr den Anschein von Wirklichkeit und Wahrscheinlichkeit.

Das muss nicht durch einen Hinweis auf große Weltereignisse geschehen. Allein schon ein Anzeichen, dass auch außerhalb der Romanhandlung Zeit verstreicht, dass es eine Vergangenheit und eine Zukunft über die Geschichte hinaus gibt, hat einen ähnlichen Effekt. In *Die Brillenmacherin* besucht Catherine nach langer Zeit ihren Bruder Alan, der als Pächter einen Acker bewirtschaftet. Sie stellt fest, dass die Mauer aus Feldsteinen am Rand des Ackers angewachsen ist seit ihrem letzten Besuch (der vor der eigentlichen Romanhandlung gelegen hat). Da Alan jeden Stein, der sich beim Pflügen vor die Schar stemmt, zu jener Mauer schleppt, versinnbildlicht sie mit ihrem Anwachsen das Verstreichen von Zeit. Der Leser wird dessen versichert, dass der Acker schon vor der Romanhandlung existiert hat und danach noch weiter existieren wird. Das stärkt das Realitätsempfinden beim Lesen der Geschichte.

Recherche

Ich habe unter anderem Mittelalterliche Geschichte studiert. Meine Leser denken deshalb, ich wüsste alle wichtigen Jahreszahlen aus dem Kopf herzusagen und könnte spontan zu jeder Burg, jedem Denkmal und jeder Kirche einen Vortrag halten. So spannend das Studium auch war – das kann ich nicht. Ich habe andere wichtige Dinge gelernt, die mir heute bei den Recherchen für meine Romane nützen.

Exkursionen haben mich begreifen lassen, dass nicht alles in der Bibliothek steht. Manches findet man nur vor Ort. Seitdem folge ich dem Grundsatz, für meine Romane immer einige Tage am Platz des Geschehens zu verbringen. Ich mache Fotos, rede mit den Einheimischen, besuche Museen, Ruinen, Gässchen. Oft mache ich überraschende Entdeckungen.

In Braybrooke, dem Schauplatz der *Brillenmacherin*, ging ich über eine steinerne Brücke, die der Großvater meines Protagonisten Thomas Latimer errichtet hat. Die Dorfbewohner schlossen mir ihre Kirche auf, und ich skizzierte mir den Bereich der Kirche, der schon im 14. Jahrhundert gestanden hat. Mit Hilfe der Einheimischen nahm ich Kontakt zu den Nachfahren von Sir Thomas Latimer auf und erhielt so nützliche Informationen über den Ritter aus dem Familienarchiv. Genauso wichtig aber war es, das Wetter der Midlands am eigenen Leib zu spüren, bei Sonnenaufgang den Schafen zuzuhören, die das Gras abrupften und kauten, und den gelben Mohn am Wegrand zu entdecken. Die schönsten Szenen des Romans basieren auf Notizen meiner Englandreise.

Außerdem beschaffe ich mir natürlich für jeden Roman Dutzende Bücher aus Bibliotheken und Antiquariaten und lese Aufsätze zum Romanthema. Ich befrage die Experten. Für *Die Priestertochter* telefonierte ich mit den Slawistik-Instituten mehrerer Universitäten. Zuerst wurde ich abgewiesen. »Alt-Polabisch? Damit befasst sich hier keiner«, hieß es. Am Ende aber vermittelte man mir den Kontakt zu einem Spezialisten. Solche Spezialisten lieben es, wenn man sie nach ihrem Gebiet ausfragt. Jeder redet gern über das, was er macht. Ich konnte Fragen zur Aussprache stellen und wurde bei der Auswahl der Namen für den Roman beraten.

Diese Hilfsbereitschaft erlebe ich immer wieder. Archäologen haben mir unveröffentlichtes Material über Grabungen zur Verfügung gestellt. In der Göttinger Universitätsbibliothek half man mir, alte Karten und alte Bücher zu finden (sogenannte *Rara*). Briefe und Romane aus der Zeit der Geschichte, die ich erzählen will, geben weitere nützliche Hinweise. Lieder können helfen. Illustrationen, Teppiche, Museumsstücke.

Verkäufliche Themen

Ich hatte das Glück, 23-jährig in die Endauswahl eines renommierten Literaturwettbewerbs zu gelangen. Ich durfte einen Text beim Open Mike der Literaturwerkstatt Berlin vorstellen. Im Anschluss an die Veranstaltung bot man mir einen Buchvertrag an, und mein Literaturagent nahm mich unter Vertrag.

In den Jahren 2000–2005 schrieb ich während des Magisterstudiums vier Romane und finanzierte mir damit den Lebensunterhalt. Ich erzählte nur wenigen davon, weil ich fürchtete, dass mich meine Mittelalter-Dozenten verachten würden, wenn sie entdeckten, dass ich ihre kostbaren Seminare nicht für die Wissenschaft gebrauchte, sondern das Gelernte in Romane einfließen ließ. Einer der Dozenten erfuhr von meinem Doppelleben. Er reagierte zu meiner Erleichterung freundlich und grüßte mich nun immer heimlichtuerisch, wenn er mich in der Bibliothek antraf. Nach der Abschlussprüfung gestand mir einer der Beisitzer, dass er meine Romane mit Begeisterung gelesen habe. Ich glaube, die anderen Dozenten wissen bis heute nichts von ihnen.

Historische Romane werden viel gelesen. Gleichzeitig werden sie von Feuilletonjournalisten belächelt. Dazu trägt bei, dass sich Autoren und Verlage im Versuch, erfolgversprechende Romane zu publizieren, mitunter zu Einseitigkeit verlocken lassen. Starke Frauen im Mittelalter gelten als am besten verkäufliches Thema, unter anderem deshalb, weil statistisch mehr Frauen historische Romane lesen als Männer. Bei einer Leserumfrage des Autorenkreises historischer Roman *Quo Vadis* gaben 2007 aber nahezu 90 % an, das Geschlecht der Protagonisten spiele für sie beim Kauf keine Rolle. Die Lesepräferenzen in Bezug auf das Zeitalter waren ebenfalls breit gestreut. Sicher würde dem Genre mehr Mut für Experimente gut tun.

Der historische Roman hat in der Vergangenheit immer wieder Autorentalente beflügelt und uns wunderbare Literatur eingebracht, die – zusammen mit Filmen wie *Gladiator* oder *Braveheart* – weite Teile der Bevölkerung für historische Themen begeistern. Ich schätze ihn als Autor und als Leser gleichermaßen und bin dankbar für den großen Erfolg, dessen sich dieses Genre erfreut, in Deutschland mehr als in jedem anderen Land der Welt.

Literatur

Becker, Frank Stefan / Rudschies, Jochen: Welche Kriterien motivieren zum Kauf eines historischen Romans? Studie des Autorenkreises historischer Roman *Quo Vadis* vom März 2008, abrufbar unter http://www.akqv.org/pdf/Umfrage_Lauf.pdf (11. 3. 2008).

Feuchtwanger, Lion: Vom Sinn und Unsinn des historischen Romans, in: Ders.: Ein Buch nur für meine Freunde, Frankfurt a. M. 1984, S. 494–501.

Daniel Fulda

Literarische Thematisierungen von Geschichte

»Nicht die Historiker prägen die Erinnerung an die Shoah, sondern die Schriftsteller.«[1] Diese Quintessenz zieht die F.A.Z. aus einem Gespräch mit Jorge Semprún, dem Buchenwald-Überlebenden und Autor mehrerer autobiographischer ›Zeitgeschichten‹ (v.a. *Schreiben oder Leben*, frz. 1994, dt. 1995), anlässlich des Sensationserfolgs von Jonathan Littells Roman *Les Bienveillantes* (2006, dt. *Die Wohlgesinnten* 2008), der fiktiven Autobiographie eines Holocaust-Täters. Vorausgesetzt, seine Diagnose stimmt: Was bedeutet dies für die öffentliche Geschichtskultur? In welcher Weise »prägt« die Literatur den Umgang mit und die Vermittlung von Geschichte? Und: Stimmt sie überhaupt, die These des Literaten Semprún? Antworten versucht dieser Beitrag für die deutsche Situation etwa seit der Wiedervereinigung zu finden. Berücksichtigt werden auch fremdsprachige Texte, wenn sie übersetzt wurden und hierzulande Erfolg hatten und haben.

Der Anteil der Literatur im Geschichtsdiskurs

Gegenwärtig haben literarische Texte einen außerordentlich großen Anteil an der deutschen Geschichtskultur – groß im quantitativen wie im qualitativen Sinne. Außerordentlich ist diese Anteilsgröße, weil sie auf eine lange Phase der wechselseitigen Distanzierung von literarischem und historischem Diskurs gefolgt ist: Seit der ›Krise des Historismus‹ sowie den literarischen Avantgarden des frühen 20. Jahrhunderts waren solche Auffassungen einerseits der Literatur, andererseits der rechten Beschäftigung mit Geschichte dominant, die das Trennende betonten: dort die Kunst des von Wirklichkeitsreferenzen unabhängigen Sprachspiels, hier die durch wissenschaftliche Methoden legitimierte Feststellung des tatsächlich Gewesenen. Die Verbindung von historischem Gegenstand und literarischer Darstellung, zumal in der klassischen Form des Historischen Romans, hatte daher weithin einen schlechten Ruf, weil sie, von wenigen Ausnahmen abgesehen, die prinzipielle Differenz, den »Hiatus« (Hans Vilmar Geppert) zwischen Historie und

1 Altwegg, Jürg: Ohne die Literatur stirbt die Erinnerung. Gespräch mit Jorge Semprun, in: F.A.Z. vom 8.2.2008, S. 35. Semprún selbst sagt hier: »In fünfzig Jahren wird sich das kollektive Erinnern an die Shoah nicht auf Hilberg beziehen. Sondern auf Littell. ›Die Wohlgesinnten‹ werden die Wahrnehmung prägen, nicht die Historiker.«

Fiktion übertünche. Nur wo dieser Hiatus ausgestellt wird, sei die Gattung ästhetisch legitimiert. »Der historische Roman ist erstens Roman und zweitens keine Historie«,[2] heißt es in diesem Sinne bei Alfred Döblin, mit dessen *Wallenstein* (1920) die Gattung an die literarische Moderne anschloss.

Nun hat sich die literarische Produktion in ihrer Breite nie dieser normativen Ästhetik gebeugt. Heute ist sie darüber hinaus auch theoretisch erschüttert: Literatur und Geschichte ›dürfen‹ wieder ineinanderspielen, weil sie ohnehin nicht ohne das jeweils andere auskommen. Die seit den 1970er Jahren vorherrschende Erzähltheorie der Geschichte begründet dies so: Historiographie wie Literatur sind, um ihre spezifische Darstellungsleistung zu erbringen, auf die Verfahren des anderen angewiesen – sie ›überkreuzen‹ sich.[3] Um im prägnanten Sinne ›Geschichte‹ zu schreiben, also um Vergangenheitsgeschehen in jener Kohärenz und Folgerichtigkeit darzustellen, den der Begriff der Geschichte behauptet, bedient sich die Historiographie unweigerlich des in der Literatur kultivierten Verfahrens narrativer Verknüpfung. Historiographie muss keineswegs erzählerisch sein im Sinne plastischer Charaktere, anschaulicher Situationsschilderungen oder kalkulierter Spannungsbögen; erst in der Kohärenzstruktur der Erzählung entsteht jedoch der Geschehenszusammenhang, den wir Geschichte nennen. Darin haben Erzählliteratur und Historiographie eine fundamentale, unaufhebbare Gemeinsamkeit, die immer wieder für Grenzüberschreitungen zwischen beiden Diskursformationen genutzt wird. Paul Ricœur hat darüber hinaus argumentiert, dass Literatur ihre imaginären Welten durch eine Als-ob-Referenz erschafft, die an die faktizistische Referenz (den empirischen Wirklichkeitsbezug) der Geschichtsschreibung angelehnt ist.[4] Die Darstellungsleistung der Literatur verdankt sich demnach entweder – im selteneren Fall nicht-fiktionaler Texte – einer regelrecht historiographischen Referenz oder deren (nicht täuschender) Simulation.

In *quantitativer* Hinsicht haben literarische Geschichtsdarstellungen zwar eine kleinere Rezipientengruppe als die jüngeren Medien Fernsehen und Film. Sie ist jedoch weitaus größer als der Kreis der von akademischer Forschung und Lehre Erreichten. Exemplarisch zugespitzt: Mit 800.000 verkauften Exemplaren allein in Frankreich liegen Littells *Bienveillants* in ihrer Publikumsreichweite zwar hinter den ZDF-Serien des Guido Knopp, jedoch vor den historiographischen Standardwerken des – von Semprún vergleichsweise angeführten – Raul Hilberg. Titel mit weniger Sex und Gewalt können ebenfalls auf sehr hohe Verkaufszahlen kommen, wie der ähnlich dimensionierte Erfolg eines Romanes über den Mathematiker Gauß und den Naturforscher Alexander von Humboldt, Daniel Kehlmanns

2 Döblin, Alfred: Der historische Roman und wir (1936), in: Ders.: Aufsätze zur Literatur, hg. von Walter Muschg, Freiburg i. Br. 1963 (Ausgewählte Werke in Einzelbänden [7]), S. 163–186, hier S. 169.

3 Vgl. Ricœur, Paul: Zeit und Erzählung. Bd. 1–3. Übers. von Rainer Rochlitz und Andreas Knop (Bd. 3). München 1988–1991 (Übergänge 18. 1–3), Bd. 3, S. 295.

4 Vgl. ebd., S. 306, Bd. 1, S. 122–129.

Die Vermessung der Welt (2005), zeigt. Historische Stoffe scheinen nicht zuletzt geeignet zu sein, einen größeren Leserkreis auch für ästhetisch ambitionierte Literatur zu gewinnen. Mindestens ebenso beliebt sind sie indes im populären Marktsegment, bis hinab zur Schemaliteratur der Liebesromane für weibliche und Landser-Hefte für männliche bildungsferne Leser.[5] Literatur mit historischen Themen gehört jedenfalls zu den vom Publikum geschätztesten Titeln: Unter dem ersten Dutzend der »50 beliebtesten Bücher der Deutschen« (2004 von 250.000 ZDF-Zuschauern gewählt) sind sechs historische Romane.[6]

Die Überschätzung der Literatur in der Öffentlichkeit

Aber nicht nur an Verkaufs- und Leserzahlen bemisst sich der quantitative Anteil literarischer Texte am Geschichtsdiskurs. Vergrößernd wirkt sich die vergleichsweise hohe Intensität aus, mit der sie öffentlich besprochen werden. So fungiert die Literaturkritik in Presse, Rundfunk, Fernsehen und Internet, fungieren Lesungen, Literaturpreise, Volkshochschulkurse oder Universitätsseminare als institutionalisierte Resonanzverstärker. Über literarische Geschichtstexte erfährt etwa ein Leser überregional bedeutender Zeitungsfeuilletons deutlich mehr als über TV-Sendungen zum selben Thema. Zumal Erörterungen über das Wie und Wozu bestimmter Darstellungstechniken beziehen sich vorwiegend auf Literatur, wird ihr doch weit selbstverständlicher eine Kunstleistung zugebilligt als der Historiographie oder den neueren Medien. Institutionelle Unterstützung und kulturelle Hochschätzung der Literatur greifen hier ineinander. Über die quantitative Rezeptionssteigerung hinaus ist von entscheidender Bedeutung, dass die vielen einzelnen Lektüren dadurch in einen Debattenzusammenhang integriert werden. Erst so wird Literatur zum *öffentlichen* Ereignis. In welchem Maße allgemein vorausgesetzt wird, dass sie das ist, lässt sich etwa daran ablesen, dass sie nach wie vor häufiger als Zitatspender für Jubiläums- und Gedenkreden dient als Filme oder Fernsehsendungen. Durchaus denkbar ist freilich, dass ihr durch die traditionelle Hierarchie der Künste und Medien bedingter Vorsprung an öffentlicher Aufmerksamkeit künftig verlorengeht.

5 Vgl. Schneider, Jost: Sozialgeschichte des Lesens. Zur historischen Entwicklung und sozialen Differenzierung der literarischen Kommunikation in Deutschland, Berlin 2004, S. 344 f.

6 Vgl. www.faz.net/s/Rub1DA1FB848C1E44858CB87A0FE6AD1B68/Doc~E4E46B47D7D9346A18 0DBC3D E6EB47BE9~ATpl~Ecommon~Scontent.html (1.6.2008) mit folgender Reihung (die historischen Romane sind kursiviert): 1. Tolkien, John R.R.: Der Herr der Ringe, 2. Die Bibel, 3. *Follett, Ken: Die Säulen der Erde*, 4. *Süskind, Patrick: Das Parfum*, 5. Saint-Exupéry, Antoine de: Der kleine Prinz, 6. *Mann, Thomas: Die Buddenbrooks*, 7. *Gordon, Noah: Der Medicus*, 8. Coelho, Paulo: Der Alchimist, 9. Rowling, Joanne K.: Harry Potter und Stein der Weisen, 10. *Cross, Donna W.: Die Päpstin*, 11. Funke, Cornelia: Tintenherz, 12. *Gabaldon, Diana: Feuer und Stein.*

In *qualitativer* Hinsicht beruht die überproportionale Bedeutung literarischer Geschichtsdarstellungen darauf, dass sie als geeignetstes Medium gelten, Geschichte nach Gegenwartsgesichtspunkten umzuschreiben, unterschiedliche Perspektiven auf Geschichte zu korrelieren sowie alte oder neue Möglichkeiten der Geschichtsdarstellung wie -bewertung zu erproben und zu reflektieren. Literatur gilt als unverzichtbares Instrument der gesellschaftlichen Selbstverständigung über Geschichte, weil sie Möglichkeiten hat, über die andere Diskursformationen nicht oder nicht im selben Maße verfügen: Ihre Unabhängigkeit von bestimmten Verfahrensregeln verschafft ihr die Möglichkeit, Geschichte *anders* als die Historiographie zu erzählen; die Unabhängigkeit der Fiktion von Referenzverpflichtungen gibt ihr zudem die Freiheit, *anderes* zu erzählen. Literatur kann *Alternativen* anbieten selbst zu dem, was schon gewesen ist und als Faktum feststeht. Sie kann dadurch die prinzipielle Offenheit, Nicht-Zwangsläufigkeit von Geschichte demonstrieren (wie Dieter Kühns Napoleon-Variationen: *N*, 1970) und das Vergangene als Gegenwart präsentieren und von einer Kindheit im Krieg erzählen, als wüsste der Autor nichts von den seinerzeitigen Verbrechen (so die Erzählsituation von Martin Walser: *Ein springender Brunnen*, 1998). Oder sie kann einem Wünschenswerten Wirklichkeit zumindest im Roman verleihen (vgl. die multikulturelle Idylle eines Düsseldorfer Arbeiterviertels in Dieter Forte: *Das Muster*, 1992). Oder sie erzählt offen kontrafaktisch vom keineswegs Wünschenswerten (großen Erfolg hatte damit Robert Harris: *Fatherland*, 1992, dt. *Vaterland*, 1992: der Thrill dieses im Jahr 1964 spielenden parahistorischen Romans rührt nicht allein von seiner Kriminalstory her, sondern ebenso von der beklemmenden Ausgangssituation eines im Zweiten Weltkrieg siegreichen Deutschen Reiches).

Überdies soll die literarische Freiheit zur Erprobung neuer Möglichkeiten der Geschichtsdarstellung als *Innovations*motor wirken: »Nur die Dichter können das Erinnern erneuern«, behauptet Semprún. Diese Erwartung ist nicht nur unter beruflich mit Literatur Beschäftigten verbreitet: Zahlreiche Historiker haben seit den 1960er Jahren gefordert, die Historiographie möge ihre im Wesentlichen aus dem 19. Jahrhundert stammenden Darstellungsverfahren nach dem Vorbild des modernen Romans auf den ästhetischen Stand der Zeit bringen. Heute wird insbesondere der ›Zivilisationsbruch‹ der Judenvernichtung als Herausforderung verstanden, vor der die traditionellen Darstellungsformen, historiographische wie literarische, nicht bestehen könnten. Das in seinen Ausmaßen, seiner Monstrosität (angeblich) nicht Darstellbare zumindest umschreibend zu markieren, wird dann gerne der Literatur als Aufgabe überantwortet, obschon diese auch ihrerseits Unmöglichkeitsverdikten ausgesetzt ist.[7] Den Theoriedebatten über die Kons-

7 Dazu vgl., mit berechtigter Kritik, Günter, Manuela: Shoah-Geschichte(n): Die Vernichtung der europäischen Juden im Spannungsfeld von Historiographie und Literatur, in: Fulda, Daniel / Tschopp, Silvia Serena (Hg.), Literatur und Geschichte. Ein Kompendium zu ihrer Erforschung von der Aufklärung bis zur Gegenwart, Berlin 2002, S. 173–194.

truktivität und Konstruktionsfaktoren von Geschichte entsprechend, führen literarische Texte heute zudem vermehrt vor, *wie Geschichte entsteht*: sei es im Anhören von Erinnerungen, im Nachlesen alter Briefe oder Tagebücher sowie neuer Forschungsliteratur, bei Reisen an die Schauplätze, all dies womöglich durch den Zufall einer unvermuteten Begegnung angestoßen (so bei W.G. Sebald: *Die Ausgewanderten*, 1992, oder *Austerlitz*, 2001), sei es in den fabulierten Lebensläufen, mit denen Enkel die Erklärungslücken im Fotoalbum ihrer Großeltern schließen (so in Marcels Beyers Roman *Spione*, 2000). Zur Historiographie verhält sich solche Literatur als *Metadiskurs*, »übergeordnet« in einem nicht normativen, aber reflexiven Sinne.

Wo die ›Überschätzung‹ der Literatur im Geschichtsdiskurs qualitativ begründet wird, spielt das Reflexions- sowie Innovationspotential literarischer Geschichtsdarstellungen eine weit größere Rolle als ein möglicher Informationsgehalt hinsichtlich der ›Fakten‹. Gleichwohl können literarische Formen auch als Instrument der Kenntnisvermittlung geschätzt werden. Hierbei gilt Literatur als *empathie*fördernder als Historiographie, denn ihre vorwiegend individualisierten Fallgeschichten erleichtern dem Leser den imaginativen Eintritt in historische Lebenswelten und einen affektiven Fremderfahrungsnachvollzug. Diese Attraktivität der Literatur wird mit Blick auf politisch-moralisch sensible Themen – vor allem den Nationalsozialismus und die Judenvernichtung – mitunter als Mittel ›gegen das Vergessen‹ geschätzt. Gerade bei solchen Themen kann sie allerdings auch als Gefahr einer unzulässigen Identifikation gewertet werden – ein Argument, das beispielsweise auch gegen Littell ins Feld geführt wird. Gleicht man diese in der Öffentlichkeit artikulierten Wünsche an Literatur mit den Leserealitäten ab, so ist festzustellen, dass *Identifikationsmöglichkeiten* für viele Leser tatsächlich einen zentralen Anreiz bilden. Allerdings geht es dabei weniger um Verständnis für das Leben anderer – wie Geschichtspädagogik sich dies wünschen könnte – als um das emotionale Durcharbeiten eigener Konfliktlagen im Spiegel von Stoffen, auf deren Historizität es gar nicht ankommt.[8]

Aktuelle Vorlieben: Faktenreferenz und Generationenzusammenhänge

Das geschichtstheoretische Reflexionspotential der Literatur ist wichtig für deren Rang im Geschichtsdiskurs, unterstützt das Interesse an Geschichtsliteratur aber wohl nur bei ästhetisch und geschichtstheoretisch geübten, also vorwiegend bei professionellen Lesern. Wenngleich dazu keine empirischen Untersuchungen vorliegen, ist davon auszugehen, dass das *stoffliche Interesse* insgesamt, auf alle Leser

8 Vgl. Schneider, S. 345.

bezogen, das formale deutlich überwiegt. Dabei kann ›stoffliches Interesse‹ recht Unterschiedliches heißen: Es kann sich sowohl an einen – meist fiktiven – Abenteuerreigen heften als auch auf Einblicke in historische Lebensverhältnisse oder Informationen über geschichtliche Ereignisse beziehen. Primär auf die Bedienung des erstgenannten Stoffinteresses sind historische Unterhaltungsromane mit dominanter Abenteuer- und Liebesmotivik ausgerichtet (wie die *Angélique*-Serie Anne Golons, frz. 1956ff.). Die genannten unterschiedlichen Stoffinteressen können aber auch von ein und demselben Text zugleich angesprochen werden (darauf beruht wohl der Erfolg der Antikeromane von Gisbert Haefs: *Hannibal*, 1989, *Alexander*, 2 Bde. 1992–93, *Caesar*, 2007). Zudem ist die Bedienung stofflicher Interessen keineswegs unvereinbar mit einer selbstreflexiven Schreibweise. So sind die vier Mittelalterbücher Dieter Kühns (1977–1991) an der Vermittlung historischer Information zu den von ihm übersetzten mittelhochdeutschen Texten interessiert und legen zugleich Rechenschaft über ihre Machart ab. Informationen über Geschichtliches wiederum können zum einen *modellhaft* vermittelt werden, d.h. als nicht nach Ort und Datum verifizierbare, aber ›prinzipiell‹ zutreffende Schilderung historischer Lebensweisen (›so könnte es tatsächlich gewesen sein‹). Zum anderen kann, wie Kühns Bücher ebenfalls zeigen, geschichtsthematisierende Literatur auch regelrecht *referentiell* verfahren, sich also auf bestimmte Personen, Daten oder Prozesse beziehen und deren historische Tatsächlichkeit behaupten. Während die modellhafte Informationsvermittlung indirekt, nämlich durch fiktionale Entwürfe auf das wirklich Gewesene verweist, wird es durch die referentielle unmittelbar angesprochen.

Es entspricht der Eigenlogik literatur- wie geschichtswissenschaftlicher Forschung, dass sie die Metafunktionen geschichtsthematisierender Literatur betont: die Variation von, Kritik an und Reflexion über Geschichte. Für das außerhalb jener Spezialdiskurse artikulierte öffentliche Interesse an solcher Literatur hat dagegen historische ›Richtigkeit‹ (meist modellhaft, seltener referentiell verstanden) erhebliches Gewicht. Claude Lanzmann, der Regisseur des Films *Shoah* (1985) und Verfechter eines ›Bilderverbots‹ für Holocaustrepräsentationen, hat seine Kritik an Littells Roman eingeschränkt, weil »alles stimmt. Die Namen der Leute, der Orte«.[9] Und auch Populärromane legitimieren sich und reizen dadurch, dass historische Settings als »geschichtstreu«, »historisch korrekt« oder »exzellent recherchiert« daherkommen – so lobende Pressestimmen über die Bestsellerautorin Diana Gabaldon (*Outlander*, 1991, dt. *Feuer und Stein*, 1995).[10] Nun kommt die Handlung bei Gabaldon durch eine Zeitreise der Hauptfigur aus unserer Gegenwart ins 18. Jahrhundert in Gang; dieses höchst unwahrscheinliche Handlungselement kollidiert in der Leserwahrnehmung offensichtlich aber nicht mit dem

9 Altwegg, Jürg: »Littell hat die Sprache der Henker erfunden«. Gespräch mit Claude Lanzmann, in: F. A. Z. v. 28. 11. 2008, S. 35.

10 Vgl. http://www.randomhouse.de/dynamicspecials/diana_gabaldon/pressestimmen.html (12. 2. 2008).

Eindruck historischer Korrektheit. Von geschichtswissenschaftlichen Standards kann das ›historische‹ Interesse der Leser sehr weit entfernt sein.

Literatur mit historischen Stoff(anteil)en stellt jedenfalls einen ernstzunehmenden Mitspieler auf dem Feld historischer Bildung dar. Durchaus bedacht, gewollt und pädagogisch funktionalisiert wird dies bei Kinder- und Jugendbüchern sowie typischen Schullektüren wie Judith Kerrs *Als Hitler das rote Kaninchen stahl* (engl. 1971, dt. 1973). Möglicherweise noch wirkmächtiger sind indes solche Texte, die weder im Unterricht noch im Feuilleton besprochen werden, aber die höchsten Leserzahlen erreichen. Kenntnisse über den mittelalterlichen Kathedralenbau sind, wie es scheint, in den letzten Jahren vor allem durch Ken Folletts Bestseller *Die Säulen der Erde* (engl. 1990, dt. 1992) verbreitet worden. Welche Folgen die erwähnten Landser-Hefte oder die Ostfrontromane eines Konsalik auf das Geschichtsbild ihrer Leser haben, ist der Öffentlichkeit ebensowenig bekannt wie diese Texte selbst.

Unter literarischen Texten, die an ästhetischer Form und Innovation interessiert sind, ist seit einigen Jahren eine Tendenz sogar zur regelrechten Referentialität zu verzeichnen. Traditionelle Gattungen einer ›Literatur ohne Fiktion‹ sind die Autobiographie und der Essay. Je nach Lebenslauf kann sich die Autobiographie aber leicht zur Geschichtsdarstellung auswachsen (vgl. Ruth Klüger: *weiter leben*, 1992; Günter Grass: *Beim Häuten der Zwiebel*, 2006); neuerdings wird sie zudem gerne zur ›autobiographischen Familiengeschichte‹ erweitert (z. B. Monika Maron: *Pawels Briefe*, 1999; Uwe Timm: *Am Beispiel meines Bruders*, 2003) sowie mit essayistischen Schreibweisen verbunden (z. B. Stephan Wackwitz: *Ein unsichtbares Land*, 2003). Noch gesteigert wird die referentielle Zuverlässigkeit gerne durch Zitate aus Briefen, Tagebüchern oder Reiseberichten der portraitierten Verwandtschaft sowie aus wissenschaftlicher Literatur.[11] Die Versatilität des Essays lässt sich überdies für Werkstattberichte über die eigenen ›Geschichtsforschungen‹ nutzen (besonders ausgeprägt in Dieter Kühn: *Schillers Schreibtisch in Buchenwald*, 2005).

In allen diesen Formen wird Geschichte nicht nur mit Referentialitätsanspruch nacherzählt, sondern es wird zugleich von der Beschäftigung des Autors mit dem historischen Gegenstand berichtet sowie von den Problemen, die dessen Rekonstruktion stellt. Die in modernem Erzählen obligate Selbstreflexivität hat hier eine Funktionserweiterung erfahren, die sie an die Seite der methodischen Reflexivität wissenschaftlicher Historiographie stellt, wenngleich die Differenz bleibt, dass literarische Texte keine bestimmten Verfahrensregeln erfüllen müssen. Seltener ist die gegenteilige ästhetische Option eines möglichst weitgehenden Rückzugs der Erzählerstimme zugunsten von Quellen: So hat Walter Kempowski

11 Zur Photographie als Referenzgaranten dieser Texte vgl. Verf.: Am Ende des photographischen Zeitalters? Zum gewachsenen Interesse gegenwärtiger Literatur an ihrem Konkurrenzmedium, in: Schmidt, Wolf Gerhard / Valk, Thorsten (Hg.), Literatur intermedial – Paradigmenbildung zwischen 1918 und 1968, Berlin [erscheint 2009].

– vom Publikum mehr als von der Wissenschaft geschätzt – für verschiedene Phasen des Zweiten Weltkriegs ein »kollektives Tagebuch« aus möglichst breit ausgewählten Selbstzeugnissen der Zeitgenossen montiert (*Das Echolot*, 10 Bde., 1993–2005).

Als historischen Gegenstand privilegiert die Neigung zur Auto- oder Familienbiographie automatisch die jüngere deutsche Vergangenheit. Das weitaus stärkste Interesse gilt der Zeit des Nationalsozialismus und darin seit der Wehrmachtsausstellung besonders dem Krieg und seinen Verbrechen (die Zeit für eine memorial-literarische Reflexion der DDR-Geschichte scheint dagegen noch nicht reif). Das historische Problem, das jene Texte zumeist umtreibt, ist die Teilhabe der Deutschen – ggf. auch der eigenen Verwandten – am Nationalsozialismus sowie das spätere Verdrängen, aber auch das Nichtvergehen der Vergangenheit. Dementsprechend richtet sich die mitgeführte Reflexion zugleich auf moralische und geschichtspolitische Probleme: wie dieses oder jenes Verhalten in der NS-Zeit zu bewerten ist und was daraus folgt für die Nachgeborenen, und zwar für die Leser ebenso wie für den Autor. So angelegte Literatur integriert jene drei Dimensionen des Umgangs mit Geschichte – deren Rekonstruktion, die methodischen Probleme dieser Rekonstruktion und den deutenden Bezug des Rekonstruierten auf die eigene Situation –, die im Geschichtsdiskurs meist auseinanderfallen in erstens Geschichtsschreibung, zweitens Theorie und Methoden sowie drittens geschichtspolitische Diskussion bzw. Applikation. Diese Komplexität stellt wiederum einen weiteren wesentlichen Grund dar für die qualitativ herausgehobene Bedeutung literarischer Geschichtsdarstellungen im öffentlichen Geschichtsdiskurs.

Der Erzähltyp ›autobiographische Familiengeschichte‹ hat zu Beginn des 21. Jahrhunderts ebenso in der nicht-literarischen Publizistik haussiert (z.B. Wiebke Bruhns, *Meines Vaters Land*, 2003), er hat fiktionale Variationen nach sich gezogen, die sich z.T. reflexiv und ironisierend gegenüber dem zugrunde liegenden Muster verhalten (vgl. Günter Grass: *Im Krebsgang*, 2002; Irene Dische: *Großmama packt aus*, 2005; Arno Geiger: *Es geht uns gut*, 2005), und er überschneidet sich mit dem gleichzeitig stark angewachsenen Interesse an generationengeschichtlichen Fragestellungen in der Fachhistorie. Den gegenwärtig vorherrschenden Modus des öffentlichen Geschichtsinteresses – Subjektzentrierung, ›Betroffenheit‹, Einfühlung – trifft dieser Erzähltyp offenkundig am besten.[12] Das in der Öffentlichkeit wie in der Fachhistorie auffällige Interesse an den Interferenzen zwischen Privatem und Politischem, ›kleiner‹ erlebter und ›großer‹ gewusster

12 Zur ›Rückkehr des Subjekts‹ im anglophonen historischen Roman vgl. Nünning, Ansgar: Die Rückkehr des sinnstiftenden Subjekts. Selbstreflexive Inszenierungen von historisierten Subjekten und subjektivierten Geschichten im britischen und postkolonialen historischen Roman der Gegenwart, in: Deines, Stefan / Jaeger, Stephan / Nünning, Ansgar (Hg.), Historisierte Subjekte – Subjektivierte Historie. Zur Verfügbarkeit und Unverfügbarkeit von Geschichte, Berlin 2003, S. 239–261.

Geschichte kann Literatur generell besonders gut bedienen: Als Institution gehört sie der Öffentlichkeit an (gedächtnistheoretisch ausgedrückt: dem ›kulturellen Gedächtnis‹); die Sichtweisen, die sich in ihr artikulieren oder die sie ihren Lesern offeriert, sind hingegen ganz überwiegend ›privat‹ (sie artikulieren sich, wenn es um Geschichte geht, üblicherweise nur im ›kommunikativen Gedächtnis‹). Die Familienbiographie als Gattung der Veröffentlichung des Privatesten scheint ihren Geltungszenit allerdings bereits schon wieder überschritten zu haben. Über das notwendig begrenzte Themenfeld des Autobiographischen hinausgeführt wurde der Typ ›Familiengeschichte‹ jüngst durch Hans Magnus Enzensbergers *Hammerstein* (2008). Diese ›Entdeckung‹ eines Reichwehrchefs mit Töchtern, die sich als kommunistische Agentinnen betätigten, kommt ohne verwandtschaftliche Fundierung quasi-historiographischer Nachforschungen aus und rückt stattdessen politische Reize wieder in den Vordergrund.

Über den Historischen Roman hinaus

Als literarisches Gegenüber der Historiographie gilt traditionell der ›Historische Roman‹. Dessen aus dem 19. Jahrhundert stammenden typischen Erzählmuster sind auch in der Gegenwart noch produktiv, wenngleich sie nur in Texten des populären Marktsegments ungebrochen genutzt werden, während sich ästhetisch anspruchsvolle Texte ironisch, zitierend und variierend auf sie beziehen. Gattungsprägend wirkten die *Waverley*-Romane Walter Scotts (1814ff.) mit der meist fiktiven Figur eines ›mittleren Helden‹, der ein Stück Geschichte aus der Perspektive des Begleiters einer historischen Persönlichkeit erlebt. Dieses Erzählmuster ermöglichte es, tatsächliches Vergangenheitsgeschehen in einer von der Historiographie klar geschiedenen Form darzustellen. Damit immunisierte es den historischen Roman gegen Vorwürfe, er imitiere die historiographische Konkurrenz und täusche etwas vor, was er nicht leisten könne. In der zweiten Hälfte des 19. Jahrhunderts kam als weiteres typisches Erzählmuster die ›historische Biographie‹ hinzu, die aus größerer Nähe von historischen Persönlichkeiten erzählt und sie dadurch ›menschlich‹ zugänglich macht, dass sie das Private und Alltägliche in den Vordergrund rückt. Aktuell erfolgreiche Texte, die sich aus kritischer Distanz auf diese Erzählmuster beziehen, sind z.B. Marcel Beyers *Flughunde* (1995) mit den ›mittleren‹ Erzählerfiguren Karnau und Helga Goebbels oder Kehlmanns *Vermessung der Welt* über die aus der Nähe durchaus komisch erscheinenden deutschen Geistesriesen Gauß und Humboldt.

Der Gattungsbegriff des Historischen Romans rechnet mit Historischem als Faktenelementen, die dem Geschichtswissen des durchschnittlichen Lesers entsprechen, *in einem insgesamt fiktionalen Text* sowie darüber hinaus mit Historischem als atmosphärischem Effekt der Fiktion. Mittlerweile ist das Spektrum episch-literarischer Thematisierungen von Geschichte jedoch viel breiter. Dazu gehört auch *Literatur ohne Fiktion*, gehören (Auto- und Familien-) Biographien, Essays, historiographische (obschon nicht akademisch-professionelle) Rekonstruktionen des Tatsächlichen bzw. Mischungen aus all dem. Zudem wird Geschichte nicht nur in literarischen Texten thematisiert, deren Handlung in einer als historisch wahrgenommenen Vergangenheit spielt: Was Geschichte für Individuen und Gesellschaft bedeutet, wie sie mit ihr umgehen, ja wie sie sie allererst erschaffen – das können in der Gegenwart angesiedelte Geschicht*en* (›Zeitromane‹ u. ä.) ebenso zum Thema machen. Durch diese Formenvielfalt erreicht die Literatur heute einen größeren und wohl auch gewichtigeren Anteil am öffentlichen Geschichtsdiskurs als je zuvor.

Literatur

Aust, Hugo: Der historische Roman, Stuttgart 1994 (Sammlung Metzler 278).

Fulda, Daniel, u. a. (Hg.): Demokratie im Schatten der Gewalt. Geschichten des Privaten im deutschen Nachkrieg, Göttingen [im Erscheinen].

Geppert, Hans Vilmar: Der »andere« historische Roman. Theorie und Strukturen einer diskontinuierlichen Gattung, Tübingen 1976 (Studien zur deutschen Literatur 42).

Nünning, Ansgar: Von historischer Fiktion zu historiographischer Metafiktion. Bd. 1: Theorie, Typologie und Poetik des historischen Romans, Trier 1995 (Literatur – Imagination – Realität 11).

Voßkamp, Wilhelm: Deutsche Zeitgeschichte als Literatur. Zur Typologie historischen Erzählens in der Gegenwart, in: Berlin-Brandenburgische Akademie der Wissenschaften. Berichte und Abhandlungen Bd. 6, Berlin 1999, S. 119–139.

Simon Scherzberg und Michael Sauer

Bunte Bilder vergangener Lebenswelten
Kinder- und Jugendsachbücher

Für die Entwicklung von Geschichtsinteresse und Geschichtsvorstellungen bei Kindern und Jugendlichen spielen Romane und Sachbücher eine wichtige Rolle. Noch bevor sie ihren ersten regulären Geschichtsunterricht erhalten, verfügen sie häufig schon über ausgeprägte Vorkenntnisse, die sich vor allem aus solchen Büchern speisen. Von allen anderen in diesem Band behandelten Feldern öffentlicher Geschichtsvermittlung unterscheidet sich dieses durch seine Ausrichtung auf eine altersspezifische Klientel. Welche Art von Geschichtswissen vermitteln Sachbücher und welche Darstellungsweisen kommen dabei zum Tragen?[1]

Themen, Verlage, Verfasser

Welche Themen werden den jungen Lesern angeboten, oder anders gewendet: Bei welchen Themen rechnen die Verlage und Autoren mit dem größten Interesse? Deutlich an der Spitze steht die »Zeit der Ritter und Burgen«, darauf folgen Rom, Ägypten und Griechenland. »Indianer und Cowboys«, »Weltreligionen« und »Piraten« belegen die nächsten Plätze. Bei den im engeren Sinne historischen Themen dominieren insgesamt eindeutig Altertum (einschließlich Frühe Hochkulturen) und Mittelalter (in der Stichprobe 40 bzw. 18 %). Die jüngeren Zeiten sind nur wenig, das 20. Jahrhundert ist praktisch überhaupt nicht vertreten. Dieses Bild ist ganz anders als bei der Romanliteratur für Kinder und Jugendliche, bei der zwar gleichfalls »Ritter und Burgen« und das antike Rom einen Schwerpunkt bilden, aber auch neuzeitliche Themen – von den Hexenverfolgungen bis zum Nationalsozialismus – stark vertreten sind. Und erst recht unterscheidet sich dieser Zugriff von der allgemeinen medialen Vermittlung von Geschichte, bei der die

1 Im Unterschied zu historischen Romanen für Kinder und Jugendliche sind zur Sachliteratur bislang keine genaueren Untersuchungen publiziert worden. Dieser Text basiert auf einer Analyse von 90 seit 1980 in Deutschland erschienenen Titeln. Auf der Basis dieser Stichprobe lassen sich verallgemeinerbare Aussagen machen. Vgl. Scherzberg, Simon: Geschichte in der Kinder- und Jugendsachliteratur. Eine Analyse von Typen und Darstellungsmitteln, unveröff. Staatsexamensarbeit Göttingen 2007; Sauer, Michael: Geschichte unterrichten. Eine Einführung in die Didaktik und Methodik, Seelze-Velber 7. Aufl. 2008, Abschnitt »Fach- und Sachbücher«, S. 267–273.

Zeitgeschichte massiv im Mittelpunkt steht und das Interesse um so stärker abnimmt, je weiter die Epochen zeitlich zurückliegen. Das Format Sachbuch scheint hier also andere Akzentsetzungen zu bedingen: Das hat gewiss zu tun mit seiner Orientierung an Realien, an Dingen, die man – im Original oder in der Rekonstruktion – zeigen und im Detail vorführen kann. Bauten und Technik (darunter sehr viel Militärisches) spielen dabei eine bevorzugte Rolle. Eben das bieten Ägypten, Rom und das Mittelalter, und generell kommen sie natürlich dem genuinen kindlichen Interesse am Alten, Rätselhaften, Eindrucksvollen besonders entgegen. Aufs Ganze gesehen orientiert sich die Themenwahl an der klassischen nahöstlich-europäisch-deutschen Geschichte. Andere Kulturerdteile wie China, Indien oder Afrika werden – wie ja auch alles in allem in der deutschen Geschichtswissenschaft – nur in Ausnahmefällen in den Blick genommen.

Zwei Verlage dominieren den Markt der historischen Sachbücher: Tessloff und Gerstenberg. Beide bieten einschlägige und breit eingeführte Reihen an. Eine lange Tradition hat die Tessloff-Reihe »Was-ist-Was«, die nicht auf historische Themen spezialisiert ist. Ausschließlich diesen gewidmet ist die Reihe »Alltagsleben damals«. Das Gerstenberg-Pendant zu »Was-ist-Was« ist die Reihe »Sehen – Staunen – Wissen«, speziell mit historischen Themen befasst sich »Gerstenberg visuell«. Andere Verlage – Ars Edition, Ravensburger, Arena, Schneider u.a. – sind mit weitaus weniger Titeln vertreten.

Die meisten historischen Sachbücher für Kinder- und Jugendbücher auf dem deutschen Markt stammen aus dem Ausland oder sind zumindest als Koproduktion mit ausländischen Verlagen entstanden. Etwa 60% kommen aus England (darunter sämtliche Titel des Gerstenberg-Verlages). Diese Zahlen weisen daraufhin, dass populäre Geschichtsvermittlung für Kinder und Jugendliche in England um einiges etablierter ist als in Deutschland. Man darf vermuten, dass dies zusammenhängt mit einer insgesamt anderen Vermittlungs- und Kommunikationskultur im Bereich Geschichte: Schließlich schreiben auch englische Historiker in ihren Fachpublikationen zugänglicher und stärker publikumsorientiert, als dies ihre deutschen Kollegen üblicher Weise zu tun pflegen. So anregend indes die Übernahme solcher Produkte sein mag, sie ist doch auch nicht ganz unproblematisch. Vielfach werden Verhältnisse beschrieben, die zwar für England, weniger aber für Deutschland typisch waren. So werden in den einschlägigen Mittelalterbänden vorwiegend Kastellburgen gezeigt, treten Barone in Erscheinung und kämpfen große Scharen von Bogenschützen. Für deutsche Leser werden hier also partiell falsche oder zumindest nicht gerade charakteristische historische Informationen vermittelt, die aber dann ihr Bild von den deutschen Verhältnissen mit prägen.

Die Aspekte, unter denen die jeweiligen Themen in den Büchern dargestellt werden, sind deutlich anders gewichtet als im schulischen Geschichtsunterricht. Politikgeschichte nimmt nur einen kleinen Raum ein, auch die »großen Personen« der Geschichte spielen kaum eine Rolle. Es dominiert ein bestimmter alltagsgeschichtlicher Zugang, der ganz offenbar darauf setzt, das der Vergleich früherer und heutiger alltäglicher Lebensverhältnisse für die jungen Leser von besonderem Interesse ist. Dem schon erwähnten Zuschnitt der Bände entsprechend sind die Militär-, Technik- und Architekturgeschichte stark vertreten. Sehr häufig werden auch spezifische frauengeschichtliche Aspekte behandelt, allerdings in der Regel im Sinne eines älteren, additiven und separierenden Ansatzes: Und so lebten die Frauen …

Wer sind die Verfasser solcher Sachbücher? Bei den genannten Reihen der Verlage Tessloff und Gerstenberg wird ausdrücklich vermerkt, dass die Autoren selber über eine einschlägige wissenschaftliche Qualifikation verfügen oder ihnen Fachleute beratend zur Seite gestanden haben. Insgesamt trifft dies auf etwa die Hälfte der Bände zu, bei der anderen Hälfte sind die Autoren vermutlich nicht speziell vorgebildet. In der zeitlichen Entwicklung scheint jedoch der Trend hin zu wissenschaftlichen Absicherungen zu gehen.

Darstellungsweisen

Es versteht sich von selbst, dass diese Literatur, will sie bei ihren Lesern »ankommen«, sich an den (tatsächlichen oder vermuteten) Wahrnehmungsvorlieben und -bedürfnissen ihrer Klientel zu orientieren hat. Das gilt für das Layout der Bände, für die verwendeten Darstellungsbausteine und für den Duktus des Textes. Altersdifferenzierungen lassen sich dabei nur grob ausmachen – die Bücher selber weisen keine Adressierung nach Alterstufen aus. Das Gros der Bände dürfte sich an Kinder ab etwa 8 Jahren richten. Anspruchsvollere Bände von David Macaulay, Peter Connolly oder Ludwig Bühnau[2] haben wohl eher ältere Adressaten im Blick. Den Wahrnehmungsfähigkeiten ihrer Leser kommen die Bände mit großem Format, großer Schrift und hohem Bildanteil (im Schnitt ca. 70%) entgegen. Im Vergleich älterer und jüngerer Bücher erhöht sich der Bildanteil. Häufig ist das Bemühen um ein lebendiges Layout zu erkennen: Bilder dienen als Fond für die Texte, die Texte umfließen die Bilder, der Schriftsatz variiert (z.B. zwischen links- und rechtsbündigem Flattersatz). Offenbar will man damit Modernität und Jugendlichkeit demonstrieren und – zumindest bei den Älteren – den medialen Wahr-

2 Macaulay, David: Es stand einst eine Burg, München: dtv 5. Aufl. 1991 (engl. Erstausgabe 1977); ders.: Eine Stadt wie Rom, Düsseldorf: Patmos 8. Aufl. 2000 (engl. Erstausgabe 1974); ders.: Sie bauten eine Moschee, Hildesheim: Gerstenberg 2004 (engl. Erstausgabe 2003); Connolly, Peter: Das Leben zur Zeit des Jesus von Nazareth, Nürnberg: Tessloff 1984 (engl. Erstausgabe 1983); ders.: Die römische Armee – Tiberius Claudius Maximus, Soldat im Dienste Trajans, Nürnberg: Tessloff 1996 (engl. Erstausgabe 1989); ders.: Die alten Griechen, Nürnberg: Tessloff 2001 (engl. Erstausgabe 1989); Bühnau, Ludwig: Die Wikinger, Ravensburg: Ravensburger 1991.

nehmungsgewohnheiten der Adressaten entgegenkommen, die durch Zeitschriften und Internet geprägt sind. Die Lesbarkeit der Bände wird dadurch allerdings zuweilen eher beeinträchtigt.

Nahezu überall wiederkehrende Bausteine sind neben Texten und Bildern auch Karten, Zeittafeln und ein Apparat (Register, Glossar). Hinzu kommen handlungsorientierte Anregungen vom abgedruckten Brettspiel bis zum Schnittbogen für einen Ritterhelm. Ganz offenkundig will man mit solchen Angeboten dem spielerischen Interesse der Adressaten besonders gerecht werden. Spezielle historische Einsichten sind damit freilich nur selten verbunden, weil in der Regel die Hinweise und Bezüge fehlen, die für eine sinnvolle historische Kontextualisierung notwendig wären.

Der einheitliche Verfassertext reduziert sich immer stärker zu Gunsten einzelner Textbausteine. In den älteren Bänden der »Was-ist-Was«-Reihe findet man noch einen fortlaufenden Verfassertext, der lediglich durch kurze Bildlegenden ergänzt wird. In jüngerer Zeit hat sehr stark die Verwendung von Textkästen zugenommen, die ergänzende Informationen, Stichworterläuterungen etc. bieten. Insbesondere in den stark visuell ausgerichteten Bänden des Gerstenberg-Verlages gibt es praktisch keine längeren, einbettenden Verfassertexte mehr, sondern nur einzelne »Texthappen«. Hier schlagen sich offenbar die Präsentationsformen der elektronischen Medien im Buch nieder. Den Lesern werden einzelne Wissensbausteine vorgesetzt; ob sie dabei – um im Bild zu bleiben – den Plan des Hauses, das aus diesen Bausteinen entstehen soll, noch zu erkennen vermögen, mag man eher bezweifeln.

Sprachlich scheinen sich die Bände immer stärker an der Lesekompetenz ihrer Adressaten zu orientieren. Im Längsschnitt betrachtet, nimmt die Länge der Sätze ab, werden seltener hypotaktische Strukturen und Fremdwörter verwendet. Auszüge aus Textquellen finden kaum Verwendung. Wenn doch, werden sie zwar als solche kenntlich gemacht und der Name des Autors wird genannt, einen regulären Nachweis gibt es aber kaum einmal. Grundsätzlich nicht nachgewiesen wird die fachwissenschaftliche Literatur, die der Verfasser eines Bandes herangezogen hat. Für die Adressaten selber ist das sicherlich kein Manko. Freilich wäre es durchaus sinnvoll und würde keine große Mühe kosten, für Eltern und Lehrkräfte, die solche Bücher für die Kinder auswählen und sie ihnen in die Hand geben, den wissenschaftlichen Referenzrahmen erkennbar zu machen, innerhalb dessen sich der Verfasser bewegt.

Bilder, das zeigt schon der erste Augenschein, prägen dieses Genre in besonderem Maße. Drei Arten von Bildern finden Verwendung: Abbildungen von Sachquellen (Fotografien oder Nachzeichnungen), Rekonstruktionszeichnungen und – allerdings deutlich seltener – Bildquellen in allen ihren Spielarten. Der Nutzen von Bildquellen steht und fällt mit einer sinnvollen Kommentierung in der Bildlegende. Gerade den jungen Adressaten müssen Lesehilfen gegeben werden, die es ihnen überhaupt erst ermöglichen, die fremde Bildsprache angemessen zu entschlüsseln. Erst dann realisiert sich der Quellenwert des Bildes, geht seine Funktion über bloße Illustration hinaus. Die meisten Bände lassen in dieser Hinsicht zu wünschen übrig. Vorbildhaft ist hier der – ohnehin hervorragende – Band »Die Welt der Römer« von Mike Corbishley. Als Beispiel die Legende zu einem römischen Behältnis: »Dieses dekorierte Gefäß wurde um 200 n.Chr. in Colchester in der Provinz in Britannien gemacht. Dargestellt sind eine Jagd, eine Bärenhetze und der Kampf zweier Gladiatoren. Ein schwerbewaffneter Gladiator kämpft gegen einen Netzfechter (Retiarius). Die Inschrift oben nennt ihren Namen: MEMNUM UND VALENTINUS (rechts). Valentinus hält einen Finger hoch. Das bedeutet, dass er aufgibt (sein Dreizack liegt am Boden) und die Zuschauermenge um Gnade bittet.«[3]

Dass Abbildungen von Sachquellen eine zentrale Rolle spielen, entspricht der thematischen Ausrichtung der Bände und den gewählten Untersuchungsaspekten. Das Spektrum der gegenständlichen Relikte reicht von beweglichen (Waffen, landwirtschaftliche Geräte, Einrichtungsgegenstände, Kleidung, Münzen, Schmuck) bis hin zu ortsfesten Objekten (Bauwerke und Denkmäler). Besonders die Bände aus der Reihe »Sehen – Staunen – Wissen« setzen auf die opulente, ästhetisch einnehmende Präsentation einzelner Objekte, bei denen die historische Einordnung und Deutung durch Texte nur sehr knapp wegkommt.

Vielleicht das charakteristischste Merkmal der Sachbücher für Kinder und Jugendliche sind die Rekonstruktionszeichnungen.[4] Sie sollen die Leser über das Aussehen und den Aufbau historischer Gegenstände (z.B. einer Burg) informieren und meist zugleich eine historische Situation veranschaulichen. Freilich teilen die Bücher bis auf ganz wenige Ausnahmen ihren Lesern nicht mit, was Rekonstruktionszeichnungen eigentlich sind: nämlich keine Quellen, also Bilder aus früherer Zeit, sondern Darstellungen, Annäherungen aus heutiger Zeit.

Hinzu kommt, dass ein großer Teil solcher Bilder in den Sachbüchern wenig mit einer wissenschaftlichen Rekonstruktionszeichnung gemein hat. Diese sollte möglichst erkennen lassen, welche Erkenntnisse über einen Gegenstand tatsächlich abgesichert sind und wo es sich lediglich um Vermutungen und Spekulationen handelt. Dazu gehört eine zurückhaltende Gestaltung, die funktionale Elemente in den Vordergrund stellt und bloße Ornamentik und Atmosphäre beiseite lässt (z.B. vorsichtige Farbgebung, Personendarstellung nur als Typen). Gerade dies aber ist in den Jugendbüchern besonders beliebt. Häufig handelt es sich um möglichst pralle, dramatische und faszinierende Lebensbilder vergangener Verhältnisse, die einen geradezu illusionistischen Charakter haben: Sie zeigen die Schauseite einer vermeintlich bunten und unterhaltsamen vergangenen Welt. Es wäre gewiss pu-

3 Corbishley, Mike: Die Welt der Römer, Hamburg: Tessloff 1997, S. 54.

4 Vgl. Sauer, Michael: Bilder im Geschichtsunterricht. Typen, Interpretationsmethoden, Unterrichtsverfahren, Seelze-Velber 2. Aufl. 2003, S. 125–133.

ristisch, an solche Abbildungen einen allzu strengen wissenschaftlichen Maßstab anzulegen. Freilich kann hier in vielen Fällen gar nicht mehr von Rekonstruktionszeichnungen die Rede sein; vielmehr handelt es sich um moderne Historienbilder für Jugendliche. Sie können nicht nur fragwürdige atmosphärische Vorstellungen vergangener Zeiten, sondern auch handfeste falsche Informationen vermitteln. Wenn etwa auf Burgenbildern riesenhafte und verschachtelte Anlagen gezeigt werden, deren zahlreiche Verteidiger sich Hunderter von Angreifern erwehren müssen[5], dann hat das weniger mit der Realität des Mittelalters als mit der Burgenromantik des 19. Jahrhunderts zu tun. Die Verwendung von Abbildungen, die sich allzu sehr dem Typus des Historienbildes annähern, ist an sich schon fragwürdig. Unterbleibt – wie in der Regel – eine klare Abgrenzung von den Bildquellen, führt dies zusätzlich zu Verwischungen und Irritationen. Es mag sogar sein, dass die Nachbildungen als die besseren und richtigeren Bilder der Vergangenheit wahrgenommen werden, weil sie kompletter, einprägsamer, leichter zugänglich sind. Ein solch problematisches Angebot an Rekonstruktionszeichnungen findet sich im überwiegenden Teil der Bücher.

Transparenz und Reflexivität

Dass Geschichte ein Konstrukt darstellt, ist für Historiker eine Binsenweisheit. Versuchen die Verfasser der Sachbücher ihren Lesern davon etwas mitzuteilen? Lassen sie deutlich werden, dass es beim Umgang mit der Vergangenheit Deutungsspielräume gibt und wir in vielen Fällen auf Mutmaßungen angewiesen sind, die mehr oder minder plausibel gemacht werden können? Eine solche reflexive Öffnung der Darstellung wäre an verschieden Stellen möglich: in einer Einleitung, an entsprechenden Stellen des Verfassertextes, bei der Verwendung von Rekonstruktionszeichnungen. Nur wenige Autoren machen jedoch davon Gebrauch; positiv zu nennen sind vor allem Mike Corbishley, Peter Connolly, Ludwig Bühnau und David Macaulay. Peter Connolly etwa verwendet in seinem schon erwähnten Band »Die Römische Armee« wiederholt den Konjunktiv, um zu verdeutlichen, dass es sich bei den Ausführungen häufig nur um Annahmen handelt. Daneben schränkt er durch den Gebrauch von Modalwörtern wie »wahrscheinlich«, »vermutlich«, »vielleicht« und »voraussichtlich« die Verbindlichkeit seiner Ausführungen ein. Auch die »Was-ist-Was«-Bände, »Die Sieben Weltwunder«, »Das alte Ägypten« und »Pyramiden«[6] können hier durchaus überzeugen. Den Gegenpol

5 Z. B. in Langley, Andrew: Sturm auf die Burg, Hildesheim: Gerstenberg 1999, S. 28 f.

6 Reichardt, Hans: Die Sieben Weltwunder (Was-ist-Was, Band 81), Nürnberg: Tessloff 1999; Kurth, Dieter: Das alte Ägypten (Was-ist-Was, Band 70), Nürnberg: Tessloff 2000; Reichardt, Hans: Pyramiden (Was-ist-Was, Band 61), Nürnberg: Tessloff 1999.

dazu bildet die Reihe »Gerstenberg visuell«. In den sieben Titeln dieser Reihe werden historische Ereignisse zum Teil so (scheinbar) authentisch beschrieben, dass die Leserinnen und Leser den Eindruck erhalten, sie seien unmittelbare Augenzeugen des Geschehens. Im Band »Julius Cäsar«[7] wird der Tod Cäsars minuziös – von seinem Aufbruch zu Hause bis zur Ermordung im Senat – geschildert; man erhält das Gefühl, nur so und nicht anders müsse das Geschehen abgelaufen sein. Woher der Verfasser seine vermeintlich so genauen Kenntnisse bezieht, wird nicht deutlich. Einführende Hinweise auf die Möglichkeiten und Grenzen historischer Erkenntnis zum jeweiligen Thema werden nur selten gegeben. Vorbildlich in dieser Hinsicht ist der Band »Das Alte Ägypten« von Dieter Kurth[8]. Der Autor geht ausdrücklich auf den Konstruktcharakter von Geschichte ein; er erläutert, dass vorliegende Quellen von verschiedenen Historikern häufig unterschiedlich interpretiert werden und dass solche Differenzen deutlich machen, wie die Vergangenheit immer aus einer bestimmten subjektiven Sichtweise rekonstruiert wird. Kurth erläutert seinen Lesern unter der Überschrift »Was wir noch nicht über Ägypten wissen« ausführlich, welche Kenntnisse über das Thema als gesichert gelten können oder welche ungewiss sind. Ähnliche Hinweise finden sich bei Corbishley, Connolly und Reichardt.

Auf die Methoden wissenschaftlicher Informationsgewinnung geht wiederum am ausführlichsten Mike Corbishley in seinem Band »Die Welt der Römer« ein. In der Einführung gibt er auf insgesamt sechs Seiten einen Überblick über die wissenschaftlichen Verfahrensweisen, mit denen sich Erkenntnisse über sein Thema gewinnen lassen. Er stellt verschiedene Zeugnisse vor, die Aufschluss über die Vergangenheit geben können, und beschreibt die Arbeitsweisen insbesondere der Archäologen. Auf diese Weise können die jungen Leser erfahren, dass historische Kenntnisse nicht einfach vorhanden sind, sondern mit aufwändigen Verfahrensweisen erarbeitet werden müssen.

Sachbücher für Kinder und Jugendliche setzen auf die Faszination, die Geschichte auf die jungen Leser ausübt, und offenbar gelingt es ihnen, deren Interesse an Geschichte zu treffen, zu vertiefen und sie zu einer zuweilen erstaunlich intensiven Beschäftigung mit dem Gegenstand zu verführen. Gewiss wäre es – wie bei anderen Arten populärer Geschichtsvermittlung auch – verfehlt, ihnen diesen Zugang durch unpassende und angestrengte Wissenschaftlichkeit zu vergällen. Dennoch: Es wäre für das Geschichtsbewusstsein der Kinder und Jugendlichen viel gewonnen, wenn diese Bücher ihre besondere Attraktivität nutzen würden, um unter der Hand mehr an Reflexivität zu vermitteln. Dass dies möglich ist, zeigen gelungene Beispiele.

7 Platt, Richard: Julius Caesar – römischer Staatsmann und Feldherr (Gerstenberg visuell), Hildesheim: Gerstenberg 2001.

8 Kurth, Dieter: Das alte Ägypten (Was-ist-Was, Band 70), Nürnberg: Tessloff 2000.

Dieter Köhler

Historischer Realismus in Computerspielen

Computerspiele mit historischer Thematik sind beliebt. Durch sie kann der Spieler eine Art Zeitreise unternehmen, in fremde Welten eintauchen und sich in Situationen hineinversetzen, die sich so oder so ähnlich tatsächlich einmal zugetragen haben. Das Publikum verlangt offenbar nach Spielen, die sich um historischen Realismus bemühen, und entsprechend werden diese Spiele auch beworben.

Warum sind Computerspiele mit historischer Thematik so populär? Ist es das Fremdartige an ihnen, das ihren Reiz ausmacht? Doch das alleine kann ihre Beliebtheit nicht erklären. Science Fiction oder Fantasy bieten noch viel fremdartigere Settings. In einem historischen Spielszenario mischt sich hingegen Fremdes mit Bekanntem, nämlich mit dem, was der Spieler schon über die jeweilige Epoche zu wissen meint. Beim Spielen verbindet er dann das, was ihm das Spiel vorgibt, mit der eigenen Gedankenwelt.

Wenn es stimmt, dass es für den Spaß am Spiel auf solche Assoziationen besonders ankommt, erklärt dies auch, weshalb man in diesen Spielen so häufig auf Klischees trifft. Denn am sichersten lassen sich Assoziationen aktivieren, wenn man die Signale deutlich setzt, also genau die Dinge auftreten lässt, die das Epochenbild des Spielers schon prägen: Tempel, in eine Toga gehüllte Senatoren und Legionäre mit Adlerstandarten für die Antike; Ritter, bunte Fahnen, edle Fräulein und arme Bauern für das Mittelalter; prunkvolle Kutschen, Linienschiffe, Edelleute in Mantel und Degen für das 18. Jahrhundert. Auf Kohärenz kommt es dabei nicht unbedingt an: Versatzstücke aus unterschiedlichen Dekaden oder gar Jahrhunderten oder auch von entfernten Orten werden zusammengeworfen. Auf diese Weise entstehen Szenen, die die Atmosphäre eines Zeitalters einfangen sollen, auch wenn sie selber nicht realitätsgetreu sind.

Dass man immer wieder auf Anachronismen oder andere Fehler im Detail stößt, hat auch ökonomische Gründe: Um historisch genau zu sein, braucht man Sachverstand und gute Recherchen. Das ist teuer. Wenn ein moderater Grad an Detailtreue bereits ausreicht, um das Verlangen des Publikums nach historischen Welten zu befriedigen, würde der Produzent, der zuviel davon bietet, seine Rendite schmälern. Allerdings auch der, der zu wenig liefert und das Publikum enttäuscht. Wer kann aber schon sagen, welches Maß gemeinhin ausreicht? Der Anachronismus, der den einen ärgert, ist einem anderen gleichgültig oder fällt ihm gar nicht auf. Doch im Großen und Ganzen scheint der Konsument tolerant zu sein. Er ist meistens gewillt, Verständnis für allerlei Mängel aufzubringen, weil er ahnt, dass ein Produzent, der einen Massenmarkt bedient, es eben nicht allen völlig recht machen kann.

Das Realismusproblem in den Künsten

Bevor wir nun das Besondere an den Computerspielen genauer in den Blick nehmen, wollen wir sie zunächst anderen Darstellungsformen gegenüberstellen, die sich ebenfalls um Realismus bemüht haben. So gesehen ist der historische Realismus in Computerspielen ein Spezialfall nachahmender Darstellungen, die die Geschichte der Literatur und anderer Kunstformen durchziehen. Dass die Nachahmung von der Vorlage nicht mehr zu unterscheiden ist, wurde zwar bisweilen angestrebt (meistens von Fälschern); wenn die Nachahmung aber in einem anderen Medium ausgeführt wird, stößt man stets auf Aspekte der Vorlage, die nicht angemessen in das neue Medium übertragen werden können. Die Wirklichkeit kann nicht eigentlich reproduziert werden; man kann höchstens versuchen, eine möglichst intensive Wirklichkeitsillusion hervorzurufen. Da also die Angleichung zwischen Fiktion und Realität von den Mitteln des Mediums mitbestimmt wird, dessen man sich bedient, ist eine gelungene authentische Wiedergabe eines Geschehens nicht einfach dessen Wiederholung, sondern eine Darstellung, die die Mittel des jeweiligen Mediums ausreizt, um wesentliche Aspekte des Geschehens zu verdeutlichen, die im Idealfall nur in diesem bestimmten Medium und nicht anderswie besonders gut ausgedrückt werden können.

Die Geschichte der bildenden Kunst des Abendlandes kann man (zwar nicht durchgängig, aber in großen Teilen) als eine Geschichte des Versuchs erzählen, den Graben zwischen Realität und Nachahmung möglichst zu schließen. Vorwärts getrieben wurde diese Geschichte gerade auch durch medientechnische Erfindungen: die Camera Obscura, die Ölfarbe, die Fotografie, den Film, das Hologramm. Sie alle wollte man dazu verwenden, die Welt möglichst so abzubilden, wie sie wirklich ist oder wie sie uns zumindest zu sein scheint. Und jede dieser Technologien hat uns neue Möglichkeiten dazu an die Hand gegeben. So auch der Computer.

Schon lange sahen sich die Künste etwa dem Problem gegenüber, wie man wohl im Individuellen etwas Allgemeines darstellen könne. Das Interesse daran entsprang oft einer Art ästhetischem Platonismus, wonach das Allgemeine die höhere und darum eigentliche Wahrheit sei, die zwar nicht direkt wiedergegeben, aber vielleicht doch irgendwie erfasst werden könne, wenn auch unvollkommen. Beispiele dafür gibt es zuhauf. In der Malerei hat man etwa versucht, das Typische einer Landschaft in Gemälden einzufangen, die eine Szene zeigen, die man so sicher nie beobachtet hätte: Alles für die Landschaft Charakteristische wird verdichtet zusammengestellt und in symbolhafte Beziehungen zueinander gesetzt.

Letztlich haben wir es hier mit einer ähnlichen Darstellungstechnik zu tun wie bei der Zusammenstellung von Stereotypen in den Epochenszenarien vieler Computerspiele – und die bisweilen ebenso zum Klischee neigte.

Computersimulationen können das Allgemeine aber nun in einer Weise verkörpern wie keine Darstellungsform vor ihnen. Was der Beobachter einer Simulation erblickt, also das jeweils individuelle Geschehen am Bildschirm, entspringt allgemeinen Regeln, nämlich den Anweisungen eines Programms, das vom Computer abgearbeitet wird. Der Programmierer steht also nicht bloß vor der Aufgabe, einfach nur das abzubilden, was sich in der Wirklichkeit unseren Sinnen darbietet; er muss außerdem die verborgene dynamische Struktur dessen, was geschieht, in Algorithmen fassen. Diese Algorithmen sind allerdings nicht exakt identisch mit den Gesetzmäßigkeiten, die das wirkliche Geschehen determinieren, das simuliert werden soll, sondern sind deren Nachahmungen.

Und sogar der Indeterminismus lässt sich nachahmen: Das Schicksal kann mit Hilfe von Zufallszahlen modelliert werden. Im Übergang von der selbstständig ablaufenden Simulation hin zum Computerspiel wird dieser Indeterminismus perfektioniert: Die Simulation mit all ihren Regeln, Zwängen und Zufällen schafft nämlich zugleich Wahlmöglichkeiten. Mit der Reaktion des Spielers geht dann ein Element wirklicher Freiheit in die Simulation ein. Dieses Moment der Freiheit legt es nahe, dass Computerspiele besonders gut dazu geeignet sein könnten, ethisch prekäre Themen anzuschneiden. Man müsste den Spieler bloß in Situationen bringen, in denen er eine Entscheidung zwischen Handlungen zu treffen hat, die nicht eindeutig oder selbstverständlich moralisch sind.

Man darf allerdings nicht davon ausgehen, dass ein Spieler sich unbedingt mit der Spielfigur, die er lenkt, emotional stark identifiziert. Das emotionale Engagement ist beim Computerspiel erheblich geringer als beim Betrachten mancher Filme. Welches Computerspiel rührt schon jemanden zu Tränen? Ob Computersimulationen dazu grundsätzlich nicht in der Lage sind oder ob man nur noch nicht herausgefunden hat, wie man sie emotionaler gestalten kann, sei dahingestellt. Lediglich bei Netzwerkspielen ist es etwas anders: Vermutet man hinter anderen Spielfiguren menschliche Mitspieler, kann man ihnen viel intensiver Emotionen entgegenbringen.

Auch moralisch scheint sich ein Spieler (wieder mit der Ausnahme von Netzwerkspielen) kaum mit seinem Alter-Ego im Spiel zu identifizieren. Egal ob man vor einer ethisch subtilen Entscheidung steht oder es offensichtlich ist, was gut und was böse ist: Im Spiel wählt man ja gerade Rollen, die mit der eigenen Selbstbeschreibung im wirklichen Leben nicht viel zu tun haben – also warum nicht den Schurken? Jeder mental gesunde Spieler kann klar zwischen Realität und Fiktion trennen. Auch Pazifisten können Geschmack an Kriegsspielen haben, und genauso viel oder wenig wie der Krimileser ein potenzieller Mörder ist, ist der Ego-Shooter-Spieler schon ein potenzieller Amokläufer.

Genres von Computerspielen

Welche Ausprägung und welche Grenzen der Realismus in einem Spiel aufweist, welches Gewicht unterschiedlichen Einflussfaktoren zukommt, hängt nicht zuletzt von der Grundkonzeption des Spiels ab. Darum ist es für eine Analyse von Computerspielen sinnvoll, zwischen verschiedenen Genres zu unterscheiden, die jeweils bis zu einem gewissen Grade ihren eigenen Gesetzen unterliegen. Die Abgrenzung dieser Genres gegeneinander ist hier natürlich genauso vage wie etwa die Abgrenzung zwischen Gattungen in der Literatur. Solange uns diese Einteilungen jedoch zu interessanten Einsichten verhelfen, erfüllen sie ihren Zweck.

Das Gros der Spiele, die sich um historischen Realismus bemühen, lässt sich vier solcher Genres zuordnen, nämlich (1) Abenteuerspielen (Adventures), (2) Action-Spielen, (3) militärischen Konfliktsimulationen und (4) Wirtschaftssimulationen (Aufbauspiele). Mischformen zwischen diesen Genres findet man einerseits oft zwischen Abenteuerspielen und Action-Spielen und andererseits zwischen Konflikt- und Wirtschaftssimulationen.

(1) Bei Abenteuerspielen verhält sich der Spieler wie die Hauptfigur in einem Film oder Roman. Basiert ein Spiel hauptsächlich auf Texten, dann spricht man von einem Text-Adventure oder von interaktiver Literatur (interactive fiction). Die Handlung wird meistens durch kleine Rätsel vorangetrieben, die ihrerseits Teile einer größeren Aufgabe sind. Dazu kann der Spieler (oder genauer: sein Alter-Ego) sich zwischen einzelnen Orten einer Spielwelt bewegen und dort mit Gegenständen oder Personen interagieren.

Obwohl die Spielmechanismen von grafik- und textbasierten Adventures einander in dieser Hinsicht sehr ähnlich sind, unterscheiden sich beide Subgenres doch so stark voneinander wie die Literatur vom Film. Bei Grafik-Adventures muss jedes Detail einer Szenerie in allen Einzelheiten festgelegt werden. Textadventures können sich mit Andeutungen begnügen, die der Spieler kraft seiner eigenen Imagination dann ausfüllt. Er arbeitet also bei der Konstruktion der Szenerie mit. Deswegen ist interaktive Literatur jedoch auch anstrengender zu konsumieren. Nach einigen kommerziellen Erfolgen in den 1980er Jahren widmen sich dem Genre heute nur noch einige Nischenanbieter und eine Anzahl von Hobbyisten hauptsächlich im englischsprachigen Raum.

Abenteuerspiele erhalten ihren Reiz insbesondere von der Illusion, dass man selber in der simulierten Welt lebt und dort mit den Dingen so frei umgehen kann wie in Wirklichkeit. In textbasierten Abenteuerspielen kann diese Illusion noch verstärkt werden dadurch, dass man das Spiel über eine so genannte Kommandozeile steuert, indem man realsprachliche Imperative eintippt. Natürlich sind in einer Situation jeweils nur einige Anweisungen sinnvoll. Aber wenn man den Spieler im Unklaren darüber lässt, welche das sind, erscheint ihm sein Handlungsspielraum genauso groß wie in Wirklichkeit. Textadventures sind deswegen so gut wie kein andere Genres dazu geeignet, die individuelle Handlungsfreiheit einer Person darzustellen.

Doch gerade weil die Handlungsfreiheit des Spielers so groß ist, stellt sie den Designer eines Abenteuerspiels auch vor entsprechend große Herausforderungen: Jedes Detail einer Szenerie, jede Kombinationsmöglichkeit von Objekten und Handlungen muss erst einmal programmiert werden. Der Druck, den Aufwand zu begrenzen und trotzdem noch die Illusion maximaler Handlungsfreiheit so gut wie möglich aufrecht zu erhalten, führt dann zu Einschränkungen in der Szenerie. In die Spielwelt werden deswegen etwa überall räumliche Grenzen gezogen, die wie natürlich erscheinen. Die Rätsel spielen sich oft jeweils in einem Ensemble einiger weniger nahe beieinander liegender Orte ab. Sobald dort alle Rätsel gelöst sind, erhält der Akteur Zugang zum nächsten Ensemble.

Besonders schnell stoßen diese Spiele auch an die Grenzen ihrer Möglichkeiten, sobald es darum geht, Interaktionen mit anderen Personen der Spielwelt glaubhaft zu simulieren. Interaktionen und Gespräche können ja in der Realität alle möglichen Formen annehmen. Dieser Komplexität ist bis heute noch kein Spiel auch nur annähernd gewachsen. In Textadventures mit Kommandozeileneingabe geben sich Gesprächspartner, wenn es sie überhaupt gibt, denn auch ziemlich wortkarg, und in anderen Abenteuerspielen werden Dialoge normalerweise so simuliert, dass der Spieler jeweils nur aus wenigen vorgegebenen Sätzen wählen kann, was er sagen möchte.

Insoweit Abenteuerspiele menschliches Verhalten in all seiner Komplexität (noch?) nicht wirklich gut modellieren können, schränkt dies grundsätzlich auch ihre Fähigkeiten ein, uns die Denk- und Lebensart einer vergangenen Epoche in ihrer ganzen Vielfalt mit den Mitteln der Simulation nahe zu bringen. In der interaktiven Literatur dominiert denn auch eher eine Art dynamisches Stillleben, ein Umgehen mit leblosen Gegenständen, und nicht die Novelle. Es gibt in diesem Genre darum nichts, was dem Historienfilm oder gar dem Historienroman in seiner Eindringlichkeit nahe käme.

(2) Action-Spiele sind graphischen Abenteuerspielen ähnlich: Auch bei ihnen finden sich Elemente der Interaktion mit Gegenständen oder Personen einer Spielwelt, allerdings liegt der Schwerpunkt auf der Bekämpfung von Gegnern in Echtzeit. Durch die Konzentration auf den Kampf umgeht man auch hier die Notwendigkeit, Personen in all ihren Ausprägungen simulieren zu müssen. Wo auf historischen Realismus Wert gelegt wird, betrifft dies die Ausstattung eines Szenarios: Waffen und Uniformen sowie manchmal auch das Spielfeld entsprechen dann einem historischen Vorbild.

Bei Action-Spielen kommt es hauptsächlich auf Taktik und Reaktionsschnelligkeit an. Ziel ist normalerweise die komplette Vernichtung des Gegners, der meist in der Überzahl auftritt. Doch das Spiel ist so ausbalanciert, dass ein Spieler mit einiger Übung trotzdem Sieger bleiben kann. Es entsteht so der Eindruck, dass ein Krieg für den Einzelnen beherrschbar ist, sofern er nur geschickt genug agiert. Der Kampf wird so klischeehaft heroisiert. Szenarien, in denen das Überleben der Spielfigur hauptsächlich vom Zufall abhängt, wären ja ohne Reiz. Welchen Spaß hätte man auch daran, einen Massenangriff während der Schlacht an der Somme aus der Perspektive eines Infanteristen realitätsnah zu simulieren? Darum sind stattdessen Szenarien beliebt, in denen ein einzelner Soldat oder ein Kommandant sich noch individuell auszeichnen können (Jagdflieger im Luftkampf, U-Boote auf Feindfahrt, Infanteristen im Häuserkampf).

(3) Bei militärischen Konfliktsimulationen steuert der Spieler zahlreiche Einheiten zugleich. Er kann also historische Schlachten oder ganze Feldzüge nachspielen. Militärische Konfliktsimulationen gab es schon lange vor dem Computer. Seit dem frühen 19. Jahrhundert wurden Kriegsspiele in der preußischen Armee in der Offiziersausbildung und der strategische Planung intensiv verwendet. Beeindruckt von den militärischen Erfolgen Preußens reformierten gegen Ende des Jahrhunderts andere Staaten ihre Armeen nach dem preußischen Vorbild. Im Zuge dessen übernahmen sie auch das Instrument des Kriegsspiels und entwickelten es weiter. Zur gleichen Zeit begann man auch außerhalb militärischer Institutionen damit, Feldzüge und Schlachten mit Landkarten und Zinnfiguren nach Regelwerken durchzuspielen. Heute simuliert man sie üblicherweise am Computer.

Die professionellen Computersimulationen des Militärs und die Konfliktsimulationsspiele der Zivilisten unterscheiden sich natürlich grundsätzlich darin, dass das Militär über viel bessere Daten, detailliertere Konfliktmodelle und erheblich mehr Rechenleistung verfügt. Aber auch die Interessenlage ist sehr verschieden. Das Militär konzentriert sich darauf, Konflikte, die für die nähere Zukunft real drohen, zu simulieren. (Wie gut das gelingt, sei dahingestellt.) Hobbyisten hingegen wollen hauptsächlich strategische Herausforderungen meistern. Manche Simulationen sind dabei durchaus detailversessen: Die Aufstellung zur Schlacht, die relativen Kampfstärken der Einheiten und deren Aktionsrahmen werden einem historischen Vorbild akribisch nachgestellt. Demgegenüber ist dann jedoch die Steuerung des Spiels in der Regel alles andere als wirklichkeitsnah: Der Spieler hat solch einen Überblick über die Lage und solch eine Kontrolle über seine Einheiten, wie sie kein Feldherr je hatte.

(4) Bei Wirtschaftssimulationen geht es darum, die Entwicklung einer Ansiedlung, eines Wirtschaftsraums oder eines Unternehmens nachzuspielen. Der Spieler muss Ressourcen allokieren und veredeln, Handel treiben und Erträge in neue Industrien investieren. Für Wirtschaftssimulationen gilt ähnliches wie für Konfliktsimulationen: Für ein Computerspiel muss die Komplexität des wirklichen Gesche-

hens auf einfache Zusammenhänge reduziert werden und der Realitätsgehalt der Simulation muss sich den Erfordernissen eines Spiels anpassen. Darum sind die Chancen, im Spiel wirtschaftlich aufsteigen zu können, unrealistisch hoch. Das Wirtschaftssystem wird außerdem der Einfachheit halber auf eine überschaubare Anzahl von Massenwaren reduziert, auch in vorindustriellen Spielszenarien. Auch Epochen wie das Mittelalter, deren Wirtschaftssystem nicht derartig stark wie das unsere durch den Wettbewerb bestimmt war, werden häufig als freie Marktwirtschaften simuliert.

Probleme und Perspektiven

Nahezu überall, quer durch alle Genres, wird die Realitätsnähe eines Spiels nach wie vor limitiert durch Speicherplatz und Rechengeschwindigkeit der Computer. Sollen Computergegner in Echtzeit reagieren und womöglich auch noch detailreich animiert werden, dann benötigt man sehr schnelle Planungs- und Graphik-Algorithmen. Bei rundenbasierten Spielen kann sich der Computer etwas mehr Zeit mit seinem Zug lassen, aber übermäßig lange darf man den Spieler auch hier nicht warten lassen, ohne dass er die Lust am Spielen verliert. Und dies in Spielsituationen, die oft weit komplexer sind als die einer Schachpartie. Selbst wenn der Algorithmus für die Suche nach den besten Antwortzügen sehr gut ist, wirken die Handlungen der Computergegner darum häufig nicht wirklich realistisch, sondern, gerade wenn man ein Spiel öfters spielt, nur allzu einfach und vorhersehbar.

Als Ausweg bietet es sich an, einen Spieler nicht gegen computergesteuerte Gegner antreten zu lassen, sondern via Internet gegen menschliche Mitspieler. Dort, wo die Szenarien einigermaßen gleichartige Rollen vorsehen und es hauptsächlich auf Action oder Strategie ankommt, funktioniert das recht gut. Doch in Spielen, bei denen die Spieler viel miteinander kommunizieren müssen, ist es schwierig eine historische Illusion zu erzeugen und aufrecht zu erhalten. Die Spieler müssen dann nämlich in einer Art Improvisationstheater selber stets darauf achten, sich so zu verhalten und so miteinander zu sprechen wie ihre historischen Vorbilder.

In Zukunft wird das Zusammenwirken von technischem Fortschritt und künstlerischen Innovationen die Grenzen des Mediums Computerspiel weiter nach außen verschieben. Die simulierten Welten werden größer und detailreicher werden. Ob allerdings die Modellierung menschlichen Verhaltens ebenfalls entsprechend große Fortschritte machen wird, ist schwer vorherzusagen. Die Innovationskraft, auf die man hier hoffen muss, ist denn auch nicht nur eine technische, sondern insbesondere eine künstlerische. Der Spielentwickler ist dabei eher dem Literaten vergleichbar als dem Psychologen. Denn es geht ja darum der Psychologie im Rahmen der Möglichkeiten des Mediums Ausdruck zu geben.

Eher unabhängig vom technischen Fortschritt stellt sich die Frage, ob das Computerspiel die Neigung zum Klischee überwinden kann. Dieser Herausforderung sehen sich ja auch die Literatur und die bildenden Künste ständig gegenüber. Wenigstens einige ambitionierte Computerspielprojekte könnten sich davon inspirieren lassen, wie man dort gegen entsprechende Neigungen angegangen ist. Dazu müsste beispielsweise ein Spiel der Illusion, die den Spieler völlig in eine fiktive Welt eintauchen und während des Spiels sich selber vergessen lässt, zumindest hin und wieder entgegenwirken. Statt einen historischen Abstand zu kaschieren, sollte das Spiel ihn bewusst machen.

Literatur

Raessens, Joost / Goldstein, Jeffrey (Hg.): *Handbook of Computer Game Studies,* Cambridge (Mass.) 2005.

Games Studies. The International Journal of Computer Game Research, siehe http://gamestudies.org. Alle Artikel sind dort im Volltext frei zugänglich.

Autorinnen und Autoren

Thomas Balzer ist Fernsehredakteur im NDR-Landesfunkhaus Mecklenburg-Vorpommern in Schwerin. Neben einigen größeren Produktionen als Autor betreut er die Serie »Die Zeitreise« im Nordmagazin. In dieser Reihe werden seit 1998 regelmäßig Themen der Zeitgeschichte behandelt.

Wolfgang Becker ist Filmregisseur und Mitgesellschafter der Berliner Filmproduktionsfirma X-Filme Creative Pool GmbH. Vor seinem Studium an der Deutschen Film- und Fernsehakademie Berlin (dffb) studierte er Geschichte, Germanistik und Amerikanistik an der FU Berlin. Mit Filmen wie „Das Leben ist eine Baustelle« (1996) und »Good bye, Lenin« (2003) war er international erfolgreich. Zur Zeit arbeitet er an einem neuen Spielfilmprojekt.

Dr. Tillmann Bendikowski ist Historiker und Journalist und leitet die »Medienagentur Geschichte« in Hamburg. Er konzipiert Ausstellungen, schreibt als Autor für verschiedene Medien und betreut historische Produktionen für Hörfunk und Fernsehen. Zuletzt erschien von ihm »Der Tag, an dem Deutschland entstand. Geschichte der Varusschlacht« (2008).

Dr. Klaus Bergmann-Thurn, 1938–2002, war Professor für Didaktik der Geschichte der Justus-Liebig-Universität Gießen, hat an den Universitäten Gießen, Bochum und Bielefeld gelehrt, zahlreiche Fortbildungen für Lehrkräfte gestaltet und moderiert, mehrere Zeitschriften und Buchreihen zur Geschichtsdidaktik herausgegeben, an Schulgeschichtsbüchern mitgewirkt und umfangreich publiziert im Bereich Theorie und Praxis historischen Lernens.

Maren Büttner war einige Jahre in der Geschichtswerkstatt Göttingen e. V. aktiv. Zur Zeit arbeitet sie im Bereich der internationalen Forschungskontakte der Georg-August-Universität Göttingen und ist gleichzeitig Lehrbeauftragte in der Abteilung Didaktik der Geschichte. Ihre Dissertation zum Thema »›Zersetzung, Heimtücke und Beihilfe zur Fahnenflucht‹. Die Verfolgungspraxis der NS-Justiz bei weiblichem ›Ungehorsam‹ im Vernichtungskrieg 1941–1945« steht kurz vor ihrem Abschluss. Zu diesem Themenkomplex hat sie bereits mehrfach publiziert.

Dr. Daniel Fulda ist Professor für Neuere deutsche Literaturwissenschaft an der Universität Halle-Wittenberg und leitet dort das Interdisziplinäre Zentrum für die Erforschung der europäischen Aufklärung. Seine Hauptarbeitsgebiete sind der Geschichtsdiskurs in Wissenschaft und Literatur, literarische Gattungen in kulturwissenschaftlicher Perspektive (Komödie und Geld, Tragödie der Moderne) sowie die Grundlegungsleistungen der Aufklärung für die moderne westliche Kultur.

Dr. Klaus Große Kracht ist wissenschaftlicher Mitarbeiter im Exzellenzcluster »Religion und Politik in den Kulturen der Vormoderne und Moderne« der Westfälischen Wilhelms-Universität Münster. Er hat zur Geschichte der Intellektuellen in Deutschland und Frankreich sowie zur Theorie und Geschichte der Geschichtswissenschaft publiziert. Sein momentanes Arbeitsgebiet ist die Geschichte des Laienkatholizismus im Europa des 20. Jahrhunderts.

Verena Haug ist Diplom-Pädagogin und seit 2005 Doktorandin am Fachbereich Erziehungswissenschaften der Universität Frankfurt am Main. Sie promoviert im Rahmen des Forschungsprojekts »Der Umgang mit den Paradoxien politisch-moralischer Erziehung« zur pädagogischen Kommunikation in KZ-Gedenkstätten.

Dr. Marlene P. Hiller ist Chefredakteurin der monatlich erscheinenden Zeitschrift »DAMALS – das Magazin für Geschichte und Kultur«. Die promovierte Osteuropahistorikerin hat darüber hinaus berufliche Erfahrungen im universitären Bereich (Tübingen, Saarbrücken, Bremen), im Kongressmanagement (Internationaler Historikerkongress 1985) und im Bereich historischer Ausstellungen gesammelt.

Dr. Hilde Hoffmann ist wissenschaftliche Mitarbeiterin am Institut für Medienwissenschaft an der Ruhr-Universität Bochum. Neben audiovisuellen Medien und Geschichte/Gedächtnis hat sie zu Fernsehen und politischem Ereignis publiziert. Ihre momentanen Arbeitsschwerpunkte sind Medien und Gedächtnis, visuelle Kultur und Fernsehtheorie. Sie ist Mitglied der Bochumer diskurs werkstatt, der Gesellschaft für Medienwissenschaft, GFM und des European Network for Cinema and Media Studies, NECS.

Dr. Sabine Horn ist wissenschaftliche Mitarbeiterin an der Georg-August-Universität Göttingen, Abteilung Didaktik der Geschichte. Sie hat an der Universität Bremen zum Thema „Der Auschwitz-Prozess (1963–65) und der Majdanek-Prozess (1975–81) im westdeutschen Fernsehen« promoviert und in museumspädagogischen Abteilungen mitgearbeitet. Sie ist Redakteurin und Mitherausgeberin der Zeitschrift WerkstattGeschichte. Zur Zeit vertritt sie den Lehrstuhl Didaktik der Geschichte/Neueste Geschichte an der Universität Siegen. Die Interessengebiete liegen im Bereich Geschichte in den Medien und der empirischen Lehr- und Lernforschung.

Lars-Broder Keil lebt als Journalist und Autor in Berlin. Seit Jahren beschäftigt er sich intensiv mit zeitgeschichtlichen und literaturhistorischen Themen und hat dazu eigene Bücher sowie Aufsätze publiziert, unter anderem zur Rolle der Öffentlichkeit und der Medien beim Aufkommen und der Verbreitung von Mythen, Legenden und Gerüchten. Derzeit arbeitet Keil als Redakteur für die Titelseite der Tageszeitung »DIE WELT«.

Dr. Judith Keilbach ist Assistenz-Professorin für Fernsehgeschichte an der Universität Utrecht. Sie hat sich in verschiedenen Publikationen mit der Darstellung des Nationalsozialismus in Film und Fernsehen beschäftigt und ist u.a. Mitherausgeberin von »Grundlagentexte zur Fernsehwissenschaft« (Konstanz 2002) und »Die Gegenwart der Vergangenheit. Dokumentarfilm, Fernsehen und Geschichte« (Berlin 2003) sowie der Zeitschrift »Montage/AV«. Gegenwärtig beschäftigt sie sich mit Fernsehhistoriographie und Medienarchiven.

Dr. Dieter Köhler ist wissenschaftlicher Assistent am Institut für Philosophie und Forschungskoordinator am Studienzentrum Multimedia, beides Einrichtungen der Universität Karlsruhe am Karlsruher Institut für Technologie. Er unterrichtet dort im Studienfach „Europäische Kultur und Ideengeschichte«. Nach seiner Promotion in Heidelberg war er Wissenschaftlicher Mitarbeiter am Lehrstuhl Philosophie II der Universität Bamberg. Er hatte eine Gastprofessur an der Victoria University of Wellington (Neuseeland) inne. Veröffentlicht hat er zu Themen der Analytischen Philosophie, der Informationsethik, der Medienphilosophie und der Informatik. Er betreut ein Internetportal zur Philosophie sowie mehrere open-source Projekte im Bereich Texttechnologien, digitale Philologie und netzbasierte Wissenskommunikation.

Gottfried Kößler ist Leiter der pädagogischen Abteilung und stellvertretender Direktor des Fritz Bauer Instituts – Studien- und Dokumentationszentrum zur Geschichte und Wirkung des Holocaust an der Johann-Wolfgang-Goethe-Universität Frankfurt am Main. Seine Arbeitsschwerpunkte sind neben der Lehrerbildung das historische Lernen in der Migrationsgesellschaft, Gedenkstättenpädagogik und Medienpädagogik.

Matthias Martens ist Promotionsstipendiat im DFG-Graduiertenkolleg »Passungsverhältnisse schulischen Lernens: Verstehen und Optimieren« an der Georg-August-Universität Göttingen. Dort arbeitet er im Bereich der Didaktik der Geschichte an einer Dissertation zur empirischen Erforschung von Kompetenzen historischen Lernens. Außer im Bereich historisches Lernen hat er zur Zeitgeschichte in Niedersachsen publiziert.

Titus Müller studierte Neuere deutsche Literatur, Mittelalterliche Geschichte und Publizistik in Berlin. Er veröffentlichte mit 24 Jahren seinen ersten historischen Roman, »Der Kalligraph des Bischofs«. Bis heute sind sechs Romane erschienen, zuletzt »Das Mysterium«, das mit dem Sir Walter Scott-Preis in Bronze als einer der drei besten historischen Romane der Jahre 2007/2008 ausgezeichnet wurde. 2005 gewann Titus Müller den C. S. Lewis-Preis und wurde von der Universität Tübingen im Rahmen des Würth-Literaturpreises ausgezeichnet. Er moderiert auf rheinmaintv die Literatursendung »Auserlesen«.

Dr. Walter H. Pehle hat bei Wolfgang J. Mommsen promoviert, arbeitet seit 1976 im S. Fischer Verlag als Lektor für Geschichte; seit 1988 Herausgeber der so genannten Schwarzen Reihe „Die Zeit des Nationalsozialismus« (derzeit ca. 250 Bände); konzipierte zusammen mit Wolfgang Benz und Rebekka Habermas die Buchreihe »Europäische Geschichte« (derzeit 36 Bände). 2003 Honorarprofessor am Institut für Zeitgeschichte der Universität Innsbruck. Interessengebiete: Geschichte des Buchwesens und der deutschsprachigen Exilverlage.

Dr. Berit Pleitner ist wissenschaftliche Mitarbeiterin für Didaktik der Geschichte an der Carl-von-Ossietzky Universität Oldenburg. Sie hat den Lehrstuhl für Geschichtsdidaktik an der Universität Kassel und der PH Freiburg vertreten und ein Jahr an der University of Warwick (UK) gelehrt. Ihre Forschungs- und Publikationsschwerpunkte sind Empirische Lehr-Lern-Forschung, Historisches Lernen im Museum und Stereotypenforschung.

Dr. Michael Sauer ist Professor für Didaktik der Geschichte an der Georg-August-Universität Göttingen und (Mit-)Herausgeber der Zeitschriften »Geschichte in Wissenschaft und Unterricht« und »Geschichte lernen«. Außer zur Geschichtsdidaktik hat er zur Bildungsgeschichte und zur Literaturdidaktik publiziert. Seine momentan wichtigsten Arbeitsgebiete sind Medien des Geschichtsunterrichts und empirische Lehr-Lern-Forschung.

Simon Scherzberg ist Studienreferendar am Studienseminar Göttingen für das Lehramt an Gymnasien. Auf das Abitur in Stade folgte im Jahr 2002 das Studium des höheren Lehramts für die Fächer Deutsch und Geschichte. Im Rahmen seiner Examensarbeit zum Ersten Staatsexamen hat er sich näher mit der außerschulischen Geschichtsvermittlung befasst und sich hier speziell dem Thema »Kinder- und Jugendsachbücher« zugewandt.

Dr. Hans-Dieter Schmid ist Hochschuldozent für Neuere Geschichte und Didaktik der Geschichte am Historischen Seminar der Leibniz Universität Hannover (i. R.) und geschäftsführender Herausgeber der »Hannoverschen Schriften zur Regional- und Lokalgeschichte«. Veröffentlichungen zur Reformationsgeschichte, zum Nationalsozialismus, zur Geschichte der Juden und der Sinti und Roma, zur Geschichtskultur und zur Didaktik der Geschichte.

Beate Schreiber ist Historikerin, Germanistin und geschäftsführende Partnerin von Facts & Files Historisches Forschungsinstitut Berlin. Ihre Forschungsschwerpunkte sind die »Arisierung« jüdischer Vermögen von 1933 bis 1945. Sie hat zu diesem Thema mehrere Aufsätze publiziert und einen Sammelband dazu mitherausgegeben. Momentan recherchiert sie vor allem die Provenienzen von Kunstgegenständen, erstellt Gutachten und betreut Verzeichnungsprojekte von Archivalien.

Christian Spieß ist Stipendiat im DFG-Graduiertenkolleg »Passungsverhältnisse schulischen Lernens: Verstehen und Optimieren« an der Georg-August-Universität Göttingen und promoviert zu einem geschichtsdidaktischen Thema.

Dr. Martina Thiele ist seit 2003 Universitäts-Assistentin am Fachbereich Kommunikationswissenschaft der Paris Lodron Universität Salzburg. Lehraufträge in Krems und Bern, Vertretung der C4-Professur für Allgemeine Publizistik- und Kommunikationswissenschaft an der Georg-August-Universität Göttingen. Schwerpunkte in Forschung und Lehre: Kommunikationsgeschichte und -theorien, Mediensysteme im internationalen Vergleich sowie Lesesozialisation. In ihrer Dissertation hat sie »Publizistische Kontroversen über den Holocaust im Film« analysiert, in ihrer Habilitationsschrift wird es um »Kommunikationswissenschaftliche Stereotypenforschung« gehen. Martina Thiele ist Sprecherin der Fachgruppe »Medien, Öffentlichkeit und Geschlecht« der Deutschen Gesellschaft für Publizistik- und Kommunikationswissenschaft (DGPuK), Mitglied der Österreichischen Gesellschaft für Kommunikationswissenschaft (ÖGK) sowie der Arbeitsgruppe Cinématographie des Holocaust des Fritz-Bauer-Instituts Frankfurt.

Dr. Rulf J. Treidel ist Bereichsleiter in einem Studienreiseunternehmen und für die Programmentwicklung verantwortlich. Als Historiker befasst er sich mit Fragestellungen zum Thema Tourismus und Geschichte. Wichtige Arbeitsfelder lagen darüber hinaus im Bereich der Kirchlichen Zeitgeschichte und der Europäischen Regionalgeschichte.

Dr. Volker Ullrich, Historiker und Publizist, ist seit 1990 Redakteur der Wochenzeitung DIE ZEIT und leitet hier das Ressort »Politisches Buch«. Außerdem ist er Herausgeber des Magazins ZEIT Geschichte. Er veröffentlichte u. a.: Die nervöse

Großmacht. Aufstieg und Untergang des deutschen Kaiserreichs 1871–1918 (1997), Otto von Bismarck (1998), Napoleon (2004). Der Kreisauer Kreis (2008).

Dr. Andreas Urban arbeitet im Bereich Bildung und Kommunikation des Historischen Museums Hannover und kuratiert dort u. a. Ausstellungen, zuletzt »KörperFormen. Mode Macht Erotik«.